DIREITOS HUMANOS
e justiça ambiental

Afonso Murad
Émilien Vilas Boas Reis
Marcelo Antônio Rocha
(Organizadores)

DIREITOS HUMANOS
e justiça ambiental:

MÚLTIPLOS OLHARES

Dados Internacionais de Catalogação na Publicação (CIP)
(Câmara Brasileira do Livro, SP, Brasil)

Direitos humanos e justiça ambiental : múltiplos olhares / organizado por Afonso Murad, Émilien Vilas Boas Reis, Marcelo Antônio Rocha. -- São Paulo : Paulinas, 2021.
320 p.

Bibliografia
ISBN 978-85-356-4608-5

1. Direitos humanos 2. Degradação ambiental - Impactos sociais 3. Justiça ambiental 4. Direitos sociais 5. Teologia 6. Espiritualidade I. Murad, Afonso II. Reis, Émilien Vilas Boas III. Rocha, Marcelo Antônio

20-1471 CDD 363.7009

Índice para catálogo sistemático:
1. Problemas ambientais : Direitos humanos   363.7009

Angélica Ilacqua - Bibliotecária - CRB-8/7057

1ª edição – 2021

Direção-geral:	*Flávia Reginatto*
Editores responsáveis:	*Vera Ivanise Bombonatto*
	João Décio Passos
Copidesque:	*Ana Cecilia Mari*
Coordenação de revisão:	*Marina Mendonça*
Revisão:	*Sandra Sinzato*
Gerente de produção:	*Felício Calegaro Neto*
Capa e projeto gráfico:	*Tiago Filu*

Nenhuma parte desta obra poderá ser reproduzida ou transmitida por qualquer forma e/ou quaisquer meios (eletrônico ou mecânico, incluindo fotocópia e gravação) ou arquivada em qualquer sistema ou banco de dados sem permissão escrita da Editora. Direitos reservados.

Paulinas
Rua Dona Inácia Uchoa, 62
04110-020 – São Paulo – SP (Brasil)
Tel.: (11) 2125-3500
http://www.paulinas.com.br – editora@paulinas.com.br
Telemarketing e SAC: 0800-7010081
© Pia Sociedade Filhas de São Paulo – São Paulo, 2021

Um sistema político-econômico, para seu desenvolvimento saudável, necessita garantir que a democracia não seja somente nominal, mas sim que possa ver-se moldada em ações concretas que velem pela dignidade de todos os seus habitantes, sob a lógica do bem comum, em um chamado à solidariedade e uma opção preferencial pelos pobres. Isso exige os esforços das máximas autoridades, e por certo do poder judicial, para reduzir a distância entre o reconhecimento jurídico e a prática do mesmo. Não há democracia com fome, nem desenvolvimento com pobreza, nem justiça na desigualdade.

Papa Francisco

No pessimismo não há valor para a sobrevivência. Um otimismo desesperado é a única atitude que um filósofo ambientalista prático pode assumir. Mesmo que uma ética, seja ela ambiental ou social, nunca se realize perfeitamente na prática. Os ideais influenciam em grau mensurável o comportamento. Ao sonhar, inculcar e lutar para atingir ideais morais, já fazemos algum progresso, tanto individual quanto coletivamente, e conquistamos algum terreno.

J. Baird Callicott

Sumário

Prefácio 11

Apresentação 15

CAPÍTULO I
Fundamentos filosóficos da justiça socioambiental 17
Elton Vitoriano Ribeiro, sj

CAPÍTULO 2
A natureza não existe e a síndrome de Troia:
sobre o direito socioambiental numa perspectiva (eco)filosófica 27
José Carlos Aguiar de Souza

CAPÍTULO 3
Considerações sobre violações de Direitos Humanos
e (in)justiça ambiental no Brasil 47
Marcelo Antônio Rocha

CAPÍTULO 4
Dignidade dos pobres, dignidade da Terra:
raízes bíblico-teológicas 73
Sinivaldo Silva Tavares

CAPÍTULO 5
Direitos universais e diversidade humana 99
Cláudia Maria Rocha de Oliveira

CAPÍTULO 6
Direitos da Terra na perspectiva da *Laudato si'* 129
Eugenio Rivas, sj

CAPÍTULO 7
Alimentação, ecologia e espiritualidade 153
Afonso Murad
Anderson Silva Barroso

CAPÍTULO 8
Direitos humanos, justiça social e inclusão das pessoas
com deficiência: pensando o meio ambiente para todos 181
Maria Carolina Ferreira Reis

CAPÍTULO 9
A edição genética CRISPR-cas9 e a manipulação em humanos 203
Émilien Vilas Boas Reis .

CAPÍTULO 10
Biocontrole, ecologia e saúde humana: o impacto
do ser humano no meio ambiente a partir da microbiologia 227
Raquel Virgínia Rocha Vilela

CAPÍTULO 11
O derretimento do Oceano Ártico
e os impactos nas populações tradicionais:
possibilidades para uma tutela internacional 249
Sébastien Kiwonghi Bizawu
Pedro Henrique Moreira da Silva

CAPÍTULO 12
Exploração animal e ecologia: três olhares 271
Afonso Murad
Marco Túlio Brandão Sampaio Procópio

Posfácio 299
Índice onomástico 305
Sobre os autores 313

Prefácio

Muito me honra prefaciar mais um livro do Grupo Interinstitucional que reúne pesquisadores da Faculdade Jesuíta de Filosofia e Teologia (FAJE), da Escola Superior Dom Helder Camara, do Instituto Santo Tomás de Aquino (ISTA) e da Pontifícia Universidade Católica de Minas Gerais (PUCMINAS). Em 2019, o grupo organizou o Seminário "Tecnociência e Ecologia", e realiza em 2020, com a presente obra, outro seminário, que discutirá o tema "Direitos Humanos e justiça ambiental".

A questão ecológica tornou-se, nos últimos anos, "urgência ecológica", não só em nosso país, mas em todo o planeta. Não basta o despertar à consciência de que o atual modelo econômico hegemônico está exaurindo todos os recursos do planeta, colocando em risco o futuro de nossa "Casa Comum". Há décadas, muitas organizações sociais e políticas vêm denunciando esse modelo, além de promover ações que impactem o cotidiano, como a reciclagem de resíduos poluentes, as iniciativas da agricultura orgânica, os esforços de mudança nos hábitos de consumo, as ações de proteção de biomas e populações (humanas e animais) ameaçados pela exploração indiscriminada do agronegócio e da mineração. A essas iniciativas se acrescentam também todos os esforços do mundo da ciência, que aprofundaram, em várias áreas do saber, o significado da atual crise ecológica, além de fazer avançar propostas de solução para os diferentes problemas.

Uma das áreas do saber fundamental para que a consciência ecológica tenha impactos reais na vida de nossas sociedades é a do direito. No mundo ocidental, o direito tem um papel importante na salvaguarda do mundo da vida, como o mostram as "fontes" que estão em sua origem. Já Platão, na *República*, articulava ética e justiça. Aristóteles inscrevia a justiça na ordem natural das coisas, visto que a natureza tinha como finalidade a justiça, que se efetiva na prática social. Assim, na *Ética a Nicômaco*, ele estabelece a relação entre justiça e direito, e na *Política*, propõe descobrir as Constituições mais bem adaptadas à essência do ser humano e às condições variáveis da sociedade. O direito romano acolhe muitas dessas contribuições da filosofia grega, como a ideia aristotélica de uma justiça construída nas relações sociais, de acordo com valores morais relacionados à justiça contida na natureza. No mundo judaico, "o direito e a justiça" deviam andar de mãos dadas, em vista da paz para a qual a criação inteira foi chamada (Gn 2,1-3), donde a lei de defesa, proteção e cuidado dos mais vulneráveis: o órfão, a viúva e o estrangeiro (Dt 10,18). No Novo Testamento, a máxima expressão dessa justiça feita aos mais vulneráveis (Mt 25,31-46) é o próprio Jesus, tido como "maldito pela lei" (Gl 3,12-14) por causa da cruz, mas que inaugura, com sua ressurreição, a nova criação reconciliada, onde os que dele se revestem, abolem a inimizade que separa a humanidade em senhor e escravo, homem e mulher, judeu e pagão (Gl 3,27-28) e faz novas todas as coisas (Ap 21,5).

Apesar de, em suas "fontes", o direito implicar de alguma forma a natureza, em sua longa história ele esteve fundamentalmente associado às "coisas humanas", ganhando, com a Declaração Universal dos Direitos Humanos, forte acento antropocêntrico. O mesmo se deu com a filosofia, a teologia e os demais saberes. A irrupção da consciência ecológica tem ampliado, porém, o alcance do direito, associando-o aos demais seres vivos (direitos dos animais) e não vivos (direitos da natureza). Com isso, o conceito de direito é ressignificado e sua abrangência estendida. Surgem, então, novas questões, uma vez que o sujeito de direitos é, em geral, definido à luz da noção de responsabilidade, que implica a razão e a liberdade. Cosmovisões mais holísticas, oriundas das culturas dos povos originários ou do sudeste asiático, têm sido utilizadas como alternativas às fontes que deram origem às instituições que regulam nosso mundo, em busca de inspiração para uma nova forma de pensar o direito e a própria organização social e política. Sem dúvida, esse recurso a outras fontes, ignoradas ou marginalizadas, pode enriquecer profundamente todos os saberes, como o atestam, entre outros, a ecoteologia, que busca pensar, à luz da fé, as questões da "Casa Comum", deixando-se fecundar pelas sabedorias de outras fontes de sentido que a cristã. O recurso a essas fontes não se faz, porém, sem um retorno à própria fonte, seja para melhor explorar suas infinitas riquezas, seja para entender o que aconteceu para que fosse utilizada em vista de uma visão predatória dos recursos do mundo.

Além dessa questão de fundo, os trabalhos propostos nessa obra abordam a relação entre direitos humanos e justiça ambiental. Numa época de perda progressiva de muitos direitos sociais, sacrificados no "altar" do sistema neoliberal e seus "deuses" implacáveis, movidos pelo interesse dos mercados e do capital, em detrimento da vida dos mais vulneráveis, urge, sem dúvida, um novo despertar para a própria compreensão dos direitos humanos mais fundamentais, que, em nosso país, vinham conhecendo progressos significativos. A defesa desses direitos não pode, porém, ignorar tudo o que o despertar da consciência ecológica ensinou sobre a "justiça ambiental". De fato, os efeitos da crise ecológica são sentidos, sobretudo, pelos que têm tido seus direitos fundamentais ignorados, desrespeitados ou erradicados. Unir saberes diversos, nem sempre em diálogo, para juntos elaborarem novas saídas, eis uma das principais contribuições desta obra. Oxalá, nos próximos anos, para além da difusão do que é elaborado na academia, os textos aqui propostos possam tornar-se novas iniciativas de promoção dos direitos humanos e da justiça socioambiental.

Prof. Dr. Geraldo Luiz de Mori, sj
Reitor da Faculdade Jesuíta de Filosofia e Teologia

Apresentação

Este livro é resultado das discussões propostas e realizadas pelo Grupo de Trabalho "Direitos Humanos e Justiça Ambiental", formado por professores da FAJE (Faculdade Jesuíta de Filosofia e Teologia), da Dom Helder (Escola Superior Dom Helder Camara), do ISTA (Instituto São Tomás de Aquino) e da PUCMINAS (Pontifícia Universidade Católica de Minas Gerais). Os textos publicados no livro representam a perspectiva dos autores sobre os problemas ambientais atuais e o modo como a crise ambiental afeta de forma negativa a vida das pessoas, constituindo grave violação dos direitos humanos.

O Grupo de Trabalho surgiu em 2018, na FAJE, a partir da união dos seguintes Grupos de Pesquisa: "Fé cristã e contemporaneidade" (Teologia/FAJE, Profs. Afonso Murad, Eugenio Rivas e Sinivaldo Tavares), "Desafios de uma ética contemporânea" (Filosofia/FAJE, Profs. Elton Ribeiro e Cláudia Oliveira), "Por uma Justiça Ambiental" (Direito/Dom Helder, Profs. Émilien Reis e Marcelo Rocha) e "Modernidade, religião e ecologia" (Filosofia/ISTA e PUCMINAS, Prof. José Carlos Aguiar de Souza).

Agradecemos à FAJE, na figura do seu Magnífico Reitor, Pe. Geraldo Luiz de Mori, e à Dom Helder, na figura do seu Magnífico Reitor, Pe. Paulo Umberto Stumpf, pela ajuda inestimável para a efetivação desta obra. Manifestamos também a nossa gratidão aos professores, alunos e funcionários dessas instituições, que nos unem e inspiram, pelo apoio à realização do evento que deu origem ao livro.

Acreditando no dever de sermos guardiães dos nossos irmãos e da natureza, convidamos você, leitor, a se unir a nós na luta pelo respeito e garantia dos direitos humanos e pela eficácia e efetividade do direito ao meio ambiente ecologicamente equilibrado e à sadia qualidade de vida. O direito é luta e nos ensina que devemos ser, na prática, a revolução que queremos ver no mundo. Que este livro o inspire a refletir sobre as graves violações dos direitos humanos causadas pela crise ambiental e pela má vontade generalizada que enfrentamos todos os dias e que lhe dê ânimo para criar, através das suas ações, um mundo melhor e mais justo.

Boa leitura!

Afonso Murad
Émilien Vilas Boas Reis
Marcelo Antônio Rocha
Belo Horizonte, maio de 2020

CAPÍTULO I

Fundamentos filosóficos da justiça socioambiental

Elton Vitoriano Ribeiro, sj

1. Introdução

A discussão sobre os fundamentos filosóficos da justiça socioambiental ainda está em construção. Muitos elementos entram em jogo, especialmente os de cunho jurídico, político e econômico. Nos últimos tempos, também elementos religiosos, especialmente, com a publicação da Encíclica *Laudato si'* pelo Papa Francisco em 2015. Para dar uma pequena contribuição a esta empreitada, discutirei, brevemente, alguns pontos neste texto. Primeiro, apresentando uma narrativa sobre o conceito de justiça. Depois, debatendo elementos esquecidos no conceito de justiça, mas muito importantes para a ideia de uma justiça socioambiental. Finalmente, apresentando alguns caminhos a serem trilhados. Sem querer esgotar o tema, este texto é uma primeira aproximação ao fascinante e necessário mundo em que vivemos, no que diz respeito à demanda de refletir sobre a justiça socioambiental.

2. Uma narrativa sobre o conceito de justiça

A ideia de justiça, ou o seu conceito, é um tema antigo e fundamental da existência humana. Todas as sociedades, de formas diferentes, se preocuparam com essa questão. Algumas abordagens eram mais religiosas, outras mais econômicas, mas, de uma forma ou de outra, o problema da injustiça e a busca de justiça são algo presente ao longo da história da humanidade. No entanto, apenas nas sociedades contemporâneas, a ideia de justiça passou a ser enfatizada como fundamento da sociedade (TAYLOR, 1997). Isso acontece, especialmente, por causa da intricada relação entre política, economia e ética na organização das relações sociais e na própria construção das estruturas básicas das sociedades contemporâneas (RAWLS, 2002).

Para dar início a nossa reflexão, vale a pena refazer, ainda que brevemente, o itinerário desse importante conceito (MAFFETTONE; VECA, 2005). A definição clássica de justiça diz que essa é a vontade constante e perpétua de dar a cada um o que é de seu direito. Tal adágio jurisconsulto romano foi formulado da seguinte maneira: a justiça consiste na disposição ou virtude permanente de dar a cada um o que lhe é devido. Essa tradição continuou no pensamento filosófico de Agostinho de Hipona, que entendia a justiça como aquela virtude que distribui a cada um o que é seu. Para Tomás de Aquino, justiça é a vontade perpétua e constante, atribuindo a cada um o seu direito. Como podemos perceber, no pensamento ocidental, a concepção da justiça foi concebida sob a forma de repartição no âmbito de uma relação intersubjetiva.

A dimensão da intersubjetividade, das relações humanas, é o solo da reflexão filosófica sobre a justiça. A partir desse solo, as definições sugerem a distinção entre duas dimensões da repartição. Uma de caráter mais procedimental, formal, no qual toda divisão deve estar fundada em parâmetros aceitos por todos. E outra mais substancial, material, que postula a necessidade de princípios a serem utilizados na repartição como, por exemplo, as necessidades, os méritos, a posição social etc.

Historicamente, ainda temos algumas ideias que nos ajudam a compor a narrativa histórica do conceito de justiça. Por exemplo, nos primórdios da reflexão filosófica, Platão entende a justiça como aquela que comanda todas as virtudes e, ao mesmo tempo, permite sua harmonização na alma do indivíduo. Ela preside a felicidade na cidade. Por sua vez, para Aristóteles, a justiça é a totalidade das virtudes, mas é também o princípio de coesão social e integração da sociedade em torno de uma concepção comum de bem. A justiça, sendo vínculo de união entre o moral e o político, é a virtude que, presente na instituição política, rege a vida dos homens na cidade. Ainda nessa mesma tradição de pensamento filosófico, Tomás de Aquino argumenta que toda justiça é essencialmente social, ou seja, é preciso que haja um *socius*, ou outro ou outros. Portanto, quando dizemos justo, estamos sempre implicando uma necessária referência a um outro, a outros.

Nas sociedades modernas, houve algumas mudanças na compreensão do conceito de justiça. Para os modernos, a justiça fica liberada de toda referência a uma ordem prévia de razões e valores. Para Hume, por exemplo, a justiça é o resultado da educação e da sociabilidade. Ele vê a origem da justiça em um cálculo racional que permite maximizar o interesse pessoal num contexto de guerra de cada um contra todos.

Mas o grande salto reflexivo que coloca esse conceito na contemporaneidade é feito pelo filósofo John Rawls. Ele reflete acerca dos princípios da justiça, esforçando-se para pensar numa teoria da justiça social mais completa e coerente. Uma sociedade é justa quando são repartidos equitativamente os bens sociais primários. Para Rawls, uma sociedade justa reparte equitativamente entre todos os seus membros os bens materiais e culturais. Alguns de maneira igualitária, outros de acordo com distribuições variáveis. Mas que fundamentalmente garanta o acesso de todos ao conjunto de bens mínimos necessários para uma vida digna.

Na reflexão de Rawls, uma sociedade justa só pode acontecer quando todos compartilham igualmente das mesmas liberdades básicas. Temos, então, o primeiro princípio, que é o Princípio das liberdades básicas. Mas Rawls não é ingênuo. Ele sabe perfeitamente das desigualdades sociais que afetam a maior parte das pessoas. Então, para nosso autor, uma sociedade justa é aquela onde as desigualdades sociais e econômicas devem estar associadas a funções e a posições acessíveis a todos, nas condições de justa igualdade de oportunidades. Surge, assim, o segundo princípio, o Princípio de igualdade de oportunidades. Finalmente, para que uma sociedade seja verdadeiramente justa, ainda precisamos de outro princípio, o Princípio da diferença, que postula que as desigualdades sociais e econômicas devem proporcionar o maior benefício aos membros menos favorecidos da sociedade. Assim, temos um pensamento, traçado aqui em suas grandes linhas, que constrói uma poderosa teoria política da justiça que reflete sobre os princípios básicos com os quais homens racionais, colocados numa situação inicial o mais imparcial possível (posição original), podem concordar em como viver em sociedade.

Atualmente, alguns autores propõem uma nova e mais abrangente compreensão do conceito de justiça, associando-a à redistribuição e ao reconhecimento. Nesta nova perspectiva, por um lado, uma sociedade justa é a que garante as condições de um reconhecimento justo, sendo o reconhecimento a essência normativa de uma concepção de justiça social. Por outro lado, uma sociedade justa propicia uma redistribuição de bens, buscando minimizar as desigualdades econômicas.

Nesta rápida narrativa sobre o conceito de justiça, apresentamos a justiça como uma virtude político-moral. Virtude que tem o duplo foco de buscar a igualdade na diferença, corrigindo, justamente, as diferenças quando injustas. O conceito de justiça é, portanto, a ideia mais elevada das sociedades. Conceito pelo qual as sociedades podem ser medidas em suas relações jurídicas, políticas e sociais, que constituem a estrutura básica da sociedade.

3. A justiça socioambiental

O enfoque reflexivo anteriormente apresentado está calcado em um paradigma antropocêntrico. Na verdade, toda reflexão referente às teorias da justiça, juntamente com grande parte da ética ocidental, possui esse paradigma como referência fundamental, o paradigma antropocêntrico. Ora, diante da atual consciência ecológica, surge a pergunta: O paradigma antropocêntrico é apropriado para ampliar a discussão socioambiental e ecológica? É possível pensar uma justiça socioambiental a partir dos termos anteriores? Ficarmos apenas na dimensão das relações humanas e das estruturas fundamentais da sociedade basta para enfrentarmos os problemas de injustiça, em todos os níveis, que hoje nos desafiam?

Ao que tudo indica, é preciso ampliar ou superar um olhar muito centrado nas relações humanas e suas instituições, para atingir um grau mais elevado de reflexão socioambiental. Várias perspectivas se apresentam para essa ampliação do olhar: paradigmas biocêntricos, paradigmas ecomarxistas, paradigmas ecofeministas, paradigmas da ecologia profunda, paradigmas da ecologia integral etc. As perspectivas são muitas e variadas. O importante, primeiramente, é superar perspectivas particulares e ampliar a discussão na direção de criar maior sensibilidade ecológica, apontando valores não materiais na natureza, contrários a uma mentalidade predatória e calcada no mito da superabundância da natureza. É necessário um olhar mais realista e que valorize a vida em sua inteireza e complexidade. Um olhar que ajude a superar a interpretação do ser humano como uma espécie dominante, isolada e separada do mundo. Um olhar, enfim, que assume uma perspectiva holística, abrangente, totalizante. Perspectiva que compreenda as inter-relações presentes no meio ambiente, nos ecossistemas e na biosfera como sistêmicas e dependentes umas das outras.

Na tentativa de ampliar nossos olhares, começo discutindo sobre o meio ambiente. Alguns modelos são mais comuns, ao falarmos desse tema. Primeiramente, alguns entendem que o meio ambiente é como um estoque de recursos naturais para proveito humano. Outros, por sua vez, possuem uma visão mais mercantilista e utilitarista, que entende a natureza como mercadoria, de forma a colocar até os bens coletivos, como a água, a serviço do capital.

Normalmente, estes justificam, infelizmente, uma exploração predatória até o esgotamento. Finalmente, outros mais lúcidos, em minha opinião, compreendem o meio ambiente como o conjunto de seres que constituem a nossa Casa Comum, da qual fazemos parte.

Ora, o meio ambiente, como nossa casa, é, por excelência, um ambiente de sobrevivência e de convivência social. É o lugar onde se realizam as condições ecossistêmicas, naturais e sociais para a realização da continuidade da vida num todo orgânico, não separando o social do ambiental, o humano do natural. É essa a nova compreensão, o novo olhar onde situamos a reflexão acerca de justiça socioambiental. Um olhar que mostre como inseparável a justiça social e a justiça ambiental. Ou, nas palavras do Papa Francisco: "Não existem duas crises separadas, uma ambiental e outra social, e sim uma só e complexa crise socioambiental. As diretrizes para a solução requerem uma concepção integral para combater a pobreza, para restituir a dignidade aos excluídos e, ao mesmo tempo, para cuidar da natureza" (FRANCISCO, 2015, n 139).

Na busca desse novo olhar acerca da justiça socioambiental, encontramos um conceito ainda em construção. Uma narrativa que, continuando as anteriores, descobre nossas possibilidades criativas de interpretação diante dos desafios que, também, são novos. Nesse contexto, percebemos a impossibilidade de tratar as questões ambientais isoladas do contexto social, isoladas da preocupação pelas futuras gerações, isoladas das lutas pelo desenvolvimento humano sadio e digno. Ou seja, é importante uma perspectiva que considere o conjunto de indivíduos, sociedade e meio ambiente.

Nessa busca, que é da razão prática, ou seja, tecida por questões teóricas e práticas, ontológicas e pragmáticas, a discussão sobre a continuidade da vida no planeta é fundamental. De novo, uma perspectiva abrangente e equilibrada pensa a teia da vida na Terra de forma interdependente, incluindo o ser humano como parte integrante dos ecossistemas, responsabilizando-o, enquanto utilizador de bens e serviços ambientais, bem como pela manutenção e bom estado da biosfera. A busca aqui é por englobar o cuidado da Casa Comum, de modo que possam coexistir áreas com baixíssima interferência humana e áreas ocupadas por populações tradicionais que dali tiram seu sustento, cuidam e preservam o meio ambiente. Ainda, reservando áreas que não podem sofrer interferência direta da ação humana, sendo mantidas intocadas. Como se percebe, essa é uma tentativa de mediar a discussão atual entre a proteção integral (preservacionistas) e o uso sustentável (conservacionistas).

A mediação justa deve-se dar na gestão de grandes ecossistemas que, normalmente, são áreas de intensos conflitos socioambientais. Na maioria das vezes, numa disputa feroz entre preservacionistas e socioambientais, contra o agronegócio e as mineradoras. Esse é o campo, o contexto, a realidade dura, onde devemos encarnar a justiça socioambiental. O desafio, dito de outra forma, é o de planejar a ocupação de grandes áreas naturais, para que, no mesmo bioma, coexistam áreas com baixíssima interferência humana ou mesmo nenhuma interferência humana com áreas ocupadas por populações tradicionais que vivem do uso dos recursos naturais, utilizando-os de forma sustentável. Mais ainda, incorporar no campo e na cidade tecnologias que sejam ecologicamente amigáveis e garantir a qualidade de vida para a população, a começar dos mais pobres. E propor uma nova forma de cadeia produtiva, circular o quanto possível. Pois é impossível manter, a longo prazo, uma cadeia produtiva linear que em cada etapa (extração ou plantação, logística, produção, venda, consumo e descarte) utiliza muita energia e produz resíduos.

Aqui surge um novo princípio importante para nossa discussão, o de sustentabilidade. O Princípio de sustentabilidade pode ser compreendido como um conjunto de práticas e ações, nas áreas econômicas, sociocultural e ambiental, que favorecem o desenvolvimento sustentável. Normalmente, três elementos entram na discussão: o desenvolvimento econômico, a equidade social e a proteção ambiental. Em torno da ideia de desenvolvimento, muitas interpretações entram em choque. Cabe aqui, novamente, uma busca lúcida de interpretar esse conceito com um olhar atento para a continuidade da vida no planeta, em sua diversidade e extensão.

4. Caminhos a serem percorridos

A narrativa, construída aqui, compreende a justiça socioambiental como um princípio que deve guiar a estrutura básica das sociedades. Sem esse lugar, o risco é não termos ações que transformem as sociedades. Por isso, nessa busca de transformação da estrutura básica da sociedade, três cuidados são importantes: cuidado com a natureza, cuidado com a sociedade e cuidado com a pessoa. Esses cuidados se efetivam de várias formas. O cuidado com a natureza se faz presente na conservação dos ecossistemas, biomas e de todo tipo de vida. Cuidado que busca criar um ecossistema saudável para o presente e o futuro do planeta e seus habitantes. O cuidado com a sociedade acontece em políticas públicas de superação da desigualdade social e no acesso universal de todos aos direitos básicos de trabalho, assistência social, previdência, saúde, moradia, educação e alimentação, por exemplo. O cuidado com a pessoa está na luta pela dignidade de todos os seres humanos, buscando, a partir do diálogo, valorizar a pluralidade e a diversidade de indivíduos, povos e culturas.

A justiça socioambiental é um campo de reflexão e ação em constante construção. Nele, filosofia, direito, política e economia são parceiros e trabalham juntos. Só assim, em relação, a sociedade civil poderá ser lugar da emergência do novo. Novo que nasce em questões locais nas quais somos convidados a fazer opções concretas a cada dia, como na redução e na reciclagem de resíduos. Nasce em questões sociais, como na construção de boas políticas públicas, na busca de modelos econômicos que apresentem um modelo alternativo ao consumista. Mas, também, no serviço aos refugiados e vítimas de deslocamento forçado, na luta de movimentos de afirmação das mulheres em seu lugar protagonista na sociedade, em processos de educação das relações étnico-raciais, no cuidado dos ecossistemas etc. Finalmente, nasce a partir da ação concreta de cada pessoa em favor de mais justiça em nosso mundo.

Referências

BOURBAN, Michel. *Penser la justice climatique*. Paris: PUF, 2018.

FRANCISCO, Papa. Carta Encíclica *Laudato si'*: sobre o cuidado da casa comum. São Paulo: Loyola, 2015.

MAFFETTONE, Sebastiano; VECA, Salvatore. *A ideia de justiça de Platão a Rawls*. São Paulo: Martins Fontes, 2005.

RAWLS, John. *Uma teoria da justiça*. São Paulo: Martins Fontes, 2002.

TAYLOR, Charles. *As fontes do Self*: a construção da identidade moderna. São Paulo: Loyola, 1997.

CAPÍTULO 2

A natureza não existe e a síndrome de Troia: sobre o direito socioambiental numa perspectiva (eco)filosófica

José Carlos Aguiar de Souza

1. Introduzindo a problemática: entre Cassandra e Lacan

A princesa Cassandra talvez seja a personagem mais angustiada da Guerra de Troia. Filha do rei Príamo, ela conseguia ouvir as vozes dos deuses do Olimpo. Podia prever o futuro e se dedicava ao Templo de Apolo. Quando ela recusou as investidas do deus Apolo, que se encantara com a sua beleza, ele lançou, como vingança, uma maldição: ninguém acreditaria em suas profecias e predições do futuro. De fato, ela previu os dez anos da guerra e toda a destruição que esta causaria aos troianos e aos seus amigos e vizinhos. Foi tida como louca, jogada na prisão e, mesmo quando previu que de um monstro sairia a destruição final da cidade, ninguém deu atenção às suas previsões. Os cidadãos de Troia acreditavam que os muros e o portão dourado de sua cidade seriam intransponíveis.

As discussões ecológicas encontram-se numa posição análoga à de Cassandra na Guerra de Troia: à beira de uma destruição ecoambiental, que pode ser irreversível, ainda acreditamos que os males da tecnologia serão revertidos pela própria muralha protetora da tecnologia. Em outras palavras, nós sabemos que o que está em risco é a nossa própria sobrevivência, mas, ao mesmo tempo, não estamos preparados para introduzir em nosso modo de conceber a natureza essa constatação e, assim, continuamos a agir como se a ecologia não fosse um fator irreversivelmente presente na nossa vida.

Entretanto, o caráter radical da crise ecoambiental não pode ser nem ignorado nem subestimado. A crise ecológica não é radical apenas por causa de seus danos reais, que colocam em risco a própria sobrevivência da humanidade. O que está em jogo é a nossa pressuposição quase que inquestionável, que se transformou num horizonte de sentido, por assim dizer: a nossa compreensão da natureza como um processo regular e rítmico (ZIZEK, 1993, p. 34). Ainda continuamos a simular um esquecimento imperdoável de que os recursos do nosso planeta são limitados e que estamos vivendo na "era do antropoceno", na medida em que a tecnologia nos ofereceu os meios necessários para interferir drasticamente na ordem natural do mundo. E a grande questão, expressa no filme *Contato* (1997), é se seremos capazes de superar a nossa infância tecnológica sem nos destruirmos. A crise ecoambiental afeta a nossa certeza objetiva a respeito da natureza, na medida em que esta não consegue mais gerar os recursos para sustentar um modo de vida baseado no consumo de massa, que requer cada vez mais recursos energéticos.

Na tentativa de compreender o porquê desse panorama atual, tomo emprestado o axioma lacaniano aplicado à natureza: "a natureza não existe!" (ZIZEK, 1993, p. 38). Como iremos discutir adiante, o paradigma de racionalidade adotado pela modernidade estabeleceu uma cisão quase que intransponível entre o sujeito e o mundo da natureza. E, nessa relação cindida, iniciou-se um movimento de afirmação da razão e de negação do mundo, entendido doravante como mera coisa (*res extensa*). Lacan nos ajuda a compreender a crise ecoambiental em sua atualidade, a partir da dicotomia existente entre as nossas construções simbólicas sobre a natureza e o verdadeiro real da natureza, que é negado, permanecendo escondido (*ibid.*, p. 35.) A negação da natureza pelo sujeito moderno nos oferece um ponto de interpretação promissor, para discutirmos a relação entre direito, natureza e crise ecoambiental.

2. A dissolução do ideal cosmológico: entre a teleologia e a inércia

Anteriormente à guinada da modernidade, o mundo era entendido como cosmos, ou seja, os gregos e os medievais concebiam o mundo da natureza como permeado por uma ordem ou sentido intrínseco, guiado por uma causalidade final. Para os gregos, essa ordem matemática era invariável e ninguém, deuses ou seres humanos, poderia interferir nela, sob pena de severas punições. A função da razão seria contemplar a ordem do cosmos e transcrevê-la na construção do mundo humano, que deveria ser regido pela mesma geometria e proporcionalidade contemplada no grande cosmos. O ser humano teria que descobrir o seu lugar natural nessa realidade belamente adornada por proporcionalidade e geometria.

Esse paradigma ou modelo cosmocêntrico foi mantido pelos pensadores cristãos, que contemplavam na natureza o autor da ordem criada: Deus. O próprio criador estava comprometido em manter a ordem do mundo por ele criada. Desse modo, o cosmos oferecia ordem, direção e sentido à vida humana. A racionalidade daí derivada era de uma razão contemplativa, tendo em vista a causalidade última ou final de todas as coisas.

Nesse contexto, o cosmos era relacionado à própria noção de beleza e de valor intrínseco. Para os gregos, o mundo da natureza era permeado por matemática e geometria, que o tornava algo semelhante a uma obra de arte. O cosmos é uma realidade belamente adornada em sua forma geométrica. Essa noção do belo é transcrita no mundo da ética: uma ação moralmente reprovável era qualificada de "feia". Era transcrita na estética pela busca da perfeição da forma expressa nas estátuas gregas. Até hoje nós utilizamos a palavra cosmético para nos referirmos aos produtos de beleza. Na visão judaico-cristã, Deus viu que tudo criado era bom. Essa qualificação ontológica da bondade da criação não foi dada pelo ser humano, mas pelo autor de todas as coisas. E o próprio Deus era chamado pelos padres da Igreja de a pura beleza, por ser o puro amor: *God is beauty*!

Com o advento da modernidade e seu projeto de crescente objetivação da natureza, o mundo gradualmente perdeu os sinais do mistério e da ambiguidade que eram comunicados no passado. Quanto mais o ser do mundo e as coisas se tornam objetivados, menos ela nos oferece a matriz capaz de nutrir a reverência pela qualidade cósmica das coisas (SOUZA, 2013, p. 115).

A modernidade é mais do que a mera modernização tecnológica. Trata-se de um período da história do mundo ocidental, que introduziu um novo modo de racionalidade que abandonou o modelo contemplativo cosmológico. De fato, o advento da modernidade rompeu com a concepção do mundo entendido como cosmos. A "dissolução do cosmos" representa a substituição da causalidade final pela causalidade eficiente das coisas. Ao invés de contemplar a ordem, a natureza se torna um vasto campo de pesquisa e de investigação, cujo objetivo é criar um mundo à imagem e semelhança do sujeito. A natureza tem que se conformar doravante aos ideais que o sujeito estabelece. O conhecimento visa a fins práticos, fruto de uma causalidade cada vez mais eficiente. Segundo Koyré, a tarefa dos pensadores modernos era criar um mundo do nada e não apenas apontar falhas nas construções da racionalidade do passado (KOYRÉ, 1979, p. 13-14). Eles herdaram, dentre outras coisas, a convicção inquestionada na ordem matemática da natureza. A matemática é o grande código em que a ordem do mundo foi escrita; quem for capaz de dominar esse código, terá acesso aos mistérios contidos e revelados no grande livro da natureza.

    O filósofo e matemático francês René Descartes, ao formular o seu novo método de conhecimento, primeiramente se esvazia de todo o passado, para constituir um sujeito enquanto criação do nada. Nessa empreitada, temos que começar do nada, recusando tudo o que nos fora ensinado até então, e buscar algum princípio indubitável de certeza. O sujeito é visto como algo abstraído de tudo aquilo que não seja ele próprio. Aqui encontramos uma das matrizes fundamentais para o delineamento do direito moderno, baseado na concepção de um sujeito autônomo, portador de direitos individuais, que visam única e exclusivamente a sua autopreservação. Se sou apenas eu mesmo, então não sou você. Eu também não sou aquela árvore ou planeta ou animal. Segundo Hymers, o indivíduo isolado projeta a sua separação nas outras espécies. A natureza é negada em todo esse processo.

O eu cartesiano, enquanto princípio epistêmico, sendo simplesmente ele mesmo, é indeterminado, abstrato e vazio. Todavia, indaga Desmond, "se a Terra nos pertence, mas nós não pertencemos a ela, podemos construir um lar real lá?". Desmond questiona a mente instrumental, que vê a Terra como algo externo e meramente explorável, sem valor intrínseco: a Terra é uma coisa entre outras coisas.

Assim sendo, a humanidade é totalmente separada da natureza. Em sua constituição, o sujeito moderno não se encontra em casa com a natureza e busca assegurar o seu próprio ser através da vontade de potência tecnológica, que se sobrepõe à natureza (ibid., p. 275). O sujeito é colocado em oposição ou em confronto com a natureza. Segundo Descartes, nós somos dominadores da natureza e os animais, bem como as plantas, são concebidos como meros autômatos, sujeitos às leis mecânicas.

O *ethos* científico moderno concebe o mundo, em sua pobreza quantitativa, como mera *res extensa*. O *ethos* criado a partir do cogito autônomo tem como consequência a exclusão de qualquer fundamento heteronômico da racionalidade moderna. A volta ao eu é a implementação do projeto da razão, que se define como *maître* e *possesseur de la nature*. O cogito cartesiano cria sua realidade no próprio ato de pensar; de si mesmo e de si mesmo, o cogito assegura os fundamentos da nova ciência: *cogito ergo sum*. O caráter autônomo da razão torna a racionalidade moderna autolegitimadora, o fundamento último da certeza.

O cogito cartesiano é uma expressão da autonomia do sujeito pensante, que não precisa mais de uma referência fora de sua própria estrutura autônoma. O cogito encontra em seu movimento reflexivo o paradigma da verdade. A primeira certeza do cogito cartesiano é fundada no próprio ato de reflexão. A pressuposição subjacente de tal certeza é que a consciência não pode ser deduzida de nada além de si mesma. No processo de reflexão, a consciência toma consciência de si mesma e se afirma como autoconsciência. O cogito cartesiano não é um objeto extra no mundo e, por essa mesma razão, pode ser considerado como a própria condição de sua própria dúvida e se apresentar como o princípio da certeza de todo conhecimento. Todo o resto pode e deve ser exposto à dúvida. Através da atividade de autorreflexão, a autoconsciência cria sua própria natureza, que é ser consciente. Em outras palavras, o cogito é tomado como o princípio determinante de toda racionalidade. Esse momento de autorreflexividade é o que distingue a era moderna de todas as épocas anteriores.

A racionalidade autoafirmativa se torna um projeto existencial na modernidade, no qual a razão advoga uma universalidade neutra. O *ethos* moderno é geométrico e não mais contemplativo. Não há mais nada a ser contemplado, exceto a universalidade neutra da razão geométrica. E o sucesso metodológico da ciência no projeto de natureza dominante fez do conhecimento científico o paradigma de todo conhecimento (SOUZA, 2013, p. 116). Assim, todas as outras formas possíveis de descrever a realidade não possuem o suposto grau determinante da razão científica. A matemática passou a ter uma importância absoluta na concepção de ideias. E a matemática é completamente neutra para todos os assuntos que envolvem valor (WHITEHEAD, 1985, p. 38). A noção de explicação mecânica para todos os processos da natureza adquiriu finamente, na modernidade, um status central (SOUZA, 2013, p. 117.) O mundo nada mais é do que uma sucessão de configurações instantâneas da matéria: *res extensa*.

O paradigma moderno de racionalidade científica compreende o ser humano como senhor e dominador do mundo. A autoafirmação do sujeito implica a negação, é a voz da natureza, entendida como mero vazio a ser preenchido pelos ideais e projetos de uma razão científico-tecnológica. Nesse contexto, a natureza não existe em sua alteridade recalcitrante, na medida em que é vista como mero meio para os fins que o sujeito estabelece.

Um antropocentrismo extremo vê a humanidade como estando no centro, busca univocalizar a natureza à nossa imagem ou, então, a considera apenas como possuindo um sentido para nós. Ao negar a natureza enquanto meio ambiente espontâneo, o *self* moderno se concentra no meio ambiente construído por uma razão técnico--científica e que existe apenas em função de servir à humanidade. O meio ambiente construído é uma criação humana da e para a humanidade. Ele envolve um ponto de vista instrumental, que enfatiza o isolamento ou alienação do sujeito.

Na medida em que a humanidade é concebida como autônoma e a natureza como sendo governada por leis mecânicas, então, a humanidade livre está autorizada a tomar posse da natureza sujeita ao mecanismo das leis que a governa. E o melhor modo de tomar posse da natureza é compreendendo as leis às quais ela se encontra sujeita.

O *self* atômico de Descartes é encontrado apenas quando for esvaziado de todo tipo de externalidade e o pensamento for idêntico à negação ou à dúvida. Aquilo do que se duvida não pode ser o *self* e que é o *self* quem duvida, isso não se pode duvidar: penso, logo sou.

Transpostos para a sociedade política, somos todos indivíduos separados e temos nessa separação o único elo que nos une. Assim, um modo de univocidade é transposto para a equivocidade social. Na construção da sociedade política, essa nova configuração paradigmática de racionalidade centrada no *self* em sua autonomia, para além de qualquer fundamento que não seja o próprio sujeito do conhecimento, delineia a concepção do indivíduo na sociedade moderna; todo mundo é um indivíduo na medida em que o indivíduo é definido como sendo ninguém outro que ele mesmo, todo mundo não é ninguém mais do que si mesmo, todo mundo é isolado, não havendo diferenças entre as pessoas. Para Jencks, o sujeito isomórfico encontra em seu isolamento o ponto comum de unidade da sociedade. Aqui se dá o fundamento do direito na modernidade, alicerçado na concepção do indivíduo como detentor de direitos anteriores à constituição da própria sociedade. São os indivíduos detentores de direitos que fundam a sociedade através de um contrato social. Nessa separação, que partilha igualmente como outros indivíduos, ele obtém a sua singularidade, o seu reconhecimento. Apenas outro indivíduo igualmente isolado e livre pode ser capaz de me reconhecer na minha identidade singular.

A intenção do contrato de fundação da sociedade é autocentrada, ou seja, visa proteger os direitos individuais, que podem ser ameaçados fora da sociedade, na medida em que, enquanto átomos, todos estão em guerra contra todos, prevalecendo a lei do mais forte. Com o contrato social entre indivíduos livres e portadores de direitos do estado de natureza, a função da sociedade é proteger a vida e a propriedade dos contratantes. A autopreservação se constitui como um mandamento ético fundamental, haja vista que a única justificativa do abandono do estado de liberdade usufruído pelo indivíduo anterior à sociedade é a preservação de sua vida e de sua propriedade. Outro aspecto importante na constituição da sociedade moderna é a aplicação de leis matemáticas que governam o mundo da natureza no contexto social. A lei da causalidade eficiente é aplicada tanto à natureza quanto à sociedade, tendo em vista maior racionalização e eficiência dos processos naturais e sociais.

Desde Descartes, nos primórdios da modernidade, a ontologia reinante tem sido científico-tecnológica, na qual a contemplação do ser é substituída pelo fazer (*techne*). O ideal contemplativo da racionalidade antiga dá lugar ao caráter meramente instrumental do conhecimento na modernidade. Isso significa o fim da ciência aristotélica e a busca pela causalidade última ou final das coisas, agora substituída por um novo modelo de ciência cujo objetivo é a causa eficiente, tendo em vista o senhorio e o domínio do mundo (*maître et possesseur de la nature*). Nessa nova concepção da natureza, mulheres e homens não podiam mais se ver como grupos que refletiriam uma ordem cósmica de coisas (ibid., p. 63). A nova matemática forneceu uma metáfora, de fato uma nova lógica, pela qual a concepção atomística do mundo poderia ser articulada. Os seres humanos não são mais vistos como animais sociais (*zoon politikon*), como no pensamento clássico e medieval. Todos nós estamos submetidos, com a guinada da modernidade, às relações mecânicas entre elementos que formam um sistema lógico. Esse novo ideal de conhecimento era a capacidade de descrever, com sucesso, as aparências observáveis de eventos na linguagem da simples clareza lógica e de mostrar sua coerência matemática.

3. Uma ideia fascinante: entre a natureza e os direitos humanos

Entretanto, podemos conceber um modo outro de subjetividade tênue ou subjetividade benigna que não olha para a natureza sob a ótica das projeções humanas. Existe algo elusivo na natureza que transcende a visão estrita da subjetividade moderna cartesiana e que permite um ir além e reconhecer a natureza como outra na comunidade elusiva do ser. Esse modo outro de subjetividade é capaz de reconhecer a natureza como portadora de direitos; tais direitos são elevados à consciência de direitos humanos, como o novo constitucionalismo latino-americano concebe: a natureza como portadora de direitos. Trata-se aqui de um "antropocentrismo benigno" (SOUZA, 2017, p. 15) que não é centrado na humanidade, mas ao redor de uma presença mais inclusiva: o indivíduo não se encontra preso à visão abstrata de sua própria particularidade, mas se descobre como consciência participante de uma comunidade maior.

O filósofo irlandês William Desmond concebe o ser humano como "metaxológico", ou seja, como um ser intermediário no espaço do "entre" com todos os outros seres: plantas e animais. O termo metaxológico é derivado do grego "*metaxu*" e significa "meio", "intermediário", "entre"; e "*logos*" significa discurso, palavra, discurso articulado racionalmente. O significado metaxológico de ser refere-se ao discurso de "entre", "meio". Não podemos mais pensar a Terra como algo externo a nós e meramente sujeita à exploração. A natureza como possuindo valor extrínseco, apenas uma coisa externamente lá ao lado de outras coisas igualmente externas. Desmond advoga o valor ou bondade intrínseca do ser, para além dos pontos de vista subjetivista e instrumental (DESMOND, 1990, p. 278). A humanidade não pode arrogar a si mesma o papel de criadora de todo o valor. A natureza é mais do que um agregado de forças e materiais destituídos de valor, que terão valor meramente extrínseco dado pela humanidade, ao invés de um sistema de ordem inerente (ibid., p. 510). Ao atomizar tanto a nós mesmos quanto a natureza, perdemos algo muito mais amplo, que não poderá ser capturado pela ampliação moderna dos sentidos lógicos da causalidade eficiente.

O pensamento de Desmond encaminha o princípio hermenêutico da similaridade, segundo o qual os seres humanos e todas as coisas compartilham o mesmo mundo (SCHEERS, 2007, p. 283). Humanos, animais e plantas são todos criaturas da Terra e pertencem ao mesmo planeta. As coisas são uma expressão do processo de natureza natural. Desmond se refere a uma afinidade ontológica entre o eu e a real alteridade dos seres. De acordo com Desmond, "o eu humano, mesmo em seu caráter distinto, não precisa ser alienado do resto da criação. Um profundo parentesco com as coisas está gravado em nós. Isso pode ser motivo de alegria, de respeito ético" (DESMOND, 2000, p. 286). Não somos a medida da verdade das coisas. A mente agápica concebe um valor inerente ao outro. A negação do valor intrínseco nos permite destruir e transformar a alteridade. Com base na teoria desmondiana da interpretação benevolente, é possível interpretar plantas e animais como entidades de significado e de valor intrínseco e, assim, contrariar as concepções reducionistas e produtivistas de radicalismo (SCHEERS, 2007, p. 284). O eu está situado no meio (meio) com os outros seres. Nós somos seres entre outros seres.

Como vimos, a concepção cartesiana do sujeito isolado e independente, definida como coisa pensante (*res cogitans*), influenciou decisivamente o *ethos* da modernidade. O antropocentrismo exacerbado colocou a humanidade no centro e todos os outros seres são vistos em um relacionamento de dependência e subordinação. No entanto, é possível conceber outro modo de antropocentrismo, que coloca a humanidade no espaço metaxológico com seus outros. O antropocentrismo concebido, acima de tudo, a partir da ciência do século XVII, tenta univocalizar a natureza à nossa imagem e semelhança, ou então idealiza um modo de equívoco no qual a natureza é outra, na medida em que seu significado se torna para nós. Para Desmond, a natureza na comunidade metaxológica não pode ser reduzida a nenhum dos extremos. Ele propõe um modo aberto e plurivocalístico de intermediação que preserva todos os termos de sua mediação. A intermediação metaxológica consegue entremear essas duas concepções de antropologismos.

Esse novo modo do pensar situa a humanidade na intermediação com outras. Evidentemente, o ser humano, ao contrário de plantas e animais, tem seu ser e seu mundo a serem construídos. O ambiente construído envolve mais o elemento antropocêntrico do que o ambiente espontâneo de plantas e animais. As teorias instrumentistas veem a existência do ambiente espontâneo apenas para servir à humanidade.

O resultado é que o eu moderno não está à vontade com a natureza e procura garantir seu próprio ser através da vontade de poder tecnológico sobre a alteridade do mundo (DESMOND, 2000, p. 275). Em vez de reconectar o ser humano com a natureza, a racionalidade moderna acabou nos colocando em oposição ao mundo, de tal maneira que a natureza se torna outra que a humanidade precisa negar. Por que a modernidade se moveu nessa direção? O sujeito cartesiano pode nos oferecer algumas pistas. O eu é visto como algo abstraído de tudo o que não é ele mesmo. Se sou apenas eu mesma, não sou você. Então, não sou nem uma árvore nem um animal. Consequentemente, a humanidade é separada da natureza.

A tecnologia como resposta à crise ecológica e ambiental é pura miopia (HYMERS, 2006, p. 274). Nós precisamos mudar todo um modo de ver a natureza, e não apenas criar medidas paliativas que não conseguem abarcar o cerne da questão. O nosso modo de intervenção na natureza tem que mudar radicalmente: nós somos parte integral do meio ambiente e não apenas um polo traduzido pela consciência cartesiana em termos de sujeito objeto. A nossa relação com a natureza é codependente. Nós não podemos nem nos pensar como separados da natureza nem como mera parte da natureza. A natureza possui um valor intrínseco, que não foi dado por nós. E enquanto tal, ela é portadora de direitos. Se a natureza não possui um valor intrínseco, a nossa relação com ela é de mera intervenção para extração de recursos. Essa é a mentalidade meramente tecnológica. Por isso mesmo, a tecnologia não é uma resposta adequada para os problemas criados pelo homem tecnológico cartesiano (*ibid.*, p. 274). Ao atomizar a natureza e a nós mesmos, nos separamos do *ordo naturalis*. Colocar questões sobre a relação do meio ambiente com foco apenas em ciência, tecnologia e causalidade eficiente, é perder o ponto central do problema.

Evidentemente, nós necessitamos da tecnologia, mas isso não significa que tenhamos de ser "tecnológicos" no sentido estrito do termo. É preciso uma profunda reflexão sobre a nossa relação com a natureza, que não é um meio para os objetivos que externamente determinamos. Se a natureza possui um valor intrínseco, ela é um fim em si mesma. Aqui encontramos fundamento para atribuir à natureza direitos humanos.

Em toda essa problemática relativa à justiça e aos direitos ecoambientais, é necessário restabelecer uma arqueologia do bem em seu excesso de generosidade. Esse tipo de "generosidade hermenêutica" pode oferecer uma enorme contribuição filosófica ao debate atual sobre a justiça ecológica. A filosofia deve estar plenamente atenta à frágil ambiguidade do ser. Uma nova maneira de olhar a natureza exige um espírito de delicadeza que vai além do senso moderno de teoria, que parte da hipótese instrumental, que nos dá entendimento e domínio da realidade. A possibilidade de olhar a natureza de uma perspectiva diferente da centralidade humana só pode ser abordada por um espírito capaz de se abrir à porosidade do misterioso mistério das coisas, além de qualquer teoria analítica ou da clareza geométrica da ciência, que alcance o caráter excessivo das coisas (SOUZA, 2013, p. 121).

Para Hymers (HYMERS, 2006, p. 270), continuamos a afirmar que a tecnologia nos oferecerá um revestimento para a exploração que estamos fazendo da natureza. Nós nos esquecemos, contudo, de que chegamos ao estado de doença ecológica justamente através da tecnologia, ou seja, através da crença de que a humanidade depende apenas da tecnologia. Essa crença é a autoafirmação do antropocentrismo em sua configuração mais forte (ibid., p. 271).

4. Concluindo: entre a autonomia e o espanto

E Cassandra? Sobreviveu à destruição e devastação da Guerra de Troia! E ajudou na fundação de uma nova cidade, dando descendência a mais de trinta gerações. O final feliz da vida de Cassandra deve nos encher de esperança em relação ao futuro. A voz silenciada da natureza, a partir da modernidade, pode dar lugar a uma nova narrativa advinda de vozes e tradições outras que não a voz unívoca da descrição científico-matemática da realidade. A natureza vista com tal perplexidade e admiração, capaz de se voltar para a verdadeira contemplação das coisas em seu excesso de vida. O ser possui um excesso que resiste a qualquer tentativa de uma conceituação completa e determinada. O "excesso" de ser se apresenta de várias maneiras, e, somente discernindo essas várias facetas, é que podemos alcançar uma perspectiva mais ampla em relação à questão do ser.

Na modernidade, o fundamento da sociedade se dá no reconhecimento do outro como sujeito portador de direitos universais baseados em sua própria humanidade. Quando silenciamos uma voz, estamos condenando a voz silenciada a uma posição de voz subalterna, negada em seus direitos mais básicos. Por isso a importância de fazermos a transição e reconhecermos a natureza como portadora de direitos. Isso demanda um novo tipo de subjetividade, outra à narrativa moderna que vê o processo de reconhecimento enquanto negação. Para Desmond, a instrumentalização das coisas é uma espécie de niilismo cego a qualquer valor intrínseco do ser (DESMOND, 1995, p. 508). Se o valor for criado pela humanidade, tendo em vista a total eficiência na exploração dos recursos da Terra, não pode deixar de ser totalmente instrumental. O "espanto" ou "maravilhado" com a presença (*Thereness*) do ser, e que não pode ser capturado por conceitos, é simplesmente ignorado pela racionalidade moderna. A natureza é tomada como um agregado de forças e materiais sem valor intrínseco (sem valor), a serem valorizados extrinsecamente pela humanidade (ibid., p. 510).

É preciso afirmar a alteridade recalcitrante na natureza, que não pode ser silenciada. Esse excesso da natureza é fundamento para o direito fundamental da natureza de existir em seu caráter espontâneo. A retórica da sustentabilidade, muito embora seja um passo importante, não consegue captar a radicalidade desse excesso da natureza, para além do ser humano. A natureza ainda é vista na perspectiva de gerar recursos para nós. Ela não nos questiona radicalmente sobre uma mudança de perspectiva, enquanto consciência participante do mundo, juntamente com plantas e animais. A natureza, como portadora de direitos humanos, é uma ideia fascinante, poderosa e desafiadora! Outras tradições do ser e do pensar podem nos oferecer elementos novos, que nos permitam superar a "síndrome de Cassandra" e essa infância tecnológica que pode levar a humanidade à autodestruição. Não nos esqueçamos de que Cassandra sobreviveu à Troia e fundou uma nova cidade com muitas outras gerações!

Referências

ALVES, Marco Aurélio do N.; NAVARRO, Rafael Lourenço; SOUZA, José Carlos Aguiar de. A hermenêutica desmondiana: aberturas filosóficas para a discussão ecológica. *Horizonte Teológico*, Belo Horizonte, v. 13, n. 26, p. 75-97, jul./dez. 2014.

BERMAN, Morris. *The reenchantment of the world*. Cornell: University Press, 1981.

BLUMENBEG, Hans. *The legitimacy of the modern age*. Cambridge: The MIT Press, 1983.

BUTTERFIELD, Herbert. *As origens da ciência moderna*. Lisboa: Edições 70, 1992.

DESMOND, William. *Being and between*. Albany: State University of New York Press, 1995.

_____. *Philosophy and its others: ways of being and mind*. Albany: State University of New York Press, 1990 [ed. brasileira: *A filosofia e os seus outros*: modos do ser e do pensar. São Paulo: Loyola, 2000].

ESSUNGER, Maria. "God is dog in the English mirror": Hélène Cixous and the performative power of writing. In: FERREIRA, Maria Luísa Ribeiro; HENRIQUES, Fernanda (org.). *Marginalidade e alternative:* vinte e seis filósofas para o século XXI. Lisboa: Edições Calibri, 2016.

FERREIRA, Maria Luísa Ribeiro; HENRIQUES, Fernanda (org.). *Marginalidade e alternative*: vinte e seis filósofas para o século XXI. Lisboa: Edições Calibri, 2016.

FOX, Warwick. *Towards a transparente ecology*. London: 1990.

HEIDEGGER, Martin. Sobre a questão da técnica. In: HEIDEGGER, Martin. *Ensaios e conferências*. São Paulo: Vozes, 2010, p. 11-53.

HOMER. *The Iliad*. London: Penguin Books, 1995.

HYMERS, Paul. *Converting to an Eco-Friendly Home*. London: New Holland Publishers Ltd., 2006.

JENCKS, Charles. *What is Post-Modernism?* Hoboken: John Wiley & Sons, 1986.

KOYRÉ, Alexandre. *Do mundo fechado ao universo infinito*. Rio de Janeiro: Forense, 1979.

OLIVEIRA, Pedro Ribeiro de; SOUZA, José Carlos Aguiar de (org.). *Consciência planetária e religião:* desafios para o século XXI. São Paulo: Paulinas, 2012.

REIS, Émilien Vilas Boas; ROCHA, Marcelo Antônio (org.). *Filosofia da natureza e direito ambiental:* fundamentos para uma nova ética ambiental. Belo Horizonte: Editora Lutador, 2017.

ROCHA, Lindomar. A identidade da técnica e o controle do mundo. In: OLIVEIRA, Pedro Ribeiro de Oliveira; SOUZA, José Carlos Aguiar de Souza (org.). *Consciência planetária e religião:* desafios para o século XXI. São Paulo: Paulinas, 2012, p. 123-140.

ROSSI, Paolo. *O nascimento da ciência moderna na Europa*. Trad. Antônio Angonese. Bauru/SP: Editora Edusc, 2001.

SCHEERS, Peter. Towards a metaxológica hermeneutics of plants and animals. A. F. KELLY, Thomas (org.). *Between system and poetics:* William Desmond and philosophy after dialects. Hants: Ashgate, 2007, p. 279-292.

SMIT, Miles. A world of values in cones and plants. In: A. F. KELLY, Thomas (org.). *Between system and poetics:* William Desmond and philosophy after dialects. Hants: Ashgate, 2007, p. 151-162.

SOUZA, José Carlos Aguiar de. *O projeto da modernidade:* autonomia, secularização e novas perspectivas. Brasília: Líber Livro, 2005.

_____. Entre a sutileza e a geometria: William Desmond e a porosidade do ser religioso. *Síntese*, Belo Horizonte, v. 40, n. 126, 2013.

_____. Bionarrativa e generosidade hermenêutica: um novo olhar sobre a natureza. In: REIS, Émilien Vilas Boas; ROCHA, Marcelo Antônio (org.). *Filosofia da natureza e direito ambiental:* fundamentos para uma nova ética ambiental. Belo Horizonte: Editora Lutador, 2017, p. 15-36.

VAZ, Henrique C. Lima. *Escritos de filosofia VII:* raízes da modernidade. São Paulo: Loyola, 2002.

VINCE, Gaia. *Adventures in the anthropocene*: a journey to the heart of the planet we made. London: Chatto & Windus, 2015.

WHITEHEAD, Alfred North. *Science and the modern world*. London: Free Association Books, 1985 [ed. brasileira: *A ciência e o mundo moderno*. São Paulo: Paulus, 2006].

ZIZEK, Slavoj. *Looking awry:* an introduction to Jacques Lacan through popular culture. London: The MIT Press, 1993.

CAPÍTULO 3

Considerações sobre violações de Direitos Humanos e (in)justiça ambiental no Brasil

Marcelo Antônio Rocha

Não há democracia com fome,
nem desenvolvimento com pobreza,
nem justiça na desigualdade.
Papa Francisco

Sabemos que somos feitos desta terra.
Sabemos que a terra é feita dos nossos corpos.
Pois nós nos vemos.
E somos natureza.
Somos a natureza vendo a natureza.
Somos natureza com um conceito de natureza.
Natureza falando de natureza com a natureza.
Susan Griffin

1. Introdução

O texto analisa, de forma geral e sucinta, e a partir da perspectiva do Estado Democrático de Direito, em que medida podemos pensar uma teoria da justiça como reconhecimento de direitos intersubjetivos, liberdades, projetos e visões de mundo distintos, bem como os impactos que ela acarreta na prática jurídica, nas decisões judiciais, no meio ambiente e na sociedade. O reconhecimento, juridicamente sustentado, passa pela valorização e admissão da ideia de que todos devem ser tratados com igual consideração e respeito. Todos devem ser tratados com dignidade.

Tendo como fundamento a interdisciplinaridade que permeia o Direito, adotamos a Teoria da Constituição, a Teoria Crítica, a Hermenêutica Jurídica e a História do Direito como ferramentas para alcançar este objetivo.

Pensar numa justiça ambiental requer também pesquisa e análise sobre os temas "direito fundamental ao meio ambiente ecologicamente equilibrado e à sadia qualidade de vida", "desenvolvimento sustentado" e "cidadania ambiental e inclusão social", de acordo com a dicção da legislação brasileira, sobretudo a Constituição Federal, bem como a análise da medida em que a efetivação desses direitos exige a criação de novas bionarrativas comprometidas com a justiça ambiental (Estado Ambiental Democrático de Direito), o reconhecimento do direito ao meio ambiente como sendo um direito (subjetivo) humano fundamental e a importância do Direito Moderno ao criar a figura de um sujeito jurídico dotado de direitos humanos universais e inalienáveis oponíveis ao próprio Estado.

2. Do Estado de Direito ao Estado Democrático de Direito

Ao término da Segunda Guerra Mundial, os Estados europeus precisaram passar por um processo de reconstrução da sua infraestrutura, das suas instituições e da sua legislação. Em termos de política e justiça, foi preciso criar um novo modelo de Estado (o Estado Democrático de Direito) e um novo paradigma jurídico (o pós-positivismo), comprometidos com as demandas e necessidades mais urgentes da população e em consonância com o novo espírito da época.

Esse novo modelo de Estado, o Estado Democrático de Direito, em linhas gerais, não está apenas alicerçado nas ideias da supremacia da lei ("um governo de leis e não de homens"), de constituição como vinculação jurídica do poder e Estado submetido ao direito, mas também na ideia de que a ordem jurídica deve ser legitimada pela vontade do povo: "A articulação do 'direito' e do 'poder' no Estado constitucional significa, assim, que o poder do Estado deve organizar-se e exercer-se em termos democráticos. O princípio da soberania popular é, pois, uma das traves mestras do Estado constitucional. O poder político deriva do 'poder do cidadão'" (CANOTILHO, 2003, p. 98).

Nesse sentido, a ideia de democracia apresenta-se como um valor e não apenas como um processo político estruturante da ordem constitucional democrática. O Estado de direito por si só não é uma novidade do pós-guerra, uma vez que sua origem remonta às origens do direito moderno na Inglaterra (séc. XIII), França (séc. XVIII) e Alemanha (séc. XIX). Por exemplo, o apego irrefletido às leis foi um recurso utilizado pelos Estados totalitários da primeira metade do séc. XX para garantir e utilizar todos os mecanismos institucionais para manipular, dominar e exterminar a sua própria população. A mera legalidade totalitária fascista, aplicada de forma mecânica, matemática e acrítica, apoiou juridicamente as piores atrocidades cometidas pelos Estados europeus contra a sua população e, por exemplo, sustentou o extermínio, juridicamente legitimado, dos judeus pela Alemanha nazista. O resultado da submissão da vontade à lei foram as duas grandes guerras mundiais no séc. XX.

Nesse sentido, a grande novidade do novo modelo de Estado que surge no pós-guerra é a valorização e reconhecimento político e jurídico da ideia de soberania popular, a ideia de que todo poder vem do povo e a garantia do direito de igual participação na formação democrática da vontade popular. O Estado não é mais um fim em si mesmo, o compromisso da legalidade não é mais somente com o funcionamento do Estado de acordo com o interesse de grupos políticos que ocupam o poder. O poder agora se legitima pela participação popular, pelo governo da maioria e pelo respeito e garantia dos direitos e liberdades individuais.

Por sua vez, o pós-positivismo, em linha gerais, o paradigma jurídico ainda dominante na cultura jurídica ocidental, surgiu como resultado da reorganização política e jurídica dos Estados europeus, logo após o fim da Segunda Guerra Mundial. Em razão da destruição institucional, ambiental e jurídica causada pela guerra, foi preciso, antes de tudo, estabelecer as regras de funcionamento do novo modelo de Estado. O chamado neoconstitucionalismo foi o movimento de criação de novos modelos de Constituição dos Estados, inspirados agora pela necessidade da organização legal do

Estado, mas também pela garantia da soberania popular, do princípio da dignidade da pessoa humana e de cláusulas pétreas, com a função de evitar o uso do totalitário do poder. As novas Constituições passaram a ter supremacia sobre as demais leis e a força normativa. Além da organização do Estado, passou a ser função da Constituição também garantir e promover o respeito aos direitos fundamentais da pessoa humana, sem discriminação de qualquer natureza. A garantia desses direitos fundamentais passa, por exemplo, pela garantia das liberdades individuais, dos direitos políticos, do devido processo legal e dos direitos ambientais.

Até então, o paradigma jurídico dominante era o juspositivismo sustentado pelo modelo do Estado de direito, de monopólio estatal das leis e seu apego acrítico por parte dos juízes. Além da submissão do Estado à legalidade, o juspositivismo se destacava também pela separação entre o direito e a moral e por sua fundamentação científica herdada da metodologia da física mecânica de Galileu e Newton. Em razão da constitucionalização dos direitos fundamentais e da obrigação do Estado de representar de fato a vontade popular, foi preciso criar um novo modelo de Direito capaz de dar respostas às demandas por dignidade e justiça de uma população que nunca teve a sua vontade representada ou respeitada por qualquer forma de poder ou governo. Em termos epistemológicos, o juspositivismo já havia perdido seus fundamentos mecânicos com o surgimento de uma nova ciência (quântica e relativista) no início do séc. XX, alicerçada não sobre a descrição matemática da realidade, mas sim sobre o princípio da incerteza. Em termos morais e políticos, o Tribunal de Nuremberg foi marco do fim do juspositivismo, por relacionar essencialmente o Direito com a moralidade. Uma consequência do caos provocado pelas duas grandes guerras foi a ideia de que o Estado e as leis só se legitimam se for para garantir e promover o bem da pessoa, criando e garantindo os meios para que cada um possa viver com dignidade e escolher livremente o seu próprio ser.

O pós-positivismo surge, então, como um paradigma jurídico comprometido com a proteção e valorização da pessoa humana, defendendo que a interpretação e aplicação das leis tenham como pano de fundo a defesa do princípio da dignidade da pessoa humana à luz da mais ampla moralidade pública e do devido processo legal. A medida, o sentido e o alcance da dignidade serão resultados de processos dialéticos de debates, consensos e acordos sobre as opções mais razoáveis e congruentes com as visões de mundos das partes envolvidas nesses processos.

3. Do direito ao meio ambiente como um direito fundamental

Vivemos num mundo plural e num momento de afirmação e luta pelo reconhecimento da diversidade humana em suas múltiplas formas de manifestação e realização. Ainda somos modernos. E hoje, mais do que nunca, buscamos concretizar os ideais defendidos pelo Direito Moderno, quais sejam, igualdade, fraternidade e liberdade. Igualdade, no sentido de garantia de condições mínimas de existência para todos os cidadãos. Fraternidade, no sentido de que todos (Estado, instituições e cidadãos) devem estar envolvidos de forma solidária na criação das condições mínimas materiais, para que cada cidadão possa, além das suas necessidades básicas de manutenção da vida, viver uma vida com dignidade e felicidade, emancipando-se e afirmando a sua liberdade.

Não existe liberdade sem um Estado e/ou um Direito que a sustente. Não existe liberdade onde tudo é necessidade. A principal marca do Estado Democrático de Direito é o reconhecimento das necessidades e da liberdade do "sujeito de direito", no sentido da inclusão social e institucional dos que historicamente sempre foram excluídos (a saber, as mulheres, os negros, os deficientes, os homossexuais e os diferentes de alguma maneira). O Estado não é mais um fim em si mesmo e deve cumprir as promessas da modernidade, atuando como um parceiro no reconhecimento da (inter)subjetividade, da vontade, da liberdade e dos direitos humanos fundamentais de cada cidadão. Por isso, tomamos a teoria da justiça como reconhecimento da dignidade da pessoa humana como um instrumento teórico fundamental para a compreensão da história do Direito e da afirmação dos direitos e liberdades individuais.

O processo de democratização iniciado na Europa, no pós--guerra, só alcançou o Brasil em 1988, com a promulgação da nova Constituição da República, que deu força normativa às regras e aos princípios necessários à defesa dos direitos fundamentais da pessoa humana e capacidade jurídica para que cada cidadão pudesse afirmar a sua vontade, sua dignidade e seu direito à felicidade. Dentre esses direitos, estão o direito ao meio ambiente ecologicamente equilibrado e à sadia qualidade de vida[1] para as presentes e futuras gerações, proclamados no artigo 225 da Constituição Federal e

---

[1] O tema do direito ao meio ambiente como um direito fundamental foi tratado no seguinte texto: ROCHA, Marcelo. Por uma justiça ambiental: do direito ao meio ambiente como um direito fundamental. In: MURAD, Afonso; REIS, Emilien; ROCHA, Marcelo (org.). *Tecnociência e ecologia:* múltiplos olhares. Rio de Janeiro: Lumen Juris, 2019, p. 113-146.

inspirados no espírito da Declaração de Estocolmo (ONU/1972), que considera que:

1. O homem é ao mesmo tempo obra e construtor do meio ambiente que o cerca, o qual lhe dá sustento material e lhe oferece oportunidade para desenvolver-se intelectual, moral, social e espiritualmente. Em larga e tortuosa evolução da raça humana neste planeta chegou-se a uma etapa em que, graças à rápida aceleração da ciência e da tecnologia, o homem adquiriu o poder de transformar, de inúmeras maneiras e em uma escala sem precedentes, tudo que o cerca. Os dois aspectos do meio ambiente humano, o natural e o artificial, são essenciais para o bem-estar do homem e para o gozo dos direitos humanos fundamentais, inclusive o direito à vida mesma.

2. A proteção e o melhoramento do meio ambiente humano é uma questão fundamental que afeta o bem-estar dos povos e o desenvolvimento econômico do mundo inteiro, um desejo urgente dos povos de todo o mundo e um dever de todos os governos.

3. O homem deve fazer constante avaliação de sua experiência e continuar descobrindo, inventando, criando e progredindo. Hoje em dia, a capacidade do homem de transformar o que o cerca, utilizada com discernimento, pode levar a todos os povos os benefícios do desenvolvimento e oferecer-lhes a oportunidade de enobrecer sua existência. Aplicado errônea e imprudentemente, o mesmo poder pode causar danos incalculáveis ao ser humano e a seu meio ambiente. Em nosso redor, vemos multiplicarem-se as provas do dano causado pelo homem em muitas regiões da Terra, níveis perigosos de poluição da água, do ar, da terra e dos seres vivos; grandes transtornos de equilíbrio ecológico da biosfera; destruição e esgotamento de recursos insubstituíveis e

graves deficiências, nocivas para a saúde física, mental e social do homem, no meio ambiente por ele criado, especialmente naquele em que vive e trabalha.

4. Nos países em desenvolvimento, a maioria dos problemas ambientais estão motivados pelo subdesenvolvimento. Milhões de pessoas seguem vivendo muito abaixo dos níveis mínimos necessários para uma existência humana digna, privada de alimentação e vestuário, de habitação e educação, de condições de saúde e de higiene adequadas. Assim, os países em desenvolvimento devem dirigir seus esforços para o desenvolvimento, tendo presente suas prioridades e a necessidade de salvaguardar e melhorar o meio ambiente. Com o mesmo fim, os países industrializados devem esforçar-se para reduzir a distância que os separa dos países em desenvolvimento. Nos países industrializados, os problemas ambientais estão geralmente relacionados com a industrialização e o desenvolvimento tecnológico.

5. O crescimento natural da população coloca, continuamente, problemas relativos à preservação do meio ambiente, e devem-se adotar as normas e medidas apropriadas para enfrentar esses problemas. De todas as coisas do mundo, os seres humanos são a mais valiosa. Eles são os que promovem o progresso social, criam riqueza social, desenvolvem a ciência e a tecnologia e, com seu árduo trabalho, transformam continuamente o meio ambiente humano. Com o progresso social e os avanços da produção, da ciência e da tecnologia, a capacidade do homem de melhorar o meio ambiente aumenta a cada dia que passa.

6. Chegamos a um momento da história em que devemos orientar nossos atos em todo o mundo com particular atenção às consequências que podem ter para o meio ambiente. Por ignorância ou indiferença, podemos causar danos imensos e irreparáveis ao

meio ambiente da Terra, do qual dependem nossa vida e nosso bem-estar. Ao contrário, com um conhecimento mais profundo e uma ação mais prudente, podemos conseguir, para nós mesmos e para nossa posteridade, condições melhores de vida, em um meio ambiente mais de acordo com as necessidades e aspirações do homem. As perspectivas de elevar a qualidade do meio ambiente e de criar uma vida satisfatória são grandes. É preciso entusiasmo, mas, por outro lado, serenidade de ânimo, trabalho duro e sistemático. Para chegar à plenitude de sua liberdade dentro da natureza e em harmonia com ela, o homem deve aplicar seus conhecimentos para criar um meio ambiente melhor. A defesa e o melhoramento do meio ambiente humano para as gerações presentes e futuras se converteram na meta imperiosa da humanidade, que se deve perseguir, ao mesmo tempo que se mantêm as metas fundamentais já estabelecidas, da paz e do desenvolvimento econômico e social em todo o mundo, e em conformidade com elas.

7. Para chegar a esta meta, será necessário que cidadãos e comunidades, empresas e instituições, em todos os planos, aceitem as responsabilidades que possuem e que todos eles participem, equitativamente, nesse esforço comum. Homens de toda condição e organizações de diferentes tipos plasmarão o meio ambiente do futuro, integrando seus próprios valores e a soma de suas atividades. As administrações locais e nacionais, e suas respectivas jurisdições, são as responsáveis pela maior parte do estabelecimento de normas e aplicações de medidas em grande escala sobre o meio ambiente. Também se requer a cooperação internacional com o fim de conseguir recursos que ajudem os países em desenvolvimento a cumprir sua parte nesta esfera. Há um número cada vez maior de problemas relativos ao meio ambiente que, por ser de alcance regional ou mundial ou por repercutir no âmbito

internacional comum, exigem uma ampla colaboração entre as nações e a adoção de medidas para as organizações internacionais, no interesse de todos. A Conferência encarece aos governos e aos povos que unam esforços para preservar e melhorar o meio ambiente humano em benefício do homem e de sua posteridade.[2]

A Declaração da Conferência das Nações Unidas sobre o Meio Ambiente Humano, realizada no ano de 1972 em Estocolmo, proclamou o direito ao meio ambiente como um direito humano fundamental. O documento produzido pela Conferência é considerado o marco do início do direito ambiental porque apresenta as diretrizes fundamentais que os Estados membros das Nações Unidas devem adotar para proteger o meio ambiente em seus territórios. Desde então, a discussão sobre a preservação do meio ambiente e a codificação do direito ambiental contribuíram muito para o esclarecimento da humanidade sobre o valor intrínseco da natureza e das relações que sustentam todas as formas de vida.

Apesar da evidente evolução legal e moral acontecida nos últimos 40 anos, são também evidentes os danos causados pela destruição ambiental e a sua consequente violação de direitos humanos mais fundamentais. Inúmeros problemas ambientais têm gerado danos catastróficos e muitas vezes irreversíveis sobre a vida de pessoas (principalmente pobres!) e ecossistemas. Podemos citar, por exemplo, desde a Guerra na Síria até os terremotos no Haiti e a crise política na Venezuela, uma vez que estes eventos geraram tantos refugiados ambientais quanto as secas, inundações e queimadas em outras regiões da Terra.

---

[2] Disponível em: <www.unep.org/Documents.Multilingual/Default.asp?DocumentID=97&ArticleID=1503&l=en>.

4. Crise ecológica e emergência ambiental no Brasil

O Brasil tem uma das legislações ambientais mais amplas e rigorosas do mundo, porém, na prática, o país não se destaca como um exemplo de desenvolvimento sustentável e proteção do meio ambiente. Infelizmente, o interesse dos "fatores reais de poder" que governam o país, qual seja, a ganância capitalista de grandes empresários e do Poder Público (Executivo, Legislativo e Judiciário), impede a eficácia e efetividade das normas ambientais em todo o território nacional. Por aqui os problemas ambientais envolvem desde queimadas e desmatamento irrefreável e criminoso da floresta amazônica até desastres ecológicos causados por rompimentos de barragens de rejeito de mineração ou rejeitos industriais. Exemplos não faltam.

A floresta amazônica absorve cerca de 2 bilhões de toneladas de dióxido de carbono por ano e libera 20% do oxigênio do planeta, sendo responsável por boa parte do regime de chuvas do país. Segundo dados do INPE (Instituto Nacional de Pesquisas Espaciais), em relatório divulgado em 14 de janeiro de 2020,[3] o desmatamento na Amazônia cresceu 85,3% em 2019 em comparação com 2018. O número de incêndios na região amazônica registrado pelo INPE cresceu 30,5% em relação ao ano de 2018. O Sistema de Detecção do Desmatamento na Amazônia Legal em Tempo Real (Deter) registrou 9.165,6 quilômetros quadrados de floresta devastados em 2019. O desmatamento criminoso, com o objeto de se abrir

---

[3] Disponível em: <http://www1.dpi.inpe.br/obt/deter/dados/>.

terras para pastagens e grilagem, foi o principal fator causador de queimadas na região. Além da destruição irrecuperável da fauna e da flora, as queimadas afetam todos os ecossistemas dependentes do sistema natural amazônico. Em 18 de agosto de 2019, ocorreu no Estado de São Paulo um fenômeno chamado "chuva negra",[4] causado por nuvens carregadas de fuligem e com um forte cheiro de fumaça, formadas por queimadas na região amazônica e que escureceram o céu em 90% durante o dia e se precipitaram sobre o Estado. Pesquisadores da USP constataram que a água da chuva estava contaminada por poluentes como evoglucosano, íons, hidrocarbonetos, amônia, fósforo, sulfetos e nitratos, em quantidades acima do dobro esperado.

A violência no campo também constitui um caso grave de violação de direitos humanos por questões ambientais. Segundo dados do relatório "Conflitos no Campo Brasil 2018",[5] da Comissão Pastoral da Terra (da CNBB), em 2018 aumentou o número de pessoas implicadas em conflitos no campo. Aproximadamente um milhão de pessoas estiveram envolvidas nesse tipo de conflito, mais especificamente foram 960.630 pessoas contra 708.520, em 2017, um crescimento significativo de 35,6%. Nos conflitos especificamente por terra, foram 118.080 famílias envolvidas em conflitos por terra, em 2018, contra 106.180, em 2017, nesse caso um aumento de 11%. De 2015 a 2018, a média anual era de 127.188 famílias implicadas em conflitos na luta por terra. Na região Norte, estão 51,3% de todas as pessoas envolvidas em conflitos agrários. Isso significa forte indício do avanço do agronegócio, via monoculturas, na Amazônia.

---

[4] Disponível em: <https://www.bbc.com/portuguese/brasil-49434487>.
[5] Disponível em: <https://www.cptnacional.org.br/>.

O acirramento da violência privada faz explodir o número de famílias expulsas. Somente no ano de 2018, o poder privado foi responsável pela expulsão de 2.307 famílias (cerca de 9.228 pessoas) e o Poder Público por despejar 11.235 famílias (cerca de 44,940 pessoas). A região Norte, com 36,3% das famílias expulsas; a região Sudeste, com 35,6% e a região Centro-Oeste com 24,9%. Em 2018, ano eleitoral, 28 camponeses foram assassinados em conflitos no campo, sendo 50% lideranças (14), 16 camponeses no Pará e 3 sem terra em Anapu (PA). A CPT analisa que anos eleitorais tendem a ter uma diminuição nesse tipo de violência. Contudo, 2019 já aponta o retorno do aumento dos assassinatos. Nos quatro primeiros meses de 2019, a CPT já registrou 10 assassinatos em conflitos no campo. Porém, os números podem ser maiores do que os registrados. No Pará, Nazildo dos Santos Brito, 33 anos, liderança quilombola, foi morto na Comunidade Quilombola Turé III. Ele estava ameaçado de morte por denunciar crimes ambientais praticados pela empresa Biopalma da Amazônia S/A, subsidiária da Vale.

Em 2018, em relação a 2017, houve um crescimento de: a) 4% no número de conflitos no campo; 35% no número de pessoas envolvidas; c) 40% em conflitos por água; d) 30% em conflitos trabalhistas; e) 10% em conflitos envolvendo a mineração; f) 11% no número de famílias envolvidas em conflitos por terra; g) 6,5% em terras em disputa; h) 59% em famílias expulsas; i) 5,7% maior em famílias despejadas: 11.231.

Em 2018, 482 mulheres sofreram violência nos conflitos no campo: a) 36 foram ameaçadas de morte; b) 6 sofreram tentativas de assassinato; c) 15 foram presas (10 mulheres sem terra foram presas em julho de 2018, durante ocupação da Fazenda Verde Vale, no município de Alvorada do Oeste, em Rondônia); d) 2 torturadas; e) 6 sofreram ferimentos; f) 2 morreram em consequência dos conflitos; g) 1 sofreu aborto; h) 400 foram detidas (na ação em que denunciavam a privatização das águas em Minas Gerais, elas ocuparam a Nestlé, em São Lourenço, sul de Minas Gerais. A polícia as manteve detidas por horas dentro dos ônibus que as conduziam e todas passaram por revista). A grande maioria das mulheres que sofreu violência em 2018 é sem terra. Mas também sofreram violência: 13 indígenas, 2 advogadas populares, 2 agentes de pastoral, 8 quilombolas. Entre as mulheres que sofreram violência, 20 eram lideranças. Números da violência contra mulheres de 2009 a 2018: a) 38 foram assassinadas; b) 80 sofreram tentativas de assassinato; c) 409 receberam ameaças de morte; d) 22 morreram em consequência de conflitos; e) 111 foram presas; f) 410 foram detidas; g) 37 foram estupradas; h) outras sofreram agressão (75), ameaça de prisão (16), contaminação por agrotóxicos (19), ferimento (52), humilhação (67) e intimidação (94).

Conflitos pela água quebraram novo recorde com maior número desde 2002. Em 2018, foram registrados pela CPT 276 conflitos pela água, envolvendo 73.693 famílias. O ano de 2018, portanto, quebrou o recorde de 2017, como o ano com o maior número de conflitos pela água, desde 2002, quando a CPT começou a registrar em separado esse tipo de ocorrência. Entre as vítimas, 85% delas são comunidades tradicionais. O número de conflitos foi 40% maior e o de famílias envolvidas, 108% maior. Bahia e Minas Gerais foram os estados com mais conflitos pela água em 2018: cada um com 65 casos (23,55%). Ressalte-se que a maioria dos conflitos resulta em violência.

As mineradoras foram as responsáveis por 50,36% dos conflitos pela água (139 conflitos). Cento e onze deles foram protagonizados por mineradoras internacionais e 28 por mineradoras nacionais. Três conflitos emblemáticos: 1) 58 ações envolvendo a tragédia de Mariana da Samarco/Vale/BHP Billiton, em Minas Gerais; 2) 55 comunidades do Baixo São Francisco sergipano, na luta pela manutenção dos seus modos de vida, contra os interesses especulativos imobiliários; 3) 30 ações da empresa Hydro Alunorte contra as comunidades paraenses do município de Barcarena. Conflitos envolvendo mineração foram os mais altos em 2018. A mineração, a cada dia, torna-se responsável por boa parte dos conflitos e das violências que as comunidades do campo sofrem. Ela não se restringe à mina explorada. Exige toda uma infraestrutura de sedes, acampamentos, galpões, rodovias, ferrovias, minerodutos, condomínios ou *company-town*, que "pressupõem diferentes formas de domínio sobre o espaço geográfico". São novos territórios usados, causando sobreposições e conflitos com os povos e comunidades que vivem e atuam nesses mesmos espaços. Os conflitos envolvendo a mineração atingiram diferentes povos e comunidades do campo de diversas categorias de trabalhadores e trabalhadoras, no campo e na cidade. São pessoas que dependem das águas, das florestas e da terra para reproduzir socialmente sua própria existência com dignidade. Os registros da CPT mostram que, de 2004 a 2018, ocorreram 1.123 conflitos em torno da mineração. A partir de 2010, houve uma explosão de conflitos causados pela mineração, o que demonstra que essa atividade está causando colapso das condições objetivas de vida do povo e dos ecossistemas.

    Nos últimos 5 anos, o país enfrentou dois grandes rompimentos de barragens de rejeitos de mineração, ambos no Estado de Minas

Gerais. O primeiro, ocorrido no dia 5 de novembro de 2015, em Bento Rodrigues, distrito do município de Mariana, em barragem de responsabilidade da mineradora Samarco/Vale/BHP, causou 19 mortes, além da destruição total do distrito, deixando um rastro de destruição (43,7 milhões de metros cúbicos de rejeitos despejados), através do curso do Rio Doce até o Oceano Atlântico. Ainda hoje são sentidos os efeitos da contaminação da água do rio e seus afluentes e do consequente desequilíbrio ambiental e social. Apesar de ser considerado o maior desastre ambiental da história do país, a Justiça Federal decidiu que nenhum responsável será preso e acusado de homicídio ou lesão corporal. Além disso, nenhuma multa aplicada pelo IBAMA foi paga pela empresa. Temendo pela prescrição dos direitos de reparação às vítimas, o Ministério Público Federal foi obrigado a fechar acordo com a empresa para garantir que nenhum dos direitos dos afetados prescreva.[6] A empresa deverá responder apenas pelos crimes ambientais de desabamento e inundação e o processo segue sem data de julgamento. O segundo, ocorrido no dia 25 de janeiro de 2019, no município de Brumadinho, na barragem de responsabilidade da mineradora Vale, causou a morte de 270 pessoas, deixando também um rastro de destruição ambiental (12 milhões de metros cúbicos de rejeitos despejados) e social, cujos efeitos ainda não puderam ser completamente mensurados. As investigações ainda não foram concluídas e, provavelmente, acompanhando a decisão do caso de Mariana, nenhum responsável responderá criminalmente por homicídio e lesão corporal. A mineradora foi condenada pela Justiça Estadual de Minas Gerais, em 9 de julho de 2019, a reparar

---

[6] Disponível em: <http://www.mpf.mp.br/grandes-casos/caso-samarco/atuacao-do-mpf/linha-do-tempo>.

os danos causados pela tragédia, porém, como ainda não se sabe a extensão do dano provocado no ambiente e nas pessoas, não foi arbitrado nenhum valor ou forma efetiva de indenização. Em 21 de janeiro de 2020, o Ministério Público de Minas Gerais, ao denunciar 16 diretores da Vale pelas mortes em Brumadinho, divulgou que

> (...) desde novembro de 2017, a Vale e a TÜV SÜD sabiam que a Barragem I, da Mina Córrego do Feijão, em Brumadinho, na região metropolitana da capital, não apresentava condições favoráveis de segurança. Havia, inclusive, um documento que indicava que, no pior cenário, 215 pessoas morreriam em caso de rompimento. A empresa "calculava" que, a cada vida perdida, teria que desembolsar 2 milhões e 600 mil dólares.[7]

Além das perdas irreparáveis das vidas das pessoas e até mesmo de famílias inteiras, os dois desastres causaram grandes danos ao meio ambiente, à infraestrutura e à economia de diversas cidades. O desequilíbrio ambiental nas regiões afetadas tem causado desemprego, empobrecimento, impactos na saúde mental da população e surtos de dengue e febre amarela.

O meio ambiente do trabalho também registra graves violações aos direitos humanos. Os conflitos trabalhistas deixaram milhares de trabalhadores reféns do silêncio. Em 2018, houve 89 ocorrências de conflitos trabalhistas – 35% a mais que em 2017, e com 1.477 pessoas envolvidas –, 178,8% a mais que em 2017. De 2000 a 2018, a CPT registrou 363 vítimas em conflitos envolvendo agrotóxicos, pessoas que morreram ou tiveram sua vida ameaçada devido ao contato com os venenos jogados na agricultura do agronegócio. Na

---

[7] Disponível em: <https://bhaz.com.br/2020/01/21/vale-caixa-preta-brumadinho-tud-sud>.

realidade, os números são muito maiores, pois a imensa maioria dos trabalhadores não denuncia ou seu caso não é caracterizado como de intoxicação por exposição ao agrotóxico.

A ampla liberação do uso de agrotóxicos também é preocupante, pois 1 em cada 5 agrotóxicos liberados para uso no Brasil é extremamente tóxico. Em 2019, o Ministério da Agricultura recebeu o pedido de avaliação de 913 novos agrotóxicos e foram aprovados o uso de 503 agrotóxicos.[8] Dentre os aprovados, 110 foram classificados pela ANVISA (Agência Nacional de Vigilância Sanitária) como extremamente tóxicos, sendo da classe mais alta de perigo para humanos. Esse número poderia ser ainda maior, mas, em julho, o governo federal fez uma alteração no Marco Regulatório da ANVISA que passou a considerar como altamente tóxico apenas o agrotóxico que provoca morte logo após o contato ou ingestão do produto. Após essa mudança do marco regulatório, cerca de 800 agrotóxicos deixaram de ser considerados como sendo de alta toxicidade, dentre eles, como exemplo, está o pesticida glifosato. O Brasil atualmente é o país que mais consome o pesticida glifosato, produzido pela Monsanto/Bayer, proibido em muitos países por ser um conhecido causador de câncer. Há casos de presença de glifosato em alimentos, produtos feitos de algodão (roupas íntimas e até absorventes femininos), na água e até em leite materno.[9]

O uso indiscriminado e insustentável de agrotóxicos contamina o solo, o ar e as nascentes, comprometendo a qualidade da água e

---

[8] Disponível em: <https://apublica.org/2020/01/um-em-cada-5-agrotoxicos-liberados-no-ultimo-ano-e-extremamente-toxico/>.

[9] Disponível em: <https://www.abrasco.org.br/site/outras-noticias/movimentos-sociais/residuos-de-agrotoxicos-estao-presentes-ate-no-leite-materno/10078/>.

a saúde das populações que habitam o entorno dessas áreas contaminadas. Na União Europeia, 34% desses produtos são proibidos. Desde o início do ano de 2019, o governo federal liberou o uso de 290 agrotóxicos até então proibidos no Brasil. Cerca de 44 deles são do mais alto nível de toxicidade e classificados como extremamente perigosos. Um deles é o pesticida 2,4-D, conhecido como "agente laranja", usado na Guerra do Vietnã para destruir as florestas onde os soldados e a população vietnamitas se escondiam do exército americano. Outros três pesticidas, o sulfoxaflor, dinotefuran e fipronil, são os maiores causadores da morte em grande escala de abelhas no Brasil. Estudos mostram que o uso do fipronil causou a morte de 50 milhões de abelhas em janeiro de 2019 no Estado de Santa Catarina.[10] O pesticida foi pulverizado a partir de aviões em lavouras de soja no período de floração, uma prática proibida para agrotóxicos de alta toxicidade. O Estado de Santa Catarina é o maior exportador de mel do Brasil e pode ter a sua produção comprometida, uma vez que uma abelha contaminada afeta toda a colmeia. Segundo levantamento da Agência Pública e Repórter Brasil, só nos três primeiros meses de 2019 foram mortas 500 milhões de abelhas no Brasil por contaminação de agrotóxicos.[11] As abelhas têm um papel fundamental na polinização das plantas com flores. O extermínio das abelhas causa uma diminuição na reprodução das plantas e na produção de frutos, afetando todo o equilíbrio do ecossistema do qual as plantas e as abelhas fazem parte.

---

[10] Disponível em: <https://noticias.uol.com.br/ultimas-noticias/bbc/2019/09/17/o-agrotoxico-que-matou-50-milhoes-de-abelhas-em-santa-catarina-em-um-so-me.htm>.

[11] Disponível em: <https://jornal.usp.br/atualidades/morte-de-meio-bilhao-de-abelhas-e-consequencia-de-agrotoxicos/>.

Em termos de saneamento básico, os prejuízos recaem sobre os mais pobres, sobre os que têm que conviver com o esgoto e a doença na porta de casa. Segundo o Instituto Trata Brasil,[12] 35 milhões de brasileiros não têm acesso à água potável, 95 milhões não dispõem de coleta de esgoto (48% da população), 59% das escolas de ensino fundamental não possuem rede de esgoto e 54% do esgoto das residências e indústrias é despejado diretamente e sem tratamentos no mar, nos rios, córregos e lagoas. Em Minas Gerais, por exemplo, estima-se que a COPASA (Companhia de Saneamento de Minas Gerais) despeja em rios e córregos mais de 50% do esgoto coletado e sem tratamento (apesar da empresa cobrar pelo tratamento!).[13] Contra a empresa, já foram ajuizadas diversas ações por poluição e destruição do meio ambiente, além de diversas multas aplicadas pelos danos causados. Porém, as sanções jurídicas e administrativas ainda não impediram que a empresa continue com suas práticas danosas ao meio ambiente e à sadia qualidade de vida das pessoas.

O Brasil é um dos países que mais produzem lixo no mundo. Em 2018, foram geradas 79 milhões de toneladas de resíduos sólidos urbanos, e a estimava é de que o país produza 100 milhões de toneladas/ano até 2030. Um em cada doze brasileiros não tem coleta de lixo na porta de casa. Dos resíduos coletados, apenas 60% são destinados aos aterros sanitários. Os outros 40% são destinados a locais inadequados, contaminando o meio ambiente e a população do seu entorno. Cerca de 6,3 milhões de toneladas de resíduos não foram recolhidos e destinados a locais adequados, ficando expostos

---

[12] Disponível em: <http://www.tratabrasil.org.br/estudos/estudos-itb/itb/ranking-do--saneamento-2018>.

[13] Disponível em: <https://www.otempo.com.br/o-tempo-betim/copasa-volta-a-jogar--esgoto-sem-tratamento-em-corregos-1.2149660>.

a céu aberto. A gestão dos resíduos sólidos é de responsabilidade dos municípios, que, em sua maioria, não dispõe de recursos para providenciar um tratamento adequado do lixo produzido. Os aterros sanitários contaminam o solo e os lençóis de água; são abrigo de transmissores de doenças, como ratos e moscas; liberam gás metano pela decomposição de resíduos orgânicos, o que agrava o efeito estufa e oferece perigo aos moradores das áreas próximas. A coleta seletiva, a reciclagem e o tratamento dos resíduos podem ser uma solução ambientalmente mais sustentável, inclusive oferecendo a oportunidade de ganho de renda pela reutilização de materiais reciclados. Porém, 85% da população brasileira não dispõe de nenhuma possibilidade de destinar o lixo doméstico para reciclagem.[14]

Os exemplos apresentados mostram que ainda falta muito para que o Estado brasileiro de fato se torne um Estado Ambiental Democrático de Direito. A produção legislativa por si só não garante eficácia e efetividade suficientes para erradicar a pobreza extrema ou frear a destruição da natureza e do meio ambiente. A saída da patológica situação de anomia, na qual está imersa a sociedade brasileira, sobretudo o Poder Público (Executivo, Legislativo e Judiciário), exige o compromisso moral de todos os cidadãos com a construção de uma sociedade fraterna que crie oportunidades para que todos possam ter, pelo menos, condições mínimas de existência digna garantidas num meio ambiente sadio e equilibrado. Garantida a igualdade social, resultado da ação fraterna e equitativa, poderemos usufruir da nossa liberdade e afirmar a nossa vontade. Se não for assim, viveremos eternamente escravos de uma vida sem beleza e sentido.

---

[14] Disponível em: <http://abrelpe.org.br/a-abrelpe-em-parceria-com-a-onu-meio-ambiente-lancou-uma-publicacao-inedita-com-dados-dos-residuos-solidos-na-america-latina/>.

Considerações finais

As causas da crise ecológica são múltiplas, complexas e conexas, de tal forma que explicitá-las num texto curto seria uma tarefa impossível. Mas ainda assim podemos apontar algumas delas, que são mais evidentes: o descaso do Poder Público e a falta de consciência da população em relação ao modo como as nossas práticas cotidianas contribuem para a destruição da natureza e do meio ambiente; o padrão de consumo insustentável pregado pelo capitalismo; a falta de eficácia e efetividade das leis ambientais.

Num país desigual como o Brasil, os mais pobres são os que mais sofrem os danos provocados por práticas ambientais destrutivas. São os mais pobres que não dispõem de saneamento básico e têm que conviver diariamente com esgoto, lixo, pragas, água contaminada e doenças. São os mais pobres que têm que morar em casas insalubres na beira de córregos poluídos e nas encostas dos morros sujeitos a inundações, desmoronamentos e soterramentos causados por chuvas torrenciais e solo encharcado por falta de infraestrutura adequada. São os mais pobres que têm que suportar a anomia ambiental comum ao ambiente de trabalho, ao trânsito, ao sistema prisional, às moradias, à alimentação, ao sistema público de saúde e às relações humanas.

Hoje, mais do que nunca, sabemos que a aposta no direito como um garantidor do futuro constitui um ato de fé. Sabemos que os reais fatores de poder, os fatores políticos e econômicos, consideram a natureza apenas como um bem de consumo. Sabemos também da nossa finitude e impotência contra o tempo. Mas, estando aqui agora, não há nada mais honrado a fazer do que lutar por um mundo mais justo para todos. E a justiça ambiental, atuando contra todas as formas de discriminação e preconceito contra a natureza (natureza humana, inclusive) e destruição ambiental, talvez seja hoje o nosso último refúgio.

Referências

BARROSO, Luís Roberto. *Curso de Direito Constitucional Contemporâneo:* os conceitos fundamentais e a construção do novo modelo. São Paulo: Saraiva, 2009.

BONAVIDES, Paulo. *Curso de Direito Constitucional.* 24. ed. São Paulo: Malheiros, 2009.

CAMARGO, Margarida Maria Lacombe. *Hermenêutica e argumentação:* uma contribuição ao estudo do direito. 3. ed. Rio de Janeiro: Renovar, 2003.

CANOTILHO, J. J. Gomes. *Direito Constitucional e Teoria da Constituição.* Lisboa: Almedina, 2003.

_____; LEITE, José (org.). *Direito Constitucional Ambiental Brasileiro.* São Paulo: Saraiva, 2011.

DALLARI, Dalmo de Abreu. *A constituição na vida dos povos*: da idade média ao século XXI. São Paulo: Saraiva, 2010.

FIORILLO, Celso. *Curso de Direito Ambiental Brasileiro.* São Paulo: Saraiva, 2012.

HÄBERLE, Peter. *Hermenêutica constitucional.* Porto Alegre: Safe, 2003.

HONNETH, Axel. *Luta por reconhecimento:* a gramática moral dos conflitos sociais. São Paulo: Editora 34, 2003.

LEITE, José Rubens Morato. *Direito ambiental contemporâneo.* São Paulo: Manole, 2004.

ROCHA, Marcelo; BIAGGI, Enio (org.). *Filosofia, Direito e linguagem:* dos discursos de dominação aos discursos de esclarecimento. Belo Horizonte: 3i Editora, 2017.

_____; BIAGGI, Enio (org.). *Direito, linguagem e poder:* entre a liberdade e dos discursos de dominação. Belo Horizonte: 3i Editora, 2018.

_____. *Violência e intolerância:* quando o sono da razão produz monstros. Belo Horizonte: 3i Editora, 2019.

_____; REIS, Émilien (org.). *Filosofia, Direito e meio ambiente:* aproximações e fundamentos para uma nova ética ambiental. Belo Horizonte: 3i Editora, 2016.

_____. *Filosofia da natureza e Direito Ambiental:* fundamentos para uma nova ética ambiental. Belo Horizonte: 3i Editora, 2017.

_____. *Da Filosofia do ambiente ao Direito Ambiental:* fundamentos para uma Justiça Ambiental. Belo Horizonte: 3i Editora, 2018.

_____; MURAD, Afonso (org.). *Tecnociência e ecologia:* múltiplos olhares. Rio de Janeiro: Lumen Juris, 2019.

CAPÍTULO 4

Dignidade dos pobres, dignidade da Terra: raízes bíblico-teológicas

Sinivaldo Silva Tavares

A eleição do termo "dignidade" em alternativa a "direitos" necessita de uma justificativa prévia. "Direitos" e seus derivados remetem-nos, em nossa opinião, ao projeto típico da Modernidade colonial de emancipação do sujeito, em seu afã de domínio e autonomia. Mediante a reivindicação, sobretudo do direito de possuir e dominar, o sujeito moderno colonial vai se emancipando de todos e de tudo que o vincule de alguma forma à própria "comunidade de vida". "Dignidade", ao contrário, remete-nos à consciência bíblica de um dom gratuitamente recebido e, somente enquanto tal, passível de conquista, no bojo de uma relação entre Criador e criatura e, portanto, entre o Criador e todas as criaturas.

Nesse sentido, tentativas pós-iluministas de deslocar a discussão acerca dos direitos humanos para o terreno da moral tornam-se cada vez mais problemáticas, por se mostrarem, em última instância, ambíguas. Não se quer, com isso, desmerecer a posição inaugurada por I. Kant, que reconhecia a dignidade humana com base na liberdade e na razão autônoma e, portanto, emancipada. Na opinião dele, a especificidade da dignidade humana estaria ligada à vontade e à liberdade do ser humano de poder outorgar a si próprio uma lei que transcendesse suas necessidades naturais, psicológicas e sociais. Desse modo, ultrapassando os próprios interesses, o ser humano seria capaz de projetar-se de maneira livre e desimpedida na realização dos imperativos éticos universais.

Uma concepção tão elevada revela-se, paradoxalmente falando, extremamente frágil justamente por pressupor uma avaliação demasiadamente sublime do sujeito. Essa concepção elevada do ser humano, posto que fundada na razão, vontade livre e aptidão em dominar o tempo, mediante capacidade de memória e de projetualidade, resistiria diante da constatação de que há pessoas que são desprovidas ou que perderam essas eminentes qualidades? Por mais elevada que seja essa concepção, não se configuraria como uma armadilha cujos reféns seriam os mais fracos e, portanto, aqueles que mais necessitam de que a própria dignidade seja tutelada? Nesse sentido, não estaríamos hoje percebendo melhor a pertinência do que, a tal propósito, dizia Schopenhauer: "só como ironia o conceito de dignidade pode ser aplicado a um ser de vontade tão pecaminosa e de corpo tão vulnerável e frágil como o ser humano"?

Bem outra é a concepção dos textos inspiradores de nossa tradição judeu-cristã, para os quais a dignidade é conferida como dom gratuito ao conjunto dos viventes e a cada ser vivo em especial. Essa era, de fato, a consciência presente nos textos primordiais de nossa tradição de fé, quando, por exemplo, segundo a legislação veterotestamentária, os dias e anos sabáticos deviam valer também para os animais e para a própria terra. O texto do Lv 25–26 prescreve o "sábado da terra"; e os textos de Ex 23 e de Lv 25 recomendam que, durante o ano sabático, se deixe a terra inculta para propiciar o direito da respiga aos pobres e para que a própria terra descanse de sua fadiga. Todavia, o texto mais expressivo dessa consciência é a ameaça divina de que o povo escolhido será entregue ao cativeiro da Babilônia até que a terra – a terra de Deus – tenha desfrutado todos os seus sábados (cf. 2Cr 36,21).

1. A dignidade das criaturas na perspectiva da Revelação judeu-cristã

Embora o discurso religioso seja considerado, por não poucos, algo reservado à esfera do privado, a Revelação judeu-cristã, segundo nos parece, se daria, em virtude de sua própria e intrínseca constituição, como uma autêntica "maiêutica histórica": um dar à luz o mistério que habita a profundidade de cada um e de todos nós (cf. TORRES QUEIRUGA, 1995). E, por isso, nada do que é autenticamente humano, histórico, cósmico é alheio ou estranho à Revelação judeu-cristã.

1.1 A dignidade dos pobres: a perspectiva do Antigo Testamento

Os textos do AT testemunham uma atitude peculiar em relação à justiça. Sempre que ocorrem os termos justiça (*mispat*) ou julgar (*sapat*), estão em jogo relações para com aquelas pessoas ou grupos de pessoas que não têm poder algum e que, por isso, acabam tornando-se presa fácil de relações de exploração e de expropriação da própria dignidade (LINDBURG, 1979, p. 28-34; TAMAYO--ACOSTA, 2003, p. 65-69). Daí a razão de se mencionar sempre o trio: pobres, órfãos e viúvas. Exemplo típico é o texto de Is 10,1-2: "Ai dos que decretam leis injustas e editam escritos de opressão: para afastar os humildes do julgamento e privar do direito os pobres do meu povo, para fazer das viúvas suas presas e roubar os órfãos!". Às vezes, acrescenta-se ao rol dos fracos o estrangeiro, seja este um residente (cf. Ex 22,21-22) ou um forasteiro de passagem (Dt 24,19-22).

Percebe-se, em tais textos, uma visível parcialidade para com os fracos. E essa parcialidade constitui uma espécie de espinha dorsal que atravessa a inteira Sagrada Escritura, desde o primitivo texto legal (Ex 22,21-22) até a tardia Epístola de Tiago. Tal parcialidade bíblica se revela, ao fim e ao cabo, como a imprescindível condição para que a defesa da dignidade de cada um e de todos os seres humanos seja salvaguardada. A assunção da parcialidade, portanto, constitui um caminho, uma mediação privilegiada, para a universalização da dignidade da pessoa humana. Vejamos como se dá concretamente essa defesa da dignidade dos fracos nos textos legais, nos escritos sapienciais e na literatura profética.

Os textos legislativos concebem a dignidade dos fracos como sendo do próprio Deus e, por isso, são todos emoldurados pela experiência da Aliança do Deus bíblico com o povo escolhido. Nesse sentido, é importante ter presente o cabeçalho que retorna, com poucas variações, nos três corpos legislativos do Pentateuco: *Livro da Aliança* (Ex 20,22–23,33), *Código Deuteronômico* (Dt 12,1–26,15) e *Código da Santidade* (Lv 17–26). O cabeçalho diz o seguinte: "Eu sou o Senhor teu Deus, que te libertou do Egito, lugar de escravidão" (Ex 20,2; Dt 5,6). O diferencial da legislação do povo escolhido reside propriamente na peculiaridade da relação instaurada com ele pelo Deus bíblico. A Aliança contraída se caracteriza pela memória dos feitos do Senhor no passado, pela relação singular instaurada a partir de tais intervenções e, enfim, pela resposta que espera do povo como expressão de sua fidelidade e gratidão para com ele.

As leis bíblicas não definem, portanto, uma relação de tipo jurídico nem constituem uma espécie de contrato legal. Exprimem, ao contrário, a peculiar resposta que se espera de um povo que já experimentou no passado, e que ainda continua experimentando no presente, o amor libertador de Deus no contexto de uma íntima relação. As várias leis presentes nos textos do AT apontam, portanto, para essa resposta de gratidão do povo como resgate de sua memória histórica de povo escolhido e sustentado pelo amor misericordioso e libertador de Deus.

No *Livro da Aliança*, por exemplo, lemos: "Não maltrates o estrangeiro nem o oprimas, pois vós fostes estrangeiros no Egito. Jamais oprimas uma viúva ou um órfão. Se os oprimires, clamarão a mim, e eu ouvirei seu clamor". É a partir da evocação da memória da relação singular de Deus com seu povo que deve ser interpretada a proibição de excessivas taxas de juros contra os pobres (Ex 22,25). Ou ainda a insistência na tutela do direito dos pobres à respiga (Ex 23,10-11). E, por fim, a advertência de que se dê tratamento justo ao pobre junto aos tribunais (Ex 23,6).

Também no corpo legislativo do *Deuteronômio*, percebe-se a dinâmica constitutiva da experiência da Aliança: memória – relação

– resposta. "E porque amou teus pais e escolheu os seus descendentes após eles e tirou-te do Egito [...] observarás, portanto, suas leis e seus mandamentos" (Dt 4,37-40). É no horizonte dessa resposta esperada que surge a preocupação pelos fracos como nota distintiva de todo o corpo legislativo: deve-se cuidar dos fracos com generosidade; o dízimo é destinado ao sustento deles; os patrões devem pagar justamente seus empregados e não explorá-los.

É Deus quem, no fundo, vela sobre os fracos e, por isso, espera que sua dignidade seja tutelada. Nesse particular, destaca-se o direito à prática da respiga: a permissão para que os pobres colham parte dos frutos da terra, para garantir um mínimo de justa distribuição dos bens. Esse conjunto de leis chega a declarar maldito aquele que violar o direito do estrangeiro, do órfão e da viúva (cf. Dt 27,19).

O *Código da Santidade*, por sua vez, revela como pano de fundo a mesma dinâmica da Aliança. As leis devem ser postas em prática como expressão da resposta grata do povo escolhido. Nesse contexto, são garantidos o cuidado e a proteção ao pobre e ao estrangeiro como, entre outros, o direito à respiga e a um julgamento imparcial nos tribunais. Em suma, o que deve caracterizar a resposta fiel do povo é a preocupação com os fracos.

A sabedoria se verifica na defesa do pobre. Do complexo maior formado pela literatura sapiencial, escolhemos o livro dos *Provérbios* por recolher os ditos da sabedoria popular conhecidos naqueles idos. Ele reflete as distintas e mais inusitadas origens da sabedoria antiga. São máximas recolhidas e adaptadas à realidade singular do povo eleito, com vistas na instrução dos jovens que, eventualmente, assumiriam posições de liderança entre o povo. Em tais provérbios, nota-se uma grande preocupação para com o pobre em geral e, de modo especial, para com a viúva e para com o órfão: "Quem fecha o ouvido ao clamor do pobre haverá ele próprio de clamar e não será ouvido" (Pr 21,13). Para os que possuem bens, a felicidade reside propriamente em partilhá-los com aqueles que nada possuem.

O que se espera, portanto, daquelas pessoas que buscam a justiça é que protejam e se responsabilizem pela defesa do direito dos fracos. Entre as virtudes da mulher ideal, por exemplo, se encontra a generosidade para com os pobres. E, caso o rei não assuma a sua responsabilidade mais própria, que é a de defender os pobres, o próprio Deus há de assumir a causa deles e se converter em seu próprio advogado de defesa. Essa é a tônica não apenas dos Provérbios, mas de toda a literatura sapiencial.

O fazer justiça como "impulso impaciente". Por serem os profetas porta-vozes eloquentes e ativistas mais destemidos na defesa dos fracos, é que eles merecem um tratamento todo especial. É na pregação deles, mais precisamente, que amadurece a dimensão teológica da concepção e da prática da justiça. E, por essa razão, são eles que a explicitam no melhor dos modos. Para eles, justiça é o fruto que se espera do povo como peculiar resposta à iniciativa divina de se revelar mediante seus grandes feitos ao longo de sua história. O exemplo paradigmático dessa consciência é o cântico da vinha do profeta Isaías (cf. Is 5,1-7). Essa resposta concebida como fruto da fidelidade e da gratidão do povo é intrinsecamente dinâmica. E isso em razão de sua própria força de constituição. Assim se exprime o profeta Miqueias: "Já te foi revelado, ó ser humano, o que é bom e o que o Senhor exige de ti: nada mais do que praticar o direito, amar a bondade e caminhar humildemente com teu Deus" (Mq 6,8).

É nesse sentido que se deve entender aquela série de imperativos formulados pelo profeta Isaías e dirigidos, sobretudo, aos governantes, acompanhados de insistentes recomendações de fazer justiça ao órfão e de assumir a causa da viúva. É do profeta Amós o texto que melhor exprime a natureza dinâmica e processual do fazer justiça. Depois de anunciar, com linguajar forte e decidido, que Deus rejeitou o culto litúrgico de Israel, ele afirma de maneira contundente: "Que a justiça jorre como águas, e a retidão como uma torrente que não seca" (Am 5,24). Trata-se de uma imagem arrojada e que se contrapõe visivelmente à imagem usual nossa de representar a justiça: uma balança a denunciar nossa concepção linear e tranquila de justiça como uma espécie de equilíbrio estático.

Dá o que pensar o comentário desse texto bíblico feito pelo rabino Abraham Heschel, que qualificou a pregação profética como anúncio do *páthos* de Deus e sua simpatia (*simpatheia*) pelo homem: "Fica-se na incerteza quanto ao exato sentido desta arrojada imagem. Parece combinar várias ideias: um movimento que se avoluma, uma substância vivificadora, uma força dominante... Justiça não é apenas uma norma, mas um combativo desafio, um impulso impaciente" (HESCHEL, 1969, p. 212). Por essa razão, a justiça é concebida como um movimento contínuo que seria mais bem descrito como um fazer justiça. E isso significa assumir a causa dos fracos, atuando como seus legítimos advogados.

O fazer justiça resulta, portanto, como aquela resposta de gratidão que jamais se dá por satisfeita ou concluída. Em face da infinita misericórdia divina, a resposta humana sempre se revelará incompleta e imperfeita. E o que acontece, então, quando se deixa de fazer justiça? Nesse caso, o próprio Deus da Aliança se manifesta como advogado dos fracos contra seus representantes, deslegitimando o poder delegado e representativo que antes lhes fora conferido. Nesse preciso contexto, é que se inserem as promessas messiânicas que caracterizam sobremaneira a pregação profética. A promessa divina da construção de uma nova cidade cujos valores fundamentais serão a justiça e a retidão. A promessa de um rei da linhagem de Davi que se distinguirá por uma administração regida por paz, justiça e retidão duradouras. Esse "filho de Davi" há de preocupar-se, sobretudo, com os pobres, e julgará com equidade, tomando a defesa deles contra a imparcialidade dos tribunais.

1.2. Solidariedade para com o pobre e o excluído: a perspectiva do Novo Testamento

Com sua pregação e testemunho, Jesus aprofunda os sulcos abertos pelos profetas. Não apenas anuncia a vinda iminente do Reino de Deus, mas o torna presente através de seu testemunho e dos sinais que realiza em favor dos pobres e marginalizados. "Esgotou-se o tempo. O Reino de Deus foi aproximado. Convertei-vos e crede nesta alvissareira notícia" (Mc 1,15). O Evangelho de Lucas testemunha o início do ministério público do Nazareno, narrando o episódio em que, entrando na sinagoga, Jesus faz a leitura do texto de Isaías (cf. Is 61,1-2) que apresenta o Messias como aquele que veio proclamar o ano da graça do Senhor e, portanto, libertar os oprimidos e os prisioneiros (cf. Lc 4,16-21).

O relato das bem-aventuranças (cf. Lc 6,20-23; Mt 5,3-12) confirma essa nota distintiva da pregação de Jesus. Mas é sua prática, sobretudo, que explicita no melhor dos modos o conteúdo de sua pregação e sua intenção mais precípua: a constituição do grupo dos doze, a partir de pessoas consideradas impuras pela religião oficial; a ousadia na relação com as mulheres; a peculiar interpretação da Lei e das tradições de seu povo, codificada no princípio reiterado por ele de que o sábado foi feito para as pessoas humanas e não o contrário; os milagres como sinal de seu cuidado e enternecimento para com os doentes, excluídos da convivência social; acolhida incondicional dos pecadores, disponibilidade ao diálogo e especial cuidado em fazer com que os excluídos recobrassem a voz que lhes tinha sido sufocada (cf. TAVARES, 2007).

Quem melhor explicitou a singularidade do testemunho e da pregação de Jesus foi Paulo, mediante sua concepção da justiça de Deus. A justiça de Deus se manifesta no "Evangelho da graça", que nos foi revelado sobremaneira na pessoa e na missão de Jesus. Pois como atesta o próprio Paulo: "Mas Deus prova o seu amor para conosco pelo fato de Cristo ter morrido por nós, quando éramos ainda pecadores" (Rm 5,8). Cristo é, para todos os efeitos, a expressão mais perfeita da gratuidade do amor de Deus e, por isso, emerge como o ícone mais expressivo da solidariedade divina para com suas criaturas (cf. BLANK, 1979, p. 35-45). Ele revela no melhor dos modos que Deus se antecipa sempre, no oferecimento de seu amor, e que seu amor é originário, por não estar condicionado a nada. Nisso precisamente se revela a autenticidade e a originalidade do amor de Deus para conosco e para com as criaturas todas.

Em Jesus, portanto, atinge sua máxima perfeição aquela dinâmica presente já nos textos do AT: a iniciativa gratuita e misericordiosa de Deus em favor do povo, em vistas da criação de uma relação íntima no bojo da qual se espera uma resposta do povo que corresponda cada vez mais à nobreza do dom de Deus. Ao se revelar em Jesus Cristo, portanto, como amor gratuito e solidário, Deus não apenas reconcilia consigo o ser humano, mas a história da humanidade e as criaturas todas. O mandamento do amor incondicional atinge sua expressão maior no amor aos pobres e excluídos, convertendo-o no imperativo que melhor corresponde ao amor primeiro daquele que se revela agindo em nosso favor e instaurando para conosco e para com o conjunto da criação relações de comunhão.

Como manifestar a credibilidade desse amor num mundo ferido, cujas relações se encontram em grande parte fragmentadas? No engajamento concreto e efetivo na defesa da justiça e dignidade de pobres e excluídos. Fazer justiça, em tal contexto, não pode limitar-se à reivindicação dos próprios direitos. Não que essa luta seja ilegítima ou destituída de sentido. Apenas que ela não faz jus à inusitada e gratuita misericórdia de Deus. O discípulo de Cristo deve ser capaz de ir além da preocupação com a tutela dos próprios direitos, para se engajar na defesa solidária e desinteressada dos direitos daqueles cuja dignidade é sistematicamente negada. Trata-se de uma autêntica travessia que marca o êxodo da reivindicação dos próprios direitos para a emergência de uma ética da responsabilidade e do cuidado que culmina no exercício da solidariedade (WACKENHEIM, 1979, p. 25-62).

De fato, na perspectiva cristã, é na acolhida amorosa e despretensiosa do outro na sua vulnerabilidade que se verifica, vale dizer, fica verdadeira, a autenticidade da dignidade humana. Pois é no exercício da solidariedade e na emergência do cuidado, sobretudo para com os seres humanos desfigurados e privados de sua dignidade, que se revela a mais nobre e elevada dignidade humana. E o fundamento dessa nova ética se encontra na vida do próprio Jesus. Ele se fez fraco entre os fracos e com os fracos, assumindo toda sorte de vulnerabilidade que caracteriza a vida dos pobres e excluídos deste mundo. E, ao fazer-se vulnerável ao extremo, por amor, num gesto de inusitada solidariedade, revelou sua mais alta dignidade.

2. A ética do cuidado e o exercício da solidariedade

A ética do cuidado que se verifica no exercício da solidariedade coloca em crise nossa moderna concepção de direitos humanos. Não estariam hoje os direitos subjetivos dos indivíduos esvaziando o direito objetivo inerente à consciência do valor inalienável da pessoa humana e das demais criaturas? A tentação muito frequente hoje em dia não seria cada indivíduo entender dignidade humana como absolutização de sua própria maneira de conceber dignidade? (cf. VALADIER, 2003, p. 45-53).

2.1 Na acolhida e no cuidado: a emergência da dignidade

Segundo a ótica cristã, a inviolável dignidade humana jamais poderá ser reduzida a um atributo do sujeito em seu afã de autonomia. Ela se revela, ao contrário, no bojo mesmo de uma relação de reciprocidade e de acolhida do outro em sua irredutível diferença: é na acolhida do outro, em situação de abandono, fraqueza e desumanidade e, ainda, no gesto de compaixão e solidariedade para com ele, que se revela a nobreza maior do ser humano e, portanto, sua mais elevada dignidade. Essa atitude tipicamente cristã parece brotar de uma experiência mística. Mística vem de Mistério e, nesse sentido, diz respeito à atitude que melhor se coaduna à natureza mais íntima do Mistério. Na situação de abandono expressa no rosto desfigurado do fraco e do excluído, o cristão contempla o rosto do Cristo crucificado, de modo que o mistério da paixão de Cristo continua se dando no rosto sofrido de tantos irmãos e irmãs nossos.

É por essa razão que o cristão acolhe no clamor do pobre a interpelação pela tutela da dignidade humana. É na gratuidade do gesto de solidariedade para com esses seres humanos desfigurados que se revela sua mais alta dignidade enquanto ser humano: filho de Deus e irmão de toda criatura. Não seria essa a razão de as primeiras comunidades cristãs terem reinterpretado os sofrimentos da paixão redentora de Cristo à luz dos textos dos Cânticos do Servo sofredor do profeta Isaías (cf. Is 42,1-9; 49,1-6; 50,4-11; 52,13–53,12)?

Estabelece-se, assim, a universalidade da dignidade humana não a partir da somatória da dignidade de cada um dos sujeitos autônomos, mas, ao contrário, a partir de uma parcialidade que é movida por solidariedade e compaixão para com os aviltados e desrespeitados em sua própria dignidade. Nesse caso, o fazer justiça, vale dizer, o assumir a ética da responsabilidade e do cuidado mediante o exercício da solidariedade, se dá no aproximar-se daquele que está caído à margem de nossos caminhos. É, de fato, no caído, no aviltado, no ser humano entregue à sua máxima vulnerabilidade que se revela a condição humana nua e crua que mendiga solicitude e cuidado, enternecimento e hospitalidade. E é essa situação precisamente a constituir o apelo maior à reciprocidade e à solidariedade humanas. Aqui reside propriamente a dignidade humana: em se aproximar do outro na sua desumanidade, em oferecer-lhe solicitude e em exercitar para com ele a solidariedade como experiência de reciprocidade e de gratidão.

2.2 Na solidariedade para com o caído: o resgate da dignidade

Nesse particular contexto, resultam paradigmáticas as intuições presentes na parábola lucana do bom samaritano (cf. Lc 10,30-37). A parábola possui dois contextos: um remoto e outro imediato. Seu contexto remoto é a questão relacionada ao mandamento maior (cf. Lc 10,25-29). À pergunta posta pelo escriba sobre qual seria o maior de todos os mandamentos, Jesus responde sabiamente afirmando ser amar a Deus sobre todas as coisas e amar ao próximo como a si mesmo. O contexto imediato é aquele da nova pergunta posta pelo escriba sobre quem seria, na verdade, seu próximo (cf. Lc 10,29).

Dessa vez, Jesus narra-lhe a parábola do bom samaritano e, ao final, dirige-se ao escriba perguntando-lhe: "Na tua opinião, quem destes três se tornou o próximo daquele que caiu nas mãos dos assaltantes?" (Lc 10,36). Nota-se, num primeiro momento, a habilidade de Jesus em retorcer a pergunta que antes lhe tinha sido formulada pelo escriba. Perguntado sobre quem seria o próximo, Jesus responde mediante uma contundente questão: quem se tornou o próximo daquele que estava caído? A atitude de Jesus parece revelar, mais que astúcia e habilidade no trato com seu interlocutor, uma experiência radicalmente distinta de Deus e de sua vontade.

A pergunta por quem seja meu próximo pressupõe que nem todos o sejam. Ela dá a entender que alguns o sejam, enquanto outros não. E essa distinção, a julgar pela casuística da pergunta, parece legítima. A pergunta de Jesus desmascara o absurdo da atitude de discriminação que se aninha no interior da pergunta do escriba. Ela põe às claras o *non sense* de sua questão, inaugurando uma atitude que realmente faz jus ao sentido primeiro do mandamento maior do amor a Deus e ao próximo. Ao aproximar-se do outro, manifestando-lhe solidariedade, é que se experimenta o amor ao próximo. O samaritano acorreu ao encontro do ferido, socorrendo e cuidando dele, não propriamente por ser ele um ser humano autônomo e emancipado, dotado de razão crítica e de vontade livre. Ele o acolheu na sua humanidade desfigurada e cuidou dele em seu radical abandono, embora fosse um simples desconhecido. O homem que tinha sido roubado e que estava caído à beira do caminho encontrava-se totalmente entregue à compaixão e ao cuidado de quem quer que, por ali passando, se tornasse sensível à sua condição. Ao cuidar daquele ser humano desfigurado e abandonado, o samaritano assumiu sobre si o fardo de uma humanidade desfeita e negada. E, ao fazê-lo, resgatou no melhor dos modos sua própria dignidade e a daquele a quem socorreu.

Particularmente significativa é a proximidade entre essa sabedoria evangélica e a sabedoria trágica grega. As palavras que Sófocles põe na boca de Édipo, em *Édipo em Colono*, são iluminadoras: "é quando não sou nada que me torno verdadeiramente um ser humano" (apud VALADIER, 2003, p. 50). Depois de ter cometido adultério contra a mãe e de ter assassinado o próprio pai, portanto, após ter transgredido os interditos elementares de toda convivência humana, Édipo se encontra numa situação de total desumanidade. E justamente por se encontrar mergulhado nessa peculiar situação é que se recusa a reivindicar qualquer coisa para si, aguardando somente pelo resgate de sua própria dignidade. Trata-se, para todos os efeitos, de uma experiência paradoxal. Não apela para títulos de nobreza, nem mesmo reivindica para si qualquer posição de privilégio ou *status* social. Da condição em que se encontra, apenas apela ao reconhecimento por parte de seus semelhantes. Ele solicita cuidado, quer ser acolhido e se predispõe ao encontro com os demais.

Não existe aqui uma incrível semelhança entre esse personagem de Sófocles e o Servo sofredor de Javé, dos Cânticos de Isaías, que sequer ousava exibir aparência humana qualquer, tão desfigurado era ele, que pudesse angariar dos demais o reconhecimento? E o que dizer do Crucificado, ícone da total desfiguração e, ao mesmo tempo, da mais perfeita solidariedade para os seres humanos desfigurados e vilipendiados? Existiria dignidade maior e mais nobre do que aquela que brota desses gestos de extrema solidariedade e compaixão?

Por que não aprofundar, então, os sulcos abertos pela rica e fecunda tradição evangélica da justiça gratuita e incondicional do Deus de Jesus Cristo, ao invés de preferir fundamentar o direito a partir de categorias do assim chamado direito natural? Essa tradição evangélica, ao contrário dos princípios oriundos do direito ou da lei natural, estimula-nos a acolher a interpelação que nos é lançada especialmente pelos seres humanos, cuja dignidade é violada e, que por isso mesmo, só pode ser acolhida no contexto de uma relação interpessoal caracterizada pela reciprocidade. Não se identifica, nesse sentido, com qualquer tipo de dogmatismo de princípios que prescreveriam condutas justas e retas válidas sempre e em toda parte.

O exemplo da parábola parece deixar bem claro isso. Tanto o sacerdote quanto o levita, ambos passaram ao largo, sem sequer se compadecer pela condição daquele que jazia caído à margem de seu caminho. A desumanidade não gera automaticamente relações de solidariedade. A situação do pobre e do excluído, no contexto de uma relação para todos os efeitos interpessoal, constitui um singelo apelo à sensibilidade e à inteligência das demais pessoas. Nesse sentido, constitui um clamor que mendiga um gesto gratuito de solidariedade e de cuidado.

3. Dignidade da humanidade, da Terra e de sua comunidade de vida

O exercício da reciprocidade e da solidariedade, em virtude de sua própria constituição, sente-se desafiado a se expandir, a modo de círculos concêntricos. Assim, num primeiro momento, faz-se necessário formular a questão acerca da dignidade da humanidade ou do gênero humano e, sucessivamente, da Terra e de sua comunidade de vida.

3.1 Dignidade da humanidade ou do gênero humano

Possui a humanidade como um todo a dignidade? Ao que parece, essa questão não tem sido posta, apesar de sua pertinência e relevância. Embora pareça óbvia, a resposta a tal questão não é tão tranquila assim, pelo simples fato de a dignidade da humanidade não coincidir simplesmente com a somatória da dignidade de cada ser humano tomado singularmente. A grande ameaça à dignidade da humanidade são os assim chamados "delitos da humanidade", entre os quais se destacam: o armamento nuclear, as armas químicas e biológicas de destruição massiva e, mais recentemente, as pesquisas no âmbito da biotecnologia e da nanotecnologia. A espécie humana nunca se descobriu tão vulnerável e mortal como nos dias atuais. Sabemos ser possuidores hoje, por exemplo, de armas nucleares suficientes para, em poucos minutos, destruir não apenas uma, mas várias vezes o planeta. Vivemos, ademais, debaixo da ameaça constante da possibilidade de guerras químicas e nucleares. Chegou-se a cunhar uma expressão que pudesse caracterizar essa peculiaridade de nossas sociedades ocidentais contemporâneas: "sociedade de risco" (BECK, 2010). E o caráter paradoxal e, ao mesmo tempo, alarmante de tais sociedades é que o risco não é mais representado pela experiência ontológica da incompletude do ser humano nem de sua histórica sensação de limite, mas pela consequência desastrosa da própria atividade humana. De expressão da impotência fundamental do ser humano diante de um mundo que o ultrapassa, o risco passa a ser percebido agora como o preço a pagar pelo exacerbado e inconsequente poder humano sobre esse mesmo mundo.

Diante das recentes pesquisas no âmbito da biotecnologia, emerge na linha de nosso horizonte cultural uma nova ameaça: a da autodestruição genética. Pois, mediante o risco da utilização espúria da eugenia e da teoria da evolução, não está descartada a hipótese de que as manipulações genéticas possam de fato alterar o tipo genético da espécie humana. E o que é ainda pior, esse funesto pesadelo do risco constante tem propiciado ainda mais o individualismo, em vez de fomentar a busca de soluções viáveis mediante uma consciência crescente acerca da dignidade da espécie humana. A capacidade de aprender a lidar e a conviver com o risco constante tem se transformado num dos objetivos principais a serem perseguidos pelo ser humano. Em função disso, a realização humana passa a consistir, sobretudo, uma operação individual.

Por tudo isso, constatamos que o exagerado acento que se tem dado em nossos dias aos direitos individuais está nos conduzindo, paradoxalmente falando, a uma situação de negação sistemática dos direitos da humanidade à existência e à sobrevivência. O que está em jogo, no final das contas, é o direito da existência e da sobrevivência das futuras gerações e, portanto, da espécie humana. Por essa razão, torna-se cada vez mais urgente atentar para o fato de que, em determinadas situações, o direito da humanidade como um todo deve exercer uma primazia incondicional sobre os direitos particulares e individuais. Nesse particular contexto, necessário se faz alargar nossa concepção usual do que chamamos "humanidade". Ela não deve ser considerada apenas a partir de um corte transversal do tempo, como o conjunto das pessoas que vivem numa determinada época. É preciso compreendê-la também a partir de um corte longitudinal, como a sucessão das gerações humanas. Essa ruptura que vem caracterizando de maneira acentuada a civilização ocidental hodierna pode se tornar fatal para a humanidade como um todo.

Exemplos dessa falta de percepção com relação ao conjunto da humanidade e ao futuro da espécie humana, infelizmente, não faltam. Sabe-se hoje que, sobretudo em virtude do crescimento desmedido das nações industrializadas, corremos o risco de que sejam esgotadas, ainda na presente geração, as fontes de energia não renovável como óleo, carvão, madeira e petróleo. Usufruímos, portanto, das vantagens e do bem-estar produzidos pela industrialização, empurrando o pesado ônus e suas desastrosas consequências para as gerações futuras. O exemplo mais característico, talvez, seja o do excessivo lixo que produzimos. Toneladas de lixo e de dejetos produzidos por nós, na melhor das hipóteses, levarão décadas para serem reciclados.

Outra questão que quase nunca é posta, em tal contexto, é a da tutela dos direitos econômicos fundamentais como condição mínima para que a espécie humana viva com dignidade. Referimo-nos aqui aos direitos elementares, tais como: alimentação, saúde, educação, trabalho, moradia. Direitos esses que, por serem fundamentais, se tornam imprescindíveis para que se possam garantir a cada uma e a todas as pessoas condições mínimas para se viver com dignidade (cf. BOFF, 1991). A tutela desses direitos econômicos fundamentais implica maior democratização da economia e da solidariedade, propiciando a emergência de um mundo em que caibam todos os mundos. Pois o mundo no qual vivemos tem se caracterizado por uma sistemática e crescente exclusão de nada menos que 2/3 da inteira população do planeta.

Precisamente aqui, revela-se o caráter estruturalmente excludente da globalização neoliberal. Para agravar ainda mais a situação, há a constatação de que, não apenas os seres humanos, mas também o planeta Terra, estão à mercê de uma economia neoliberal que se impõe como a maior de todas as fatalidades do "nosso tempo". À injustiça social e econômica, portanto, vem se assomar a injustiça ecológica. É por isso que os direitos sociais e econômicos devem ser problematizados em sintonia com as condições cósmicas e naturais do planeta (cf. MOLTMANN, 1990, p. 135-152; BOFF, 2015).

3.2 Dignidade da Terra e de sua comunidade de vida

A caracterização melhor que temos da globalização neoliberal e de seus efeitos desastrosos com relação ao planeta Terra e às pessoas que nele habitam talvez seja aquela feita com invejável rigor e plasticidade por Edgard Morin. Segundo ele, estamos navegando rumo a uma era planetária, movida por duas hélices. As hélices não remontam propriamente à imagem do avião, mas aos modelos helicoidais do nosso DNA. A primeira se encontra sob a hegemonia do poder-dominação e é impulsionada por quatro motores: a ciência sujeita à técnica, que, por sua vez, é submetida à indústria, que, por sua vez, é subordinada à lógica do lucro. Desse modo, segundo Morin, a nave espacial Terra é colocada em movimento por esses quatro motores interconectados.

A segunda distingue-se pela luta pelos direitos da pessoa humana, pelo direito dos povos à soberania, aos ideais de liberdade, igualdade, fraternidade, democracia (cf. MORIN, 2002, p. 225-243). Consciente dessa alarmante situação, pergunta-se E. Morin: "Seremos capazes de ir rumo a uma sociedade-mundo portadora do nascimento da própria humanidade? Eis a questão. A humanidade está em formação. Há possibilidade de rechaçar a barbárie e realmente civilizar os humanos? Será possível salvar a humanidade, realizando-a? Nada está definido, nem o pior" (ibid., p. 295).

Talvez se tenha tornado um lugar-comum a afirmação de estarmos atravessando, para todos os efeitos, uma crise ecológica. O que se convencionou chamar de crise ecológica corresponde na verdade a uma crise do paradigma civilizacional do Ocidente. Tratar-se-ia, nesse caso, de uma crise no sistema disciplinado, mediante o qual a sociedade atual se orienta e organiza o conjunto de suas relações. Em outras palavras, essa crise dar-se-ia mais propriamente no conjunto de modelos ou de padrões a partir dos quais organizamos nossa relação com nós mesmos, com as demais pessoas e com o conjunto da realidade na qual estamos inseridos. O que se encontra em crise, na verdade, é o paradigma tipicamente ocidental, sintoma de um incorrigível antropocentrismo, expresso na peculiar atitude de se colocar sobre as coisas, objetivando-as e julgando-as distantes e desconectadas do ser humano considerado como sujeito.

A vontade desenfreada do ser humano de tudo dominar tem marcado os destinos da civilização ocidental técnico-científica. A exacerbação do saber concebido como poder está nos conduzindo, paradoxalmente falando, à total sujeição aos imperativos de uma Terra degradada. A ilusão, enfim, de um crescimento desmedido e de um progresso ilimitado, nos está levando a uma degradação sem precedentes, perceptível, sobretudo, na deterioração progressiva da qualidade de vida nossa, dos demais seres vivos e do próprio planeta.

Do ponto de vista do direito privado, esse antropocentrismo inveterado se revela na oficialização jurídica da existência de "pessoas" e "coisas" apenas. Essa rígida divisão, aparentemente clara e distinta, reflete a cosmovisão moderna que separa a realidade em "sujeitos" e "objetos". Segundo essa configuração epistemológica, sujeito mesmo é, a rigor, apenas o próprio indivíduo considerado em si mesmo: *cogito, ergo sum!* (Descartes). Todo o resto, inclusive as outras pessoas, é sistematicamente reduzido à condição de meros "objetos". Essa é a fatalidade do nosso paradigma civilizacional moderno. Segundo esse pressuposto, tão somente o ser humano existe "por amor a si mesmo" (Kant). Todo o resto existe apenas por causa dele e em função dele. O sentido das demais "coisas" reside propriamente no seu estar à disposição do ser humano. Esse antropocentrismo moderno acaba, assim, produzindo uma situação na qual a natureza resulta sem alma e os seres humanos, meros sujeitos incorpóreos.

Importa hoje mais do que nunca salientar a reciprocidade entre a tutela da dignidade humana e a defesa da dignidade da Terra e, portanto, a mútua implicação entre ambas. Toda vez que se fere a dignidade das demais criaturas e do planeta como um todo, acaba-se desrespeitando a dignidade da pessoa humana. A natureza, entendida como o conjunto de todas as criaturas, deve ser protegida pelo que ela é e não enquanto eventual potencial à disposição do ser humano. O planeta deve ser, portanto, salvaguardado em nome de uma dignidade que, para todos os efeitos, lhe é própria. Nesse sentido, salientamos a peculiar relevância da "Carta da Terra". Esse documento representa, na opinião de L. Boff, membro da equipe de redação do mesmo: "uma forma avançada de se compreender os direitos como direitos humanos, direitos sociais, direitos ecológicos e direitos da Terra, como planeta vivo" (BOFF, 2004, p. 10).

Conclusão

É ilusão nossa acreditar que as identidades próprias das criaturas são tuteladas mediante cortes dicotômicos e assépticas vivisseções cirúrgicas. Qual teia de relações, o real é extremamente complexo. Particularmente densa é a complexidade em todos os organismos vivos. E o planeta Terra se revela sempre mais como um grande organismo vivo. Sendo assim, as distintas singularidades emergem mais nitidamente no bojo das intrínsecas reciprocidades que compõem a intrincada teia da vida (cf. CAPRA, 1996). No caso específico da pessoa humana, sua peculiar singularidade emergirá, portanto, na medida em que a inserirmos em sua comunidade de vida. Nesse sentido, a autêntica tutela da dignidade da pessoa humana pressupõe um cuidado especial para que também seja salvaguardada a dignidade da humanidade e também da Terra e de sua comunidade de vida.

Referências

BECK, U. *Sociedade do risco*. Rumo a uma outra modernidade. São Paulo: Editora 34, 2010.

BLANK, J. O direito de Deus quer a vida dos homens. O problema dos Direitos Humanos no Novo Testamento. *Concilium* (=Br), Petrópolis, v. 15, p. 35-45, 1979.

BOFF, L. (coord.). *Direitos Humanos, Direitos dos Pobres*. São Paulo: Vozes, 1991.

_____. *As conexões ocultas*. Ciência para uma vida sustentável. São Paulo: Cultrix, 2002.

_____. Apresentação da *Carta da Terra*. In: CDDH. *A Carta da Terra*. Valores e princípios para um futuro sustentável. Petrópolis: Ilustrações Projeto Reciclarte, 2004.

_____. *Ecologia:* grito da terra, grito dos pobres. Dignidade e direitos da Mãe Terra. Petrópolis: Vozes, 2015.

CAPRA, F. *A teia da vida*. São Paulo: Cutrix, 1996.

HESCHEL, A. *The Prophets*. New York: Harper Torchbooks, 1969.

LINDBURG, J. Direitos Humanos no Antigo Testamento. *Concilium* (=Br), Petrópolis, v. 15, p. 28-34, 1979.

MOLTMANN, J. Direitos humanos, direitos da humanidade e direitos da natureza. *Concilium* (=Br), Petrópolis, v. 26, p. 135-152, 1990.

MORIN, E. *O método 5.* A humanidade da humanidade. A identidade humana. Porto Alegre: Sulina, 2002.

TAMAYO-ACOSTA, J. J. Dignidade e libertação: perspectiva teológica e política. *Concilium* (=Br), Petrópolis, v. 39, p. 65-76, 2003.

TAVARES, S. S. *Jesus, parábola de Deus.* Cristologia narrativa. Petrópolis: Vozes, 2007.

TORRES QUEIRUGA, *Repensar a revelação.* A revelação de Deus na realização humana. São Paulo: Paulinas, 1995.

VALADIER, P. A pessoa em sua dignidade. *Concilium* (=Br), Petrópolis, v. 39, p. 45-53, 2003.

WACKENHEIM, C. O significado teológico dos direitos humanos. *Concilium* (=Br), Petrópolis, v. 15, p. 55-62, 1979.

CAPÍTULO 5

Direitos universais e diversidade humana

Cláudia Maria Rocha de Oliveira

Os direitos humanos trazem consigo uma pretensão de universalidade. Ao falar em direitos humanos logo nos vem em mente a ideia de direitos universais que podem ser reivindicados por todos. Diante dessa primeira aproximação, surgem várias questões: O que caracteriza os direitos humanos? São eles direitos universais? A pretensão de universalidade do direito não coloca em risco a singularidade de cada indivíduo e de cada cultura? Como pensar direitos universais, sem colocar em perigo a diversidade e o pluralismo?

Dividiremos o presente texto em duas partes. Na primeira, questionaremos a pretensão de universalidade dos direitos humanos. Na segunda, examinaremos a possibilidade de pensar em direitos universais que sejam compatíveis com a diversidade e o pluralismo.

1. Os direitos humanos são direitos universais?

Antes de qualquer coisa, faz-se necessário esclarecer o que compreendemos por direitos humanos. Eles são direitos positivos que surgem a partir de uma determinação legal, ou são direitos inerentes a própria condição humana? Se nascem de uma determinação legal, estariam eles circunscritos a um território e a uma determinação jurídica específica, ou poderiam ser considerados a partir de uma perspectiva também internacional e mais englobante? Se são inerentes à condição humana, qual seria essa condição? Seria possível defender uma natureza humana comum, a partir da qual todos os seres humanos pudessem ser pensados como igualmente dotados de direitos?

Ora, se os direitos humanos são direitos positivos, a sua existência encontra-se dependente do reconhecimento de um poder público instituído. Por outro lado, se são direitos inerentes a cada ser humano, eles podem ser reivindicados por todos, mesmo que um poder público, de início, não os reconheça. Trata-se, nesse caso, de direitos que exprimem necessidades essenciais da pessoa humana. Eles são direitos que precisam ser reconhecidos como direitos de todos os seres humanos, independente da nacionalidade, da posição política ou da condição social.

Em ambos os casos, no entanto, para que os direitos humanos se tornem efetivos, deve haver quem se coloque no papel de assumi-los como um dever, ou seja, como uma obrigação diante de outros que reivindicam o reconhecimento dos direitos.

Seja como for, de acordo com Facchi, "como todas as ideias, também a dos direitos do homem teve uma formação progressiva, que pode ser reconstruída retrocedendo nos séculos" (FACCHI, 2011, p. 28). Em consequência, é possível afirmar que os direitos humanos não são direitos já definidos de modo definitivo, mas sim direitos que vêm sendo discutidos ao longo da história, à medida que o ser humano vem sendo confrontado com situações concretas.

Do ponto de vista histórico, a *Magna Charta Libertatum*, promulgada em 1215, pode ser considerada como sendo a primeira declaração jurídica do direito das pessoas ao exercício da liberdade. A partir do século XI, os poderes político e econômico, que se enfraqueceram na Alta Idade Média, com a instauração do feudalismo, passaram por um movimento de restauração da unidade. Essa reconcentração de poder nas mãos do imperador, do papa e de alguns nobres, conduziu a abusos contra os quais surgem lutas em defesa da liberdade. Trata-se, no entanto, de uma defesa da liberdade de um grupo específico de comerciantes habitantes dos burgos existentes ao redor dos castelos. Por causa da abertura das rotas marítimas pelo mediterrâneo, esses comerciantes começaram a concentrar grandes riquezas e a exigir maior liberdade para a realização de seus propósitos.

Os direitos promulgados pela Magna Carta, portanto, não se referem a todos, mas apenas aos "membros da aristocracia, do clero e em alguns casos de ordens profissionais e das comunidades citadinas" (ibid., p. 27). Não se trata de uma declaração de direitos universais. Ela constitui-se como declaração de direitos que podem ser reivindicados apenas por algumas pessoas pertencentes a certos grupos sociais. Os direitos, nesse caso, não são estendidos a todos, mas são atribuídos a grupos específicos e estão vinculados à noção de *status* social.

A noção de direitos humanos se apresenta, historicamente, de modo pleno a partir do desenvolvimento do jusnaturalismo moderno (ibid., p. 28). A experiência da monarquia absolutista, teorizada entre outros por Thomas Hobbes, fez com que a Europa revivesse a experiência da concentração de poder. Essa situação histórica conduziu a Europa a uma "crise de consciência" que teve como consequência o ressurgimento do "sentimento de liberdade, alimentado pela memória da resistência à tirania" (COMPARATO, 2001, p. 46).

Para a doutrina jusnaturalista, existem alguns princípios que possuem valor superior ao valor das normas do direito positivo vigente. Em consequência, o direito positivo deve se submeter a princípios mais universais, que, por sua vez, têm como fundamento "Deus, a natureza, a razão humana ou a história" (FACCHI, 2011, p. 29). Surge, a partir de então, a ideia de direitos universais. O titular de direitos deixa de ser o homem vinculado a determinado *status* social e passa a ser simplesmente "o ser humano dotado de razão, independentemente de sua situação geográfica, política e religiosa" (ibid., p. 31).

Os direitos não são atribuídos ao homem de modo *a posteriori*, mas pertencem a ele desde sempre. São direitos naturais. Eles não dependem de nenhum poder político para existirem. São anteriores à sociedade. O poder político, no entanto, possui a obrigação de reconhecer e garantir os direitos naturais que, por essência, são direitos pessoais inalienáveis.

O iluminismo do século XVII também possui papel importante no processo de desenvolvimento e consolidação da noção de direitos humanos. A institucionalização da liberdade como direito relaciona-se com a luta contra instituições opressoras. O indivíduo precisa ser protegido contra todo tipo de poder despótico. Ele deve poder orientar-se por leis que ele mesmo se dá, a partir do exercício da própria razão. Em consequência, surge a necessidade de uma reformulação completa das instituições e do direito positivo vigente. Trata-se, pois, de "abolir os privilégios e instaurar novas instituições inspiradas em regras igualitárias" (ibid., p. 48). O Estado passa a assumir como tarefa principal a promoção da igualdade entre os seus membros.

Dois acontecimentos importantes marcam de modo definitivo a história do desenvolvimento dos direitos humanos: a Independência Americana e a Revolução Francesa. As Constituições dos Estados americanos independentes, em sua maior parte, possuem uma Declaração de Direitos. Nessas declarações, os direitos não são referidos à tradição, mas sim à própria natureza inviolável do sujeito. Tais declarações "têm a função principal de declarar a Independência e colocar os fundamentos de novos Estados" (ibid., p. 66).

Comparato defende que a Declaração do Estado da Virgínia, de 12 de junho de 1776, constitui-se como "o registro de nascimento dos direitos humanos na história" (COMPARATO, 2001, p. 47-48). Ela caracteriza-se pelo "reconhecimento solene de que todos os homens são igualmente vocacionados, pela sua própria natureza, ao aperfeiçoamento constante de si mesmos" (ibid., p. 48). Por outro lado, no entanto, é necessário reconhecer, como mostra BEIELEFELDT, que tais declarações não eram tão universais na sua origem. Embora tenham contribuído "para a superação da escravidão", muitos de seus autores eram contrários à abolição.

Apenas em 1783, "a escravidão foi extinta em Massachusetts, como consequência de um procedimento jurídico no qual se havia constatado que a escravidão não se coadunava com o *Bill of Rights* desse Estado" (BEIELEFELDT, 2000, p. 103).

A Revolução Francesa, treze anos mais tarde, defende e reforça a mesma ideia afirmada pela Declaração do Estado da Virgínia: "Os homens nascem e permanecem livres e iguais em direitos" (Declaração dos Direitos do Homem e do Cidadão, de 1789, art. 1º). Ela representa a ruptura com um modelo social, econômico e político que perdurou durante muito tempo: o feudalismo. Uma consequência imediata consistiu na mudança com relação aos fundamentos da legitimidade política. A partir de então, o povo passa a ser afirmado como titular do poder. A democracia se apresenta como a forma mais justa de governo, pois permite extinguir antigos privilégios concedidos ao clero e à nobreza, conferindo, assim, maior poder à burguesia (COMPARATO, 2001, p. 49). Um dado importante a mencionar é que, nesse contexto, o voto não era direito de todos. Em consequência, o direito censitário "adotado na primeira fase da Revolução Francesa" coloca em questão a universalidade dos direitos políticos (BEIELEFELDT, 2000, p. 104).

De todo modo, a Declaração dos Direitos do Homem e do Cidadão, de 1789, constitui-se como marco de um novo início na história francesa. Ela "permanecerá na história como a primeira Carta dos direitos universais" (FACCHI, 2011, p. 56). Para os franceses da revolução, "trata-se de proclamar a derrubada de uma ordem anterior e reconstruir a sociedade e o poder político, com base em novos valores que se estendessem da França para o mundo inteiro" (ibid., p. 66).

O conteúdo expresso pela declaração reflete profunda transformação política e social. A pessoa não deve ser vista, na relação com o Estado, como súdita, possuidora de deveres. Ela passa a ser afirmada como titular de direitos, ou melhor, como cidadã. O povo não deve mais se submeter ao poder de um Estado que lhe é estranho, isto é, que está fundamentado em instanciais externas. Para garantir o direito à liberdade de cada indivíduo, o poder do Estado deve, necessariamente, estar fundamentado no próprio exercício de liberdade de cada cidadão. O próprio poder do povo passa a se constituir como o único fundamento possível para o Estado.

A noção de povo, compreendida como o conjunto de pessoas submetidas às leis de um Estado, não corresponde a uma totalidade política. Em oposição aos privilégios que eram conferidos a determinados grupos sociais, a Declaração de 1789 se dirige ao indivíduo como sendo o verdadeiro sujeito político. A partir de então, todos os cidadãos franceses devem ser reconhecidos como iguais perante a lei e, portanto, como destinatários dos mesmos direitos. Os direitos não estão mais relacionados aos grupos sociais, mas referem-se exclusivamente ao indivíduo, independentemente de sua origem, crença ou situação social.

A Declaração dos Direitos do Homem e do Cidadão, ao colocar em destaque o homem como sujeito de direitos, espelha "uma visão política individualista, anticomunitária e leiga" (ibid., p. 57). A razão humana passa a ser afirmada como sendo a fonte última dos direitos e do poder político. Ora, como a razão pertence a todos os homens, os direitos que podem ser fundamentados racionalmente são proclamados como universais.

Contudo, embora defenda a liberdade e a igualdade como direitos universais, a declaração de 1789 está preocupada apenas com a igualdade política e jurídica. Ao libertar-se de um poder opressor e despótico, a burguesia pretendia encontrar o caminho adequado para o desenvolvimento de seus interesses. As igualdades social e econômica não são objeto dessa declaração. Ao contrário, "a desigualdade social é admitida, embora afirmando-se que deve justificar-se em nome do interesse da coletividade, da utilidade comum" (ibid., p. 59). Em consequência, alguns críticos, como Karl Marx por exemplo, irão contestar a pretensão de universalidade da declaração. Os direitos do homem serão vistos apenas como "meros reflexos e instrumentos dos interesses capitalistas e burgueses e do individualismo proprietário" (ibid., p. 92).

A declaração de 1789 foi seguida por outras duas declarações sucessivas: as declarações de 1793 e de 1795. A declaração de 1793, embora nunca tenha entrado em vigor, confere maior atenção à questão da "igualdade econômica e social" (ibid., p. 62). A igualdade, um dos principais direitos naturais, passa a ser vista não apenas como igualdade política e jurídica, mas assume uma cotação que abarca também a questão da distribuição de recursos. Já a declaração de 1795, apresenta os direitos fundamentais não mais como "naturais e inalienáveis", mas como "direitos do homem na sociedade" (ibid., p. 63). A igualdade passa novamente a ser afirmada, exclusivamente, como igualdade jurídica.

Dentre as três declarações, a de 1789 foi a que teve maior repercussão e influência. A sua aspiração universalista "contribui para torná-la um ponto de referência para os impulsos de transformação presentes em todos os Estados europeus e o principal objeto do debate cultural e político da época" (ibid., p. 64). Contudo, a pretensão de universalidade levantada pela declaração continua a ser bastante restrita. Além do voto censitário, ela não se preocupa com a questão dos direitos sociais e econômicos e atribui direitos exclusivamente aos homens. As mulheres não são reconhecidas por ela como destinatárias dos direitos. São vistas como emotivas e pouco racionais e, portanto, incapazes de tomar decisões nos âmbitos econômico, político e jurídico. Em consequência, são consideradas inferiores aos homens. Estes sim dotados de razão e de capacidade de deliberação e decisão. A igualdade afirmada nesse caso, portanto, constitui-se como igualdade entre pessoas do sexo masculino.

As declarações norte-americanas e francesa tornaram possível a emancipação do sujeito em relação a seus grupos sociais, mas, em contrapartida, fizeram com que os indivíduos ficassem mais vulneráveis. A constituição da sociedade liberal ofereceu aos indivíduos vulneráveis a segurança da legalidade. Contudo, esta se mostrou insuficiente. A atomização dos indivíduos deu origem a massas proletárias que passaram a viver em situações cada vez mais precárias. Essa situação concreta conduziu à indignação e organização da classe trabalhadora. A mobilização teve como resultado o reconhecimento de direitos econômicos e socais. Como defende Comparato, "o reconhecimento dos direitos humanos de caráter econômico e social foi o principal benefício que a humanidade recolheu do movimento socialista, iniciado na primeira metade do século XIX" (COMPARATO, 2001, p. 51-52).

Nos séculos XVIII e XIX, quase em todos os países europeus, os direitos do homem são incorporados aos ordenamentos jurídicos dos Estados-nação. A proclamação dos direitos humanos e sua inserção como princípios da constituição dos Estados conduzem à positivação dos direitos. São criados, então, mecanismos para garantir o seu reconhecimento e eficácia. Os direitos passam a estar vinculados a instituições capazes de aplicar sanções. O jusnaturalismo cede lugar ao juspositivismo que se desenvolve a partir de critérios puramente formais.

O juspositivismo, no entanto, reconhece como válidos os direitos instituídos pelo ordenamento jurídico do Estado. Além disso, os direitos são válidos apenas para as pessoas que estão submetidas a determinado ordenamento. Trata-se de "uma segunda fase na história dos direitos" (FACCHI, 2011, p. 82). Por estarem vinculados a um ordenamento jurídico, os direitos se tornam mais concretos. Contudo, ao mesmo tempo, eles se tornam menos universais: "de direitos naturais se tornam direitos positivos, de direitos do homem se transformam em direitos do cidadão, de direitos universais serão direitos nacionais" (ibid., p. 82).

A cidadania passa a ser compreendida como limite para atribuição de direitos. Todos aqueles que não estão submetidos às normas de determinado ordenamento jurídico, tornam-se excluídos dos direitos. Mesmo no interior do ordenamento jurídico, nem todas as pessoas possuem direitos políticos. Na segunda metade do século XIX e nas primeiras décadas do século XX, nem todas as pessoas que possuíam a nacionalidade de um Estado eram consideradas cidadãs. Em muitos Estados, possuíam direitos políticos apenas os homens brancos e dotados de posses. Portanto, estavam excluídos desses direitos a maioria dos homens e todas as mulheres do Estado. Em consequência, os direitos humanos assumidos numa perspectiva juspositivista, por se associarem à possibilidade de imposição através de sanção, estavam mais próximos de produzir efeitos concretos. Por outro lado, ao excluírem a maior parte da população, distanciam-se da pretensão de universalidade levantada pelos direitos humanos vinculados ao jusnaturalismo.

A Segunda Guerra Mundial revelou a fragilidade da constituição juspositivista dos direitos. A democracia e os direitos humanos se viram duramente colocados à prova por sistemas totalitários. A comunidade internacional foi confrontada com a necessidade radical de assumir responsabilidade em relação ao futuro. Nesse contexto,

> nasce a exigência de ancorar o direito positivo e a obra dos governos em vínculos não apenas de forma, mas também de conteúdo, isto é, em avaliações de justiça, em princípios morais cuja violação justifique a desobediência dos cidadãos e a reação da comunidade internacional" (ibid., p. 128).

A doutrina do direito natural novamente ganha destaque. Ela é convocada como possibilidade de fundamentar exigências de justiça. Surge, também, a partir daí, o pós-positivismo que procura uma fundamentação para os direitos baseada na justiça.

Os direitos do homem voltam a ser compreendidos e defendidos como direitos que têm como função garantir a liberdade dos indivíduos, mesmo contra as determinações do Estado. Os direitos são atribuídos às pessoas enquanto seres humanos. Para ser titular de direito, não é mais necessário pertencer a um povo, habitar um território ou estar submetido às leis soberanas de um Estado. Resgata-se, portanto, a pretensão de universalidade dos direitos humanos. Eles "voltam a colocar-se como exigências universais do homem" (ibid., p. 131).

No plano nacional, o direito positivo passa a ser regulado pelas Constituições que contêm normas e princípios aos quais todas as demais leis do Estado devem estar submetidas. As Constituições tornam-se, então, a base do Estado de direito.

No plano internacional, por sua vez, surgem as convenções e declarações entre vários países. As Nações Unidas declaram como um de seus objetivos primeiros "promover e encorajar o respeito pelos direitos humanos e pelas liberdades fundamentais de todos os homens, sem distinção de raça, sexo, língua e religião" (Carta das Nações Unidas, 1945, art. 1º).

A Declaração Universal dos Direitos do Homem, de 1948, inaugura o processo de internacionalização dos direitos. Ela nasce como consequência do horror produzido pelos "crimes do nacional-socialismo" (BEIELEFELDT, 2000, p. 41). Os direitos afirmados nessa declaração são apresentados "como princípios prioritários em relação à soberania e aos interesses dos países" (FACCHI, 2011, p. 131).

Os próprios indivíduos se tornam sujeitos de direito internacional. Em âmbito internacional, passa a ser possível reivindicar direitos mesmo que estes estejam em contradição com decisões do Estado ao qual o indivíduo pertence. Nesse sentido, "juntamente com o direito internacional clássico, que regulava as relações entre Estados, toma forma um direito internacional dos indivíduos, que dá conteúdo a uma cidadania universal" (ibid., p. 131).

Nesse contexto, Comparato defende que

> a Declaração Universal, aprovada pela Assembleia Geral das Nações Unidas, em 10 de dezembro de 1948, e a Convenção Internacional sobre a Prevenção e Punição do Crime de Genocídio,

aprovada um dia antes também no quadro da ONU, constituem os marcos inaugurais da nova fase histórica, que se encontra em pleno desenvolvimento (COMPARATO, 2001, p. 54).

Essa nova fase de desenvolvimento da história caracteriza-se pela "definitiva internacionalização dos direitos". Além dos direitos individuais civis, políticos, econômicos e sociais, também passaram a ser afirmados, como direitos humanos, os "direitos dos povos" e os "direitos da humanidade" (ibid., p. 54).

O diálogo em torno da declaração de 1948 deu origem, em 1966, a dois Pactos das Nações Unidas: "o *Pacto Internacional sobre Direitos Civis e Políticos* e o *Pacto Internacional sobre Direitos Econômicos, Sociais e Culturais*" (BEIELEFELDT, 2000, p. 121). Ambos os pactos entraram em vigor dez anos após a sua origem, mas não tiveram adesão de todos os países: "até hoje a China não ratificou o pacto sobre os direitos civis, e os Estados Unidos sobre os direitos econômicos e sociais" (FACCHI, 2011, p. 135).

Comparato defende que, após a queda da União Soviética, os Estados Unidos assumiram a condição de potência hegemônica mundial. No lugar da solidariedade internacional, passou a ter lugar "a subordinação da humanidade aos interesses das grandes potências" (COMPARATO, 2001, p. 451). Em consequência, tornou-se difícil organizar as relações internacionais em sentido comunitário. Se, por um lado, os direitos humanos surgem com o objetivo de colocar limites ao exercício do poder do Estado, a hegemonia norte-americana caminha na direção contrária. Ela caracteriza-se pela tentativa sistemática de "eliminar as instituições de limitação de poder político e econômico, em âmbito mundial" (ibid., p. 451-452).

A defesa da própria soberania faz com que os Estados Unidos se recusem a se submeter às normas internacionais, colocando em risco a própria efetividade dos direitos humanos a nível internacional.

Para Facchi, diante da não efetividade de muitos direitos proclamados na Declaração Universal, faz-se necessária a criação de "normas que estabeleçam sanções para os governos que não respeitam os direitos (ou que não põem em prática medidas necessárias para serem respeitados)". Além disso, torna-se necessária a instituição de "organismos de justiça transnacional para aplicar essas normas e proferir a sanção" (FACCHI, 2011, p. 138).

Comparato concorda que o reconhecimento dos direitos por parte de autoridades políticas competentes traz maior segurança às relações sociais. Contudo, ele faz um alerta: "nada assegura que falsos direitos humanos, isto é, certos privilégios da minoria dominante, não sejam também inseridos na Constituição, ou consagrados em convenção internacional, sob a denominação de direitos fundamentais" (COMPARATO, 2001, p. 56). Em consequência, para ele, a vinculação dos direitos às sanções ou a criação de organismos capazes de impor a efetividade dos direitos constitucionais e convencionais não são garantia da concretização dos direitos humanos.

A vigência dos direitos humanos deve estar apoiada em fundamentos mais sólidos do que o mero reconhecimento do Estado. Ela deve estar ancorada por uma "consciência ética coletiva", capaz de reconhecer "que a dignidade da condição humana exige o respeito a certos bens ou valores em quaisquer circunstâncias, ainda que não reconhecidos no ordenamento estatal, ou em documentos normativos internacionais" (ibid., p. 57).

BEIELEFELDT parece defender posição um pouco distinta da de Comparato e mais próxima de Facchi, na medida em que afirma que, por um lado, como universais, "os direitos humanos sobrepõem-se à ordem jurídica particular, mesmo sobre os direitos civis aprovados desde a formação dos Estados modernos". Contudo, por outro lado, os direitos humanos, por causa de "sua tendência de serem fixados em constituições e tratados internacionais, diferem de postulados meramente naturais que não reivindicam comprometimento jurídico" (BEIELEFELDT, 2000, p. 37-38). Em consequência, os direitos humanos desenvolvem sua eficácia através da garantia jurídica em constituições e lei ou, ainda, em acordos internacionais (ibid., p. 136).

Independentemente da posição que possamos considerar mais adequada, e apesar da não efetividade de muitos direitos proclamados, é inegável a pretensão de universalidade alcançada pela Declaração Universal de 1948. Pela primeira vez na história, os direitos humanos são estendidos a todos: inclusive às mulheres. Embora, em alguns países, essa extensão não seja ainda efetiva, em grande parte do mundo, homens e mulheres possuem igualdade jurídica. Isso significa que não apenas homens são titulares de direitos, mas sim todas as pessoas. Os direitos passam a ser atribuídos a todos e a cada um, sem exclusão de classe, crença ou sexo. Eles assumem, efetivamente, uma perspectiva de universalidade, pois se estendem a todas as pessoas enquanto seres humanos.

A pretendida universalidade dos direitos, no entanto, é ainda contestada por posturas culturalistas. Ela estaria vinculada a valores ocidentais e não levaria em consideração situações históricas e culturais específicas. De modo geral, "as questões ligadas à relação entre universalismo dos direitos e particularismo das culturas aparecem aos poucos e assumem, desde as primeiras etapas do processo de internacionalização dos direitos, formas cada vez mais complexas e conflitantes" (FACCHI, 2011, p. 144). Essas questões também reaparecem no interior dos Estados, cada vez mais caracterizados pelo pluralismo cultural.

A crítica apresentada contra a pretensão de universalidade dos direitos humanos pode ser ilustrada na seguinte interrogação: "os direitos são realmente universais ou a expressão de um tipo particular de ser humano e, então, inadequados para exprimir interesses, valores, necessidades de seres humanos diferentes?" (ibid., p. 146). Os direitos humanos são realmente direitos universais, ou escondem através de um pretenso universalismo posições particulares que se querem impor a outras culturas?

Como procuramos mostrar, a noção de direitos humanos tem se desenvolvido e ganhado novos contornos ao longo da história. Cada vez mais, um número crescente de pessoas é reconhecido como destinatário de direitos. Embora a desconfiança culturalista possa encontrar justificativa em fatos históricos, é necessário reconhecer que os direitos humanos ganham cada dia maior repercussão no mundo. Reivindicações ao redor do globo, constantemente, reclamam por um direito inalienável, capaz de garantir liberdade e reconhecimento da igualdade de todos os seres humanos. Torna-se, portanto, fundamental pensar em que sentido a universalidade dos direitos deve ser compreendida. A universalidade dos direitos, para que seja propriamente universal, não se pode opor à particularidade das situações e das culturas. Como, então, pensar a relação entre universalidade e particularidade?

2. Universalidade e diversidade: uma dialética necessária

A discussão sobre a pretensão de universalidade dos direitos e a particularidade histórica e social das pessoas e das culturas as quais esses direitos são atribuídos exige um exame cuidadoso. A questão da validade intercultural dos direitos fixados na Carta das Nações Unidas ganha cada dia mais relevância. De um lado, estão os defensores do pluralismo e da diversidade cultural, que lançam desconfiança em relação à pretensão de universalidade dos direitos humanos. De outro lado, encontramos os defensores do universalismo dos direitos humanos, que se colocam de modo contrário à defesa do pluralismo e da diversidade.

Os primeiros, ao apoiarem-se numa visão culturalista, defendem que as várias culturas são relativas e que, portanto, não seria possível encontrar normas comuns capazes de orientá-las numa direção compartilhada. Essa posição apoia-se na convicção de que as pessoas são radicalmente diferentes umas das outras e que, portanto, não seria possível afirmar uma igualdade básica, ou seja, uma característica definidora comum para todos os seres humanos. No polo contrário da posição culturalista, encontram-se aqueles que defendem um universalismo incompatível com o pluralismo. Trata-se de um universalismo abstrato e geral, pouco ou nada atento à realidade concreta.

No primeiro caso, a defesa da singularidade cultural pode se converter, facilmente, "em instrumento autoritário e político de manutenção da ordem" (BEIELEFELDT, 2001, p. 29). A conjugação das noções de imutabilidade das culturas e de pertencimento fatal de cada ser humano a sua própria cultura pode conduzir a resultados pouco desejáveis. Em casos extremos, pode fazer surgir as bases "para novas formas de *apartheid* ou racismo" (ibid., p. 30). A noção de identidade cultural fixa parece contrária à possibilidade de diálogo intercultural e de aprendizagem mútua entre culturas diferentes. O que resta são posições assumidas dogmaticamente, que colocam em risco a possibilidade de convivência em comum de culturas distintas.

Por outro lado, a defesa do universalismo que não considere as diferenças culturais, sociais e econômicas, não é capaz de promover uma efetiva realização dos direitos humanos. Ela se constitui como defesa de uma universalidade abstrata, pouco atenta à realidade concreta. Além disso, a defesa de um universalismo abstrato gera muitas vezes desconfiança. Coloca-se, por exemplo, como vimos, a questão a respeito da real universalidade dos direitos. Os direitos humanos não seriam, na verdade, direitos defendidos pela tradição ocidental? Por trás da pretensão de universalidade dos direitos humanos, não estariam escondidos interesses menos nobres, interesses de dominação imperialista e de negação da multiplicidade cultural?

Para além das duas posições extremas, é necessário defender que universal e particular apenas podem ser pensados de modo adequado a partir do reconhecimento da existência de uma dialética constitutiva entre eles. Para que o universal se concretize efetivamente como universal concreto, ele precisa necessariamente pressupor a mediação da particularidade. Por outro lado, o particular sem referência ao universal conduz a um relativismo absoluto incapaz de estabelecer de modo racional e razoável os valores a partir dos quais as pessoas e as culturas devem orientar-se. Em consequência, um culturalismo absoluto corre o risco de conduzir a posições dogmáticas e fundamentalistas.

Sendo assim, o particular precisa se abrir à dimensão de universalidade para garantir a efetivação de valores culturais que realmente sejam expressão do exercício da liberdade. A universalidade constitui-se, pois, como condição de possibilidade de avaliação e justificação racional de valores e normas culturais. A particularidade, por sua vez, torna concreta a universalidade dos direitos, viabilizando a sua expressão no interior de uma cultura determinada. Em consequência, a universalidade dos direitos não exclui a diversidade das pessoas e das culturas. Ao contrário, apenas podemos falar de universalidade concreta a partir do momento em que criarmos condições necessárias para a realização do debate intercultural.

Sendo assim, a universalidade dos direitos humanos não deve ser compreendida, simplesmente, como universalidade abstrata. Ela, ao contrário, vem sendo concretizada ao longo da história a partir de debates e do confronto com situações sociais concretas. A universalidade não exclui o pluralismo e a diversidade, mas os assume como sendo uma das condições fundamentais para a sua realização como universal concreto. Por outro lado, as culturas apenas se podem desenvolver "no encontro com outra" cultura (ibid., p. 32). Em consequência, ninguém é capaz de, através de um simples exame reflexivo da própria consciência, definir quais devam ser os direitos atribuídos a todas as pessoas e a todas as culturas. Unicamente a partir da adoção de uma atitude comunicativa tornar-se efetivamente possível a extensão dos direitos a todos, de modo universal. Essa atitude comunicativa implica a capacidade e a disposição para a "autocrítica, crítica e justificação comunicativa". Ela também pressupõe disposição para "superar diferenças culturais, religiosas e de cosmovisão". Trata-se, portanto, de ser capaz de levar o outro "a sério, sem se fixar em dicotomia estéril do *próprio* e do *outro*" (ibid., p. 33).

Como estamos procurando defender, os direitos humanos são universais não porque estejam explicitados em ideias vagas e gerais. Eles podem ser afirmados como universais apenas à medida que todas as pessoas e todas as culturas, através do diálogo, possam reconhecer a validade dos mesmos direitos. Como defende Kant, para que os direitos humanos sejam efetivamente universais, faz-se necessário que todos os destinatários dos direitos possam se reconhecer também como autores dos mesmos direitos. Isso significa que, para poder ser considerado universal, eles precisam ser reconhecidos como válidos pelas mais diferentes culturas. Além disso, devem ser capazes de espelhar valores culturais que têm pretensão de universalidade. Portanto, universal e particular encontram-se intimamente vinculados.

Os direitos humanos pretendem ser universais porque possuem como destinatários todos os seres humanos, ou seja, todas as pessoas. Contudo, se as pessoas fossem radicalmente diferentes umas das outras, não haveria a possibilidade de atribuição de direitos comuns a todas elas. A pretensão de universalidade dos direitos humanos se apoia no pressuposto de que todos somos iguais. A noção de igualdade é, portanto, outra noção-chave para compreender a universalidade dos direitos. Se todos somos iguais, todos devemos ser reconhecidos, não por pertencermos a determinado grupo social, nem por possuirmos bens, mas apenas por causa da nossa própria humanidade, ou seja, devemos ser reconhecidos e ter os direitos respeitados simplesmente porque somos pessoas.

Mas o que significa afirmar que todos somos iguais? Que tipo de igualdade os direitos humanos pressupõem?

A modernidade privilegiou a racionalidade matemática e experimental, unívoca. A univocidade da razão faz com que ela se exprima de modo exato. Os conceitos unívocos apenas podem ter um único significado e fazem sempre referência `a mesma realidade. A noção de igualdade, pensada a partir do desenvolvimento da racionalidade unívoca, constitui-se como igualdade aritmética. Trata-se, portanto, de uma igualdade niveladora e homogeneizadora que exclui as diferenças. Em consequência, a partir dessa noção de igualdade aritmética, por um lado, a afirmação moderna de que todos os seres humanos são iguais tornou possível a ruptura com padrões sociais que estabeleciam hierarquias entre os seres humanos. Todos puderam ser afirmados como iguais perante a lei. Por outro lado, a afirmação da igualdade entre os homens vem acompanhada também pela desconfiança de que uma tal afirmação anularia a singularidade de cada pessoa. Se todos somos iguais, por um lado, é possível a proclamação de direitos comuns e válidos para todos. Porém, por outro lado, as diferenças e o pluralismo correm o risco de serem anulados.

Em reação contrária à afirmação de uma universalidade e de uma igualdade niveladoras e abstratas, surgiram vários movimentos de defesa da diferença, da diversidade e do pluralismo. Entretanto, ao acentuarem a diversidade, muitas vezes, esses movimentos terminaram conduzindo a posturas dogmáticas, em nada abertas ao diálogo.

Ora, a igualdade pressuposta pela noção de direitos humanos não pode ser compreendida como igualdade aritmética. Para compreender de modo adequado os direitos humanos como direitos universais, é necessário entender a igualdade em termos de proporção ou de proporcionalidade. A igualdade, portanto, não deve ser afirmada a partir de uma noção abstrata, niveladora e homogeneizante, mas sim numa perspectiva analógica. Isso porque a igualdade que está na base dos direitos humanos é uma igualdade na diferença.

Para que essa igualdade na diferença possa ser adequadamente compreendida, torna-se necessário pensar a pessoa, sujeito de direitos, a partir de uma ontologia capaz de articular dialeticamente essência e existência. Se fôssemos puras existências particulares, completamente diferentes umas das outras, não seria possível falar em direitos humanos, isto é, em direitos que seriam comuns a toda humanidade. A noção de humanidade, como noção englobante, não poderia ser atribuída a nenhuma realidade concreta. Para que os direitos existam como tais, é preciso que a particularidade possa ser conduzida a uma unidade comum. Por outro lado, se pensássemos a pessoa exclusivamente a partir da dimensão da essência, correríamos o risco de reduzir toda a riqueza e diversidade humana a uma forma estática, a-histórica.

Ao fazer uma releitura da tradição personalista cristã, o filósofo brasileiro Henrique Cláudio de Lima Vaz (2006 e 1992) assume como desafio pensar a pessoa a partir de uma dialética constitutiva entre essência e existência. Embora, do ponto de vista ontológico, sejamos por essência pessoas, apenas nos realizamos humanamente à medida que nos tornamos capazes de viver como pessoas. A vida pessoal se concretiza através de atos singulares da pessoa. São os atos pessoais que tornam possível a atualização da essência de cada um de nós. Por meio deles, podemos ou não nos tornar quem somos, podemos ou não nos realizar humanamente.

Em consequência, todos nós temos uma essência comum. Todos somos ontologicamente pessoas. Isso significa que todo ser humano possui uma estrutura constitutiva: é corpo-próprio, psiquismo e espírito. Além disso, todo ser humano é necessariamente um ser relacional. Somos, constitutivamente, ser-no-mundo, ser-com-os-outros e ser-para-a-transcendência. A pessoa é um ser que possui uma identidade (*ipsiedade*) e que, ao mesmo tempo, constitui a própria identidade de modo relacional (*alteridade*). Situada e relacional, ela realiza o seu próprio ser unicamente quando é capaz de orientá-lo através do exercício da inteligência e da vontade. Os invariantes ontológicos tornam possível encontrar uma definição comum para todas as pessoas concretas. Todos somos iguais porque, ontologicamente, somos pessoas.

Nesse sentido, é possível defender a universalidade dos direitos humanos à medida que assumimos como ponto de partida o "postulado ontológico de que a essência do ser humano é uma só, não obstante a multiplicidade de diferenças, individuais e sociais, biológicas e culturais, que existem na humanidade" (COMPARATO, 2001, p. 65). Justamente por possuir uma essência comum, "todos os seres humanos merecem igual respeito e proteção a todo tempo e em todas as partes do mundo em que se encontrem" (ibid., p. 65).

Contudo, a vida pessoal se concretiza através de atos singulares que têm lugar no interior de uma comunidade, num tempo histórico determinado (LIMA VAZ, 1992, p. 141-226). A atualização existencial da essência pessoal é um desafio que cada um precisa enfrentar cotidianamente. Enquanto racionais e livres, as pessoas se tornam agentes responsáveis pela própria constituição de sentido e pela realização da própria existência. Ora, a partir do ponto de vista existencial, as pessoas são diferentes umas das outras. Possuímos traços biológicos distintos, pertencemos a contextos sociais, econômicos, políticos e culturais diferentes. O modo pelo qual cada um procurará atualizar a sua essência pessoal é único. A existência concreta é o lugar da pluralidade, da diferença, da criatividade, do exercício concreto da razão e da liberdade, mas também o lugar das paixões, dos medos, das dominações e das manipulações.

A noção de pessoa, ao ser pensada a partir da articulação dialética entre essência e existência, torna possível pensar de maneira também dialética a relação entre identidade e diferença. A igualdade pressuposta pela ideia de direitos humanos, à medida que precisa ser compreendida em termos de proporção e proporcionalidade, não corresponde a uma realidade abstrata, homogeneizante, desvinculada do contexto real. Ela implica no seu próprio interior a noção de diferença. Esta, por sua vez, embora revele a relatividade da vida pessoal, não implica nenhum tipo de relativismo. A afirmação de uma natureza comum, a partir da qual é possível definir a pessoa de um ponto de vista essencial, não exclui necessariamente a rica diversidade que constitui a experiência humana. A igualdade pressuposta na afirmação dos direitos humanos, portanto, pode e deve ser compreendida como uma igualdade na diferença.

Em sentido semelhante, mas a partir de pressupostos distintos, BEIELEFELDT também defende que "uma liberdade anti-igualitária nada mais seria que um privilégio e, consequentemente, o contrário de um direito humano inato. Por outro lado, uma igualdade antiliberal teria tendência uniformista e repressiva e entraria, também, em contradição aos direitos humanos" (BEIELEFELDT, 2000, p. 114). Em consequência,

não pode haver liberdade sem igualdade; se assim não fosse, a liberdade seria apenas privilégio, não direito humano. A recíproca também é verdadeira: uma igualdade que não seja direcionada à liberdade não pode ser considerada princípio de direito humano, pois esses direitos sempre importam o reconhecimento político e jurídico da autonomia responsável (ibid., p. 115).

Uma crítica muitas vezes dirigida à noção de direitos humanos parte do pressuposto de que tal noção acentua o individualismo em contraposição ao comunitarismo vivenciado por várias culturas e tradições. Por outro lado, a negação da liberdade individual corre "o risco de nunca alcançar o objetivo de um comunitarismo *orgânico*, mas sim, pelo contrário, de descambar para um coletivismo cujo caráter de coerção seria o signo de seu artificialismo e de sua inutilidade" (ibid., p. 43). A afirmação e reconhecimento do pluralismo e da diversidade pressupõem assumi-los como "expressão da responsabilidade autônoma do ser humano, que almeja ser respeitado em suas convicções e com direitos equiparados" (ibid., p. 50).

Ora, se considerarmos que os direitos humanos são direitos atribuídos a cada pessoa de modo singular e que as pessoas são, por essência, seres relacionais, fica excluída a validade de tal crítica. A noção de pessoa, tal como desenvolvida, por exemplo, por Lima Vaz, supera a oposição entre indivíduo e comunidade. Apenas nos tornamos existencialmente pessoas, à medida que somos socializados no seio de uma comunidade e nos tornamos capazes de reconhecer e de ser reconhecidos. A comunidade, portanto, possui um papel fundamental na constituição da personalidade de cada pessoa singular. Não existe um eu sem um nós. Mas, por outro lado, a relação do eu com a comunidade não deve anular a *ipseidade* e identidade individual. O reconhecimento da identidade pessoal de cada um é condição fundamental de possibilidade do exercício do pensamento e da liberdade.

Os direitos humanos podem levantar a pretensão de universalidade porque são dirigidos a todos os seres humanos, isto é, a todas as pessoas. Isso significa que eles dizem respeito, ao mesmo tempo, a todos e a cada um de nós. Ao dirigir-se a todos, devem ser capazes de garantir que todas as pessoas e comunidades possam orientar suas ações a partir do exercício da razão e da liberdade e a partir de processos de reconhecimento e consenso. Isso torna possível a afirmação e o reconhecimento da dignidade de cada pessoa singular, independe de seu pertencimento, ou não, a determinado Estado, condição social, econômica ou política.

Enquanto dotada de razão e vontade, cada pessoa deve ser capaz de deliberar e escolher bens particulares que tornem possível a sua realização como ser humano, ou melhor, a sua humanização. Esse exercício de conquista da liberdade acontece no interior de uma comunidade que, por sua vez, deve se orientar através de processos de reconhecimento e consenso. Isso significa que não há a possibilidade de conquistar a liberdade de modo solitário. Apenas nos tornamos livres à medida que somos capazes de agir e de vir com os outros. O exercício da liberdade somente se concretiza de modo efetivo na comunhão com outras pessoas que também querem e buscam conquistar a própria liberdade. A conquista da liberdade supõe, portanto, solidariedade e relações orientadas por critérios de justiça.

A solidariedade está intimamente vinculada à noção de responsabilidade. A partir do momento em que a noção de direitos humanos passou a integrar o princípio de solidariedade, "passaram a ser reconhecidos como direitos humanos os chamados direitos sociais, que se realizam pela execução de políticas públicas, destinadas a garantir amparo e proteção social aos mais fracos e mais pobres" (COMPARATO, 2001, p. 62). Comparato esclarece que "o fundamento ético desse princípio se encontra na ideia de justiça distributiva, entendida como a necessária compensação de bens e vantagens entre as classes sociais, com a socialização dos riscos normais da existência humana" (ibid., p. 62).

A busca solidária pela conquista da liberdade econômica, social, política, torna possível o reconhecimento do outro como pessoa. Isso significa que, nessa busca, o outro se apresenta diante do eu não como um objeto que possui um preço, mas sim como valor absoluto que deve ser reconhecido na sua dignidade.

Ora, a pessoa afirmada como possuidora de dignidade não é uma essência abstrata, mas sim uma pessoa concreta, singular. Em consequência, os direitos humanos são universais e, ao mesmo tempo, respeitam a diversidade humana, à medida que tornam possível a conquista da liberdade e o reconhecimento da dignidade de todas e de cada pessoa.

Conclusão

Como procuramos mostrar, a efetiva universalidade dos direitos humanos não está dada, ela precisa ser conquista historicamente. Os direitos humanos apenas se tornarão efetivamente universais quando cada pessoa singular puder ser reconhecida como livre e dotada de dignidade. Portanto, a universalidade que temos em vista, ao pensar os direitos humanos, não corresponde à universalidade abstrata, homogeneizante. Ao contrário, os direitos humanos apenas serão universais à medida que a particularidade servir como mediação dialética fundamental para a sua realização como singularidade, ou seja, como universalidade concreta. Em consequência, universalidade e diversidade devem ser pensadas a partir de uma íntima articulação dialética. Essa articulação implica a responsabilidade de cada pessoa e de cada cultura na constituição de relações e instituições de reconhecimento e de consenso capazes de criar condições mais justas e iguais para todos.

Referências

BEIELEFELDT, Heiner. *Filosofia dos Direitos Humanos:* fundamentos de um *ethos* de liberdade universal. São Leopoldo: Unisinos, 2000.

CARTA DAS NAÇÕES UNIDAS. 1945. Disponível em: <https://nacoesunidas.org/wp-content/uploads/2017/11/A-Carta-das-Na%C3%A7%C3%B5es-Unidas.pdf>. Acesso em: 2 jan. 2020.

COMPARATO, Fabio Konder. *A afirmação histórica dos Direitos Humanos.* São Paulo: Saraiva, 2001.

DECLARAÇÃO UNIVERSAL DOS DIREITOS DO HOMEM. Disponível em: <http://pfdc.pgr.mpf.mp.br/atuacao-e-conteudos-de-apoio/legislacao/direitos-humanos/declar_dirhomem.pdf>. Acesso em: 2 jan. 2020.

FACCHI, Alessandra. *História dos Direitos Humanos.* São Paulo: Loyola, 2011.

LIMA VAZ, Henrique Cláudio de. *Antropologia filosófica II.* São Paulo: Loyola, 1992.

_____. *Escritos de filosofia V:* introdução à ética filosófica 2. São Paulo: Loyola, 2000.

_____. *Antropologia filosófica I.* 8. ed. São Paulo: Loyola, 2006.

POSSENTI, Vittorio. *O novo princípio pessoa.* São Paulo: Loyola, 2016.

CAPÍTULO 6

Direitos da Terra na perspectiva da *Laudato si'*

Eugenio Rivas, sj

Desde um ponto de vista fundamental, direito é tudo aquilo que deve ser provido, garantido, promovido e defendido para que o ser humano não encontre impedimentos, arbitrariamente impostos, na busca e na realização de todas as potencialidades inerentes a sua dignidade. Nesse sentido fundamental e subjetivo, o direito se coloca diretamente em relação com a dignidade dos seres humanos e a essa dignidade reconhecida pretende servir. Indiretamente, tudo o que entra no mundo das relações dessa única família humana e comunidade terrestre participa de seus mesmos direitos, enquanto tudo conspira e converge de modo harmonioso para que essa dignidade não seja malograda. É desde essa perspectiva que podemos falar de direitos da Terra para sublinhar o fato e a verdade de uma interdependência inevitável, total e única do ser humano com a Terra.

Os direitos da Terra na perspectiva da *Laudato si'* (*LS*) são reconhecidos e situados na lógica de sua relação incontornável com a dignidade humana. A nossa proposta é mostrar como esses direitos são articulados a partir dos princípios da inter-relacionalidade (tudo está interligado) e do bem comum e a partir da lógica e da economia do dom.

1. Tudo está interligado

Ao falarmos que tudo está interligado, estamos colocando a inter-relação como o princípio que anima e regula toda a criação. O mundo criado à imagem da Trindade é uma trama de relações secretamente entrelaçadas, e essas relações nos revelam a chave da própria realização:

> Na verdade, a pessoa humana cresce, amadurece e santifica-se tanto mais, quanto mais se relaciona, sai de si mesma para viver em comunhão com Deus, com os outros e com todas as criaturas. Assim, assume na própria existência aquele dinamismo trinitário que Deus imprimiu nela desde a sua criação (LS, 240).

O ser humano não compreende nem realiza sua própria existência sem esse princípio da relacionalidade que se explicita em três relações vitais intimamente ligadas: "as relações com Deus, com o próximo e com a Terra" (LS, 66). O pecado é a manifestação da ruptura dessas relações e daí a necessidade de entrar num processo de conversão ecológica como um modo de sarar e recriar a harmonia perdida. O pecado, afirma o papa, continua a se manifestar hoje "com toda sua força de destruição, nas guerras, nas várias formas de violência e abuso, no abandono dos mais frágeis, nos ataques contra a natureza" (ibid.). Desse modo se afirma a responsabilidade do ser humano na única crise "socioambiental" e o grave dever de se comprometer na busca de soluções integrais.

A convicção de que tudo está interligado no mundo é um eixo que atravessa toda a encíclica (LS, 16):

> Quando falamos de "meio ambiente", fazemos referência também a uma particular relação: a relação entre a natureza e a sociedade que a habita. Isso nos impede de considerar a natureza como algo separado de nós ou como uma mera moldura da nossa vida. Estamos incluídos nela, somos parte dela e compenetramo-nos. As razões pelas quais um lugar se contamina exigem uma análise do funcionamento da sociedade, da sua economia, do seu comportamento, das suas maneiras de entender a realidade. Dada a amplitude das mudanças, já não é possível encontrar uma resposta específica e independente para cada parte do problema. É fundamental buscar soluções integrais que considerem as interações dos sistemas naturais entre si e com os sistemas sociais. Não há duas crises separadas: uma ambiental e outra social; mas uma única e complexa crise socioambiental. As diretrizes para a solução requerem uma abordagem integral para combater a pobreza, devolver a dignidade aos excluídos e, simultaneamente, cuidar da natureza (LS, 139).

Manter a harmonia dessas relações entre os sistemas naturais e sociais é fundamental para a construção de um mundo onde a dignidade da pessoa é respeitada, defendida e promovida e a beleza da natureza guardada. Não é possível pensar de modo fragmentado e menos ainda considerar que os problemas podem ser solucionados sem levar em consideração o tudo: "os conhecimentos fragmentários e isolados podem tornar-se uma forma de ignorância, quando resistem a integrar-se numa visão mais ampla da realidade" (LS, 138). A exploração do planeta é também exploração do ser humano e ruptura com Deus. Do mesmo modo, na linguagem bíblica, a terra se solidariza com o ser humano, ela amaldiçoa Caim por ter derramado injustamente o sangue do seu irmão (Gn 4,9-12). A injustiça de Caim não só provoca uma ruptura com Deus, mas também com a terra da qual foi exilado, de irmão passa a ser vagabundo e fugitivo (LS, 70): "Tudo está interligado. Por isso, exige-se uma preocupação pelo meio ambiente, unida ao amor sincero pelos seres humanos e a um compromisso constante com os problemas da sociedade" (LS, 91). Francisco chama a atenção sobre a necessidade de criar consciência e de nos educar na realidade de formar uma "família universal, uma comunhão sublime... Deus uniu-nos tão estreitamente ao mundo que nos rodeia, que a desertificação do solo é como uma doença para cada um, e podemos lamentar a extinção de uma espécie como se fosse uma mutilação" (LS, 89). Quando nos situamos nessa perspectiva, entramos na dinâmica de recuperar e reconstruir as relações que nos humanizam, e o resgate da memória do que realmente faz humana nossa existência pode mudar tudo o que vemos, aquilo que esperamos e cremos.

Teologicamente falando, Deus não simplesmente nos uniu ao mundo por laços invisíveis, mas ele mesmo se uniu ao mundo, de tal sorte que se pode considerar a criação como uma "encarnação profunda" (GREGERSEN, 2015; JOHNSON, 2018; WRIGHT, 2017) ou como uma primeira encarnação no momento em que o próprio Deus se converte na luz que faz visível o universo (ROHR, 2019, p. 13), essa é a razão pela qual Cristo pode chamar a si mesmo de a luz do mundo (Jo 8,12): "Cada criatura reflete algo de Deus e tem uma mensagem para nos transmitir... Cristo assumiu em si mesmo este mundo material e agora, ressuscitado, habita no íntimo de cada ser, envolvendo-o com seu carinho e penetrando-o com a sua luz" (LS, 221). Sem pretensão de buscar paralelismos forçados, não deixa de surpreender a ousadia do papa ao falar do Evangelho da criação do mesmo modo como o evangelista Marcos identifica seu relato como o Evangelho de Jesus Cristo, Filho de Deus (Mc 1,1).

Deus mesmo é atingido, quando ferimos a natureza e suas criaturas. Admira como São Boaventura, já no século XIII, considerava que na humanidade de Cristo se encontravam presentes todas as criaturas: "Como ser humano, Cristo tem algo em comum com todas as criaturas. Com a pedra ele tem em comum a existência, com as plantas ele tem em comum a vida, com os animais ele tem em comum a sensação e com os anjos ele tem em comum a inteligência" (BONAVENTURA, *Sermão I, Dom. II in Quad. IX*, 215-219). Se Cristo tem algo em comum com todas as criaturas, todas elas são, a seu modo e de algum modo, cristificadas. Rohr dedicou seu livro a seu cachorro labrador Vênus, que teve que libertar para Deus (*"release to God"*) a causa da doença com estas palavras: "Sem nenhuma apologia, teologia ligeira ou medo de heresia, posso apropriadamente dizer que Vênus era também Cristo para mim". A experiência da encarnação de Deus na criação faz transparente todas as criaturas, todos os elementos e mesmo as forças da natureza se fazem próximas, e São Francisco não duvida em chamá-los de irmão sol, irmã terra, irmão fogo, irmão vento: "Quando nos damos conta do reflexo de Deus em tudo o que existe, o coração experimenta o desejo de adorar o Senhor por todas as criaturas e juntamente com elas" (LS, 87). São Francisco, com essa linguagem familiar, introduz no Cristianismo o que os povos originários do continente têm praticado por séculos (cf. ROHR, 2019, p. 112).

A criação, desde essa interligação, aparece como uma fraternidade e sororidade: cada criatura tem um valor próprio, uma dignidade própria; nada é supérfluo, todos os seres criados precisam uns dos outros (LS, 42). A necessidade que temos uns dos outros reclama o princípio da diversidade: somos convidados a olhar para essa diversidade como uma realidade querida por Deus:

> A interdependência das criaturas é querida por Deus. O sol e a lua, o cedro e a florzinha, a águia e o pardal: o espetáculo das suas incontáveis diversidades e desigualdades significa que nenhuma criatura se basta a si mesma. Elas só existem na dependência umas das outras, para se complementarem mutuamente no serviço umas das outras (LS, 86).

Numa linguagem poética, o papa descreve a criação como um livro em que todas as criaturas são o alfabeto que forma as palavras: "Todo o universo material é uma linguagem do amor de Deus, do seu carinho sem medida por nós. O solo, a água, as montanhas: tudo é carícia de Deus" (LS, 84). Essa relação pessoal com tudo o que nos rodeia e reflete a Deus, vai moldando a identidade humana:

> A história da própria amizade com Deus desenrola-se sempre num espaço geográfico que se torna um sinal muito pessoal, e cada um de nós guarda na memória lugares cuja lembrança nos faz muito bem. Quem cresceu no meio de montes, quem na infância se sentava junto do riacho a beber, ou quem jogava numa praça do seu bairro, quando volta a esses lugares sente-se chamado a recuperar sua identidade (ibid.).

O direito da Terra brota de sua criaturidade, está numa relação direta com o próprio Deus que a dignifica: "nossa casa é boa por sua criação: não porque seja útil, não porque seja o cenário do drama humano, mas simplesmente porque Deus a fez (TUCKER, 2004, p. 9). A depredação dos seus recursos é um pecado contra uma irmã, contra Deus e contra nós mesmos. O documento papal apresenta a dramaticidade na qual se encontra o planeta e os pobres, a grande maioria, milhares de milhões de pessoas excluídas, e aponta a necessidade urgente de entrar num debate sincero que não ignore a realidade em análises tendenciosas. A situação da terra e dos pobres é um problema de justiça socioambiental: "uma verdadeira abordagem ecológica sempre se torna uma abordagem social, que deve integrar a justiça nos debates sobre meio ambiente, para ouvir tanto o clamor da terra como o clamor dos pobres" (LS, 49 – sublinhado no documento). O percurso que descreve a situação dramática da Terra e dos pobres não busca, afirma explicitamente o papa, "recolher informações ou satisfazer nossa curiosidade, mas tomar dolorosa consciência, ousar transformar em sofrimento pessoal aquilo que acontece ao mundo e... reconhecer a contribuição que cada um lhe pode dar" (LS, 19). A Terra está ferida e seus gemidos "se unem aos gemidos dos abandonados do mundo, com um lamento que reclama de nós outro rumo" (LS, 53).

A interdependência de todos os sistemas se opõe à globalização do paradigma tecnocrático, qualificado de homogêneo e unidimensional, o qual coloniza os sistemas econômico e político. Esse paradigma desconhece que tudo está interligado; desconhece que a autonomia humana tem limites e que os recursos são limitados; pretende que a técnica pode resolver todos os problemas e proporcionar um crescimento infinito ou ilimitado; na sua lógica, tudo é objeto de posse, de domínio e transformação (LS, 106); trata-se da adoração do poder humano sem limites (LS, 122). Para responder a esse paradigma, Francisco propõe uma cultura ecológica que vai além de respostas urgentes e parciais, embora necessárias, aos problemas ambientais que vão surgindo à volta do deterioramento do meio ambiente. Para Francisco, essa cultura ecológica:

> Deveria ser um olhar diferente, um pensamento, uma política, um programa educativo, um estilo de vida e uma espiritualidade que oponham resistência ao avanço do paradigma tecnocrático. Caso contrário, até as melhores iniciativas ecologistas podem acabar bloqueadas na mesma lógica globalizada. Buscar apenas um remédio técnico para cada problema ambiental que aparece, é isolar coisas que, na realidade, estão interligadas e esconder os problemas verdadeiros e mais profundos do sistema mundial (LS, 111).

Nessa perspectiva de um estilo de vida e espiritualidade, o papa recupera uma tradição fundamental que está no âmago da espiritualidade judeu-cristã, o descanso a que têm direito todas as criaturas. Com efeito, o descanso não só é proposto para o homem, mas para todas as criaturas como um modo de "assegurar o equilíbrio e a equidade nas relações do ser humano com os outros e com a terra onde vivia e trabalhava... ao mesmo tempo, era um reconhecimento de que a dádiva da terra com seus frutos pertence a todo o povo" (LS, 71). A possibilidade de reabilitar o dano causado e recuperar o equilíbrio passa pela recuperação da espiritualidade do descanso:

No sétimo dia, Deus descansou de todas as suas obras. Deus ordenou a Israel que cada sétimo dia devia ser celebrado como um dia de descanso, um *Shabbath* (cf. Gn 2,2-3; Ex 16,23; 20,10). Além disso, de sete em sete anos, instaurou-se também um ano sabático para Israel e a sua terra (cf. Lv 25,1-4), durante o qual se dava descanso completo à terra, não se semeava e só se colhia o indispensável para sobreviver e oferecer hospitalidade (cf. Lv 25,4-6). Por fim, passadas sete semanas de anos, ou seja, quarenta e nove anos, celebrava-se o jubileu, um ano de perdão universal, "proclamando na vossa terra a liberdade de todos os que a habitam" (Lv 25,10) (ibid.).

Pelo descanso se procura recuperar o significado da obra, sair de um ativismo vazio e de uma lógica que o relega ao inútil e estéril. Por não reportar nenhuma ganância, somos convidados a considerá-lo como um outro modo de agir, cuidar e celebrar:

> A lei do repouso semanal impunha abster-se do trabalho no sétimo dia, "para que descansem o teu boi e o teu jumento e tomem fôlego o filho da tua serva e o estrangeiro residente" (Ex 23,12). O repouso é uma ampliação do olhar, que permite voltar a reconhecer os direitos dos outros. Assim o dia de descanso, cujo centro é a Eucaristia, difunde a sua luz sobre a semana inteira e encoraja-nos a assumir o cuidado da natureza e dos pobres (LS, 237).

O descanso nos leva a um outro ponto caro a Francisco: pobreza e austeridade. Respeitar os ritmos da natureza, buscar o equilíbrio dos sistemas, promover um desenvolvimento sustentável, implicam sair da lógica do ter, "o desenvolvimento humano se refere primordialmente a ser mais, não a ter mais" (CARTA DA TERRA). Isso supõe entrar numa outra lógica e dinâmica econômica, trata-se de assumir a "convicção de que 'quanto menos, tanto mais'... a capacidade de se alegrar com pouco... um regresso à simplicidade" (LS, 222). O papa continua argumentando que esse estilo de vida não comporta menos vida ou uma vida menos intensa, pelo contrário, as pessoas que assumem esse estilo de vida conseguem "reduzir o número de necessidades insatisfeitas e diminuem o cansaço e a ansiedade... É possível necessitar de pouco e viver muito" (LS, 223). Consciente de que essa proposta de um estilo de vida sóbrio e humilde pode soar contracultural, ela, contudo, é o caminho para recuperar a integridade da vida humana. A convicção de Francisco é de que "o desaparecimento da humildade, num ser humano excessivamente entusiasmado com a possibilidade de dominar tudo sem limite algum, só pode acabar por prejudicar a sociedade e o meio ambiente" (LS, 224). Em último termo, o que Francisco propõe é sair ou evitar a dinâmica do domínio e da mera acumulação.

2. Bem comum e direitos da Terra

A interligação de todos os sistemas e a necessidade que temos uns dos outros caminham junto com a diversidade e a interdependência querida por Deus. Todavia, afirma o papa, "isto não significa igualar todos os seres vivos e tirar ao ser humano aquele seu valor peculiar que, simultaneamente, implica uma tremenda responsabilidade" (LS, 90). Ao mesmo tempo, a singularidade do ser humano não o autoriza a se declarar autônomo: "Se o ser humano se declara autônomo da realidade e se constitui dominador absoluto, desmorona-se a própria base de sua existência" (LS, 117). Claramente, o papa sublinha o valor das criaturas independentemente da humanidade, mas não apoia uma "divinização da terra, que nos privaria da nossa vocação de colaborar com ela e proteger a sua fragilidade" (LS, 90). Com efeito, aponta o papa, "um regresso à natureza não pode ser feito à custa da liberdade e da responsabilidade do ser humano, que é parte do mundo com o dever de cultivar as próprias capacidades para o proteger e desenvolver as suas potencialidades" (LS, 78).

Francisco constata, de fato, que a gravidade da crise revela o poder humano de destruir-se a si mesmo e a todas as criaturas e nos propõe entrar num diálogo que deve situar-se na perspectiva do bem comum. O bem comum se compreende como "o conjunto das condições da vida social que permitem, tanto aos grupos como a cada membro, alcançar mais plena e facilmente a própria perfeição" (LS, 156). Na perspectiva da interligação, da dignidade de cada criatura e sua orientação para Deus, trata-se da perfeição própria a que tem direito todo o criado. Nessa lógica, pode-se afirmar que o bem comum, "um bem de todos e para todos" (LS, 23), é a condição que permite a cada criatura se encaminhar para seu fim e alcançar sua perfeição.

Essa mudança de perspectiva é o que leva o papa a afirmar que não é negócio social perder de vista o comum (LS, 128), e o que não é negócio social também não pode ser negócio ambiental. A perspectiva do bem comum mantém sempre na mira os objetivos, o contexto e as limitações éticas do desenvolvimento humano, "a técnica separada da ética dificilmente será capaz de autolimitar o seu poder" (LS, 136); não obstaculiza as potencialidades do artista, mas obriga a considerar toda a dinâmica do progresso independentemente dos interesses econômicos, incentivando a pesquisa e procurando o debate, a informação e a honradez de chamar as coisas pelo nome, sem se atrelar aos interesses ideológicos, econômicos, políticos e religiosos (LS, 135).

A defesa e o cuidado do comum promovem a dinâmica e o princípio da relacionalidade e da interdependência de tudo. Nesse caminho se coloca a proposta de uma ecologia integral, que mantém unida a ecologia ambiental, humana, econômica, social e cultural. Como foi bem assinalado: "A civilização tem suas raízes na natureza que moldou a cultura humana e influiu em todas as obras artísticas e científicas... a vida em harmonia com a natureza oferece possibilidades ótimas para desenvolver sua capacidade criativa, descansar e ocupar seu tempo livre" (CARTA DE LA NATURALEZA).

Na verdade, a ecologia integral é uma espiritualidade do respeito, da admiração, da contemplação, do agradecimento e da adoração, por meio da qual a pessoa humana amadurece e se santifica:

> ... ninguém pode amadurecer numa sobriedade feliz, se não estiver em paz consigo mesmo... A paz interior das pessoas tem muito a ver com o cuidado da ecologia e com o bem comum, porque, autenticamente vivida, reflete-se num equilibrado estilo de vida aliado com a capacidade de admiração que leva à profundidade da vida. A natureza está cheia de palavras de amor; mas como poderemos ouvi-las no meio do ruído constante, da distração permanente e ansiosa, ou do culto da notoriedade? Muitas pessoas experimentam um desequilíbrio profundo, que as impele a fazer as coisas a toda a velocidade para se sentirem ocupadas, numa pressa constante que, por sua vez, as leva a atropelar tudo o que têm ao seu redor. Isto tem incidência no modo como se trata o ambiente. Uma ecologia integral exige que se dedique algum tempo para

recuperar a harmonia serena com a criação, refletir sobre o nosso estilo de vida e os nossos ideais, contemplar o Criador, que vive entre nós e naquilo que nos rodeia e cuja presença "não precisa de ser criada, mas descoberta, desvendada" (LS, 225).

Essa espiritualidade está centrada no amor que se manifesta nos gestos cotidianos que combatem a superficialidade, o ativismo desenfreado, juntamente com a violência e a crueldade que os acompanham como subprodutos. Buscam-se restaurar os vínculos sociais, criar comunhão e capacidade de viver juntos e, assim, conformar uma "fraternidade e sororidade universal" inclusiva; o amor social é também amor e cuidado pela natureza (LS, 228). Francisco propõe voltar ao óbvio:

> É necessário voltar a sentir que precisamos uns dos outros, que temos uma responsabilidade para com os outros e o mundo, que vale a pena ser bons e honestos. Vivemos já muito tempo na degradação moral, baldando-nos à ética, à bondade, à fé, à honestidade; chegou o momento de reconhecer que esta alegre superficialidade de pouco nos serviu. Uma tal destruição de todo o fundamento da vida social acaba por colocar-nos uns contra os outros na defesa dos próprios interesses, provoca o despertar de novas formas de violência e crueldade e impede o desenvolvimento duma verdadeira cultura do cuidado do meio ambiente (LS, 229).

Essa cultura do cuidado é a que garante os direitos de cada criatura a participar na realização do tudo, segundo a marca impressa pelo próprio desenhador no *fiat* original. Toda a realidade se nos mostra como orientada e, nesse mesmo sentido, informada para um fim. O que se propõe é um modo orgânico de conceber a interdependência e a necessidade do concurso e da convergência de cada elemento, de cada criatura, para alcançar esse fim. O orgânico tem que ser entendido como um sistema que procede de um princípio organizador que confere ao órgão sua finalidade, "orgânico é o que depende de uma finalidade interna" (RIVAS, 2014, p. 115). Em termos precisos, somos órgãos de um sistema e, na sua diversidade e diferença, "o órgão é isso que entra como um instrumento subordinado a um plano de conjunto, a uma unidade complexa, em vista de um todo a conservar, de um fim a alcançar, de uma vida a defender e propagar" (BLONDEL, 1934, p. 35). Estamos rodeados e, ao mesmo tempo, fazemos parte de um organismo vivo interdependente e entretecido (VAUGHAN-LEE; FOX, 2019). Essa organicidade é a que confere a cada criatura e a cada elemento sua dignidade e, consequentemente, seus direitos.

Os direitos estão vinculados à vida, que não só tem que ser defendida, mas também propagada. Formamos uma "comunidade de vida" (cf. CARTA DA TERRA), somos parte da "comunidade da criação" (JOHNSON, 2018, loc. 3247). Na experiência dos povos originários isso aparece claramente, pois, para eles, tudo está animado, a "Terra tem vida e, por conseguinte, direitos", assim se expressava uma indígena canadense, quando lhe perguntei por que pensava que a Terra tinha direitos. É o fato de ter vida que dá direitos, eles são inerentes à vida, e ela depende do funcionamento ininterrompido dos sistemas naturais, dos quais faz parte a espécie humana (CARTA DE LA NATURALEZA). Num mundo de consumo exacerbado, essa comunidade de vida é maltratada em todas suas formas (LS, 230).

A perspectiva do bem comum explicita também um traço importante dos direitos da Terra, ao relacioná-los com o dever de criar uma solidariedade futura. A Carta da Terra afirma, no seu quarto princípio, a necessidade de preservar os frutos e a beleza da Terra para as gerações presentes e futuras. A solidariedade intergeracional não é meramente uma atitude opcional, mas uma questão de justiça, "a Terra que recebemos pertence também àqueles que hão de vir" (LS, 159). Para o ser humano, essa preocupação pelo futuro, pelo tipo de mundo que se quer deixar, pelo seu legado cultural, revela sua identidade; não se trata simplesmente de uma preocupação com as gerações futuras, mas do modo como a pessoa se dignifica a si mesma: "é a nossa própria dignidade que está em jogo. Somos nós os primeiros interessados em deixar um planeta habitável para a humanidade que nos vai suceder. Trata-se de um drama para nós mesmos, porque isto chama em causa o significado da nossa passagem por esta Terra" (LS, 160). O que fazemos pelos outros, o fazemos por nós mesmos... Essa solidariedade futura implica que podemos tirar da terra o que precisamos para sobreviver, mas cada comunidade "tem também o dever de a proteger e garantir a continuidade da sua fertilidade para as gerações futuras" (LS, 67).

3. Direitos da Terra na perspectiva da lógica e da economia do dom

A realidade de que tudo está interligado e de que precisamos uns dos outros nos faz criar consciência sobre a nossa insuficiência para realizar a dignidade de nossa existência. Mas essa deficiência que somos e experimentamos é a que nos coloca numa perspectiva mais ampla que não exclui nada "na hora de repensar a relação do ser humano com o meio ambiente" (LS, 143). O que aparece como deficiência é a possibilidade da sobreabundância, pois é o que faz possível o restabelecimento das relações que nos humanizam: "Tudo está relacionado, e todos nós, seres humanos, caminhamos juntos como irmãos e irmãs numa peregrinação maravilhosa, entrelaçados pelo amor que Deus tem a cada uma das suas criaturas e que nos une também, com terna afeição, ao irmão sol, à irmã lua, ao irmão rio e à mãe terra" (LS, 92).

Francisco oferece uma compreensão da terra e de nosso relacionamento com a natureza desde a perspectiva da lógica e da economia de dom. Nessa ótica, propõe uma exegese do relato da criação que retoma o sentido profundo de dominar. A teoria do domínio (Gn 1,29) "foi interpretada no século XIX para promover a revolução industrial e seu desejo de usar a terra como argila maleável que o homem podia manipular a seu bel-prazer" (REESE, 2015). Francisco considera essa interpretação como distorcida e intenta recuperar o verdadeiro espírito das Escrituras e da tradição da Igreja:

> Não somos Deus. A Terra existe antes de nós e foi-nos dada. Isto permite responder a uma acusação lançada contra o pensamento judaico-cristão: foi dito que a narração do Gênesis, que convida a "dominar" a Terra (cf. Gn 1,28), favoreceria a exploração selvagem da natureza, apresentando uma imagem do ser humano como dominador e devastador. Mas esta não é uma interpretação correta da Bíblia, como a entende a Igreja. Se é verdade que nós, cristãos, algumas vezes interpretamos de forma incorreta as Escrituras, hoje devemos decididamente rejeitar que, do fato de ser criados à imagem de Deus e do mandato de dominar a Terra, se deduza um domínio absoluto sobre as outras criaturas (LS, 67).

Em lugar dessa interpretação induzida do mandato de dominar que o ser humano recebe do mesmo Deus, Francisco ressalta que uma justa hermenêutica do texto bíblico convida a "cultivar e guardar" o jardim do mundo: "Enquanto 'cultivar' quer dizer lavrar ou trabalhar um terreno, 'guardar' significa proteger, cuidar, preservar, velar. Isto implica uma relação de reciprocidade responsável entre o ser humano e a natureza" (ibid.). Cultivar e guardar caminham juntos; lavrar a terra é também cuidar. A conclusão de Francisco é de que um antropocentrismo despótico não encontra nenhuma base na Bíblia (LS, 68). Do ponto de vista da fé, o cristão não pode considerar "sua superioridade como motivo de glória pessoal nem de domínio irresponsável, mas como uma capacidade diferente que, por sua vez, lhe impõe uma grave responsabilidade" (LS, 220). No lugar de um antropocentrismo desviado, Francisco oferece uma visão teocêntrica da realidade (EDWARDS, 2006, loc. 380-383).

Ao grifar a Terra como dom gratuito de Deus, Francisco afirma que Deus é o único dono da Terra e de tudo o que nela existe. Somos hóspedes e estrangeiros. Em razão dessa realidade, não pode existir posse absoluta da terra e, segundo a tradição bíblica (Lv 25,23), estava proibido a sua venda definitiva porque ela pertencia a Deus. Essa lógica leva o papa a se pronunciar com relação à propriedade privada. Ele nos lembra de que a tradição cristã nunca a reconheceu como um direito absoluto e intocável, pelo contrário, "salientou a função social de qualquer forma de propriedade privada... Deus deu a terra a todo o gênero humano, para que ela sustente a todos os seus membros, sem excluir nem privilegiar ninguém" (LS, 93). Relativizar a propriedade privada não significa negar o direito a ela, mas esse direito não seria suficientemente esclarecido, se não se ressalta "que sobre toda propriedade particular pesa sempre uma hipoteca social, para que os bens sirvam ao destino geral que Deus lhes deu" (ibid.).

Reconhecer o senhorio de Deus sobre todo o criado não deixa relegado a um segundo plano o ser humano, muito pelo contrário:

> A melhor maneira de colocar o ser humano no seu lugar e acabar com a sua pretensão de ser dominador absoluto da terra, é voltar a propor a figura de um Pai criador e único dono do mundo; caso contrário, o ser humano tenderá sempre a querer impor à realidade as suas próprias leis e interesses (LS, 75).

Essa seria a resposta bíblica à mentalidade mundana e aos poderes terrestres a serviço de interesses particulares. Seguindo esse modelo, "acabaríamos por adorar outros poderes do mundo, ou colocar-nos-íamos no lugar do Senhor chegando à pretensão de espezinhar sem limites a realidade criada por ele" (ibid.).

Afirmando a terra como herança comum, Francisco vai ao encontro de toda mentalidade utilitarista da natureza que não considere o bem comum como o princípio que é capaz de criar um tecido social unificado pela ética. Numa situação social marcada pela desigualdade, onde as pessoas são privadas dos direitos fundamentais e descartadas por serem consideradas já não mais produtivas para o sistema por causa da idade ou da doença: "o princípio do bem comum se torna imediatamente, como consequência lógica e inevitável, um apelo à solidariedade e uma opção preferencial pelos mais pobres. Esta opção implica tirar as consequências do destino comum dos bens da Terra... esta opção é uma exigência ética fundamental para a efetiva realização do bem comum" (LS, 158).

A Terra não é um mero objeto de uso e domínio, essa foi a experiência profunda de São Francisco, uma experiência que pode ser descrita em termos de paixão. Ele se apaixonou pela natureza, e essa paixão brotava do fato de perceber a Deus em todas as criaturas e, ao mesmo tempo, de perceber o mundo criado como um dom. Nesse ponto, o papa reconhece o muito que podemos aprender da espiritualidade dos povos originários, pois, para eles, "a Terra não é um bem econômico, mas dom gratuito de Deus e dos antepassados que nela descansam, um espaço sagrado com o qual precisam interagir para manter a sua identidade e seus valores. Eles, quando permanecem em seus territórios, são quem melhor os cuida" (LS, 146). Essa experiência pode ser identificada como uma "espiritualidade da Terra" que não é outra coisa senão a mais antiga experiência de uma consciência ecológica e de uma leitura profunda do livro da natureza (cf. BANNAN-WATTS, 2009, p. 39).

No centro da espiritualidade cristã, afirma Francisco, encontramos a gratidão e a gratuidade, essas atitudes, quando as integramos a nosso estilo de vida, nos impulsam e nos colocam na dinâmica de uma verdadeira conversão ecológica individual e comunitária. Esse aspecto comunitário é fundamental na experiência de conversão à qual nos convida Francisco. Por essa razão, ele insiste em que não basta que cada um seja melhor, as iniciativas individuais não conseguem dar respostas adequadas aos problemas complexos que enfrentamos como comunidade de vida: "Aos problemas sociais se responde, não com a mera soma de bens individuais, mas com redes comunitárias" (LS, 219). Mas não podemos entrar nessa lógica da conversão ecológica, se não reconhecermos o mundo "como dom recebido do amor do Pai, que consequentemente provoca disposições gratuitas de renúncia e gestos generosos, mesmo que ninguém os veja nem agradeça" (LS, 220). Na mística cristã, amor e renúncia parecem constituir o universal e, juntos, são sempre caminhos disponíveis de transformação, "porque eles são a única coisa suficientemente forte para tirar do ego as proteções e pretensões" (ROHR, 2019, p. 112).

A lógica e a economia do dom nos reconciliam com Deus, com o mundo e com nós mesmos; restauramos as relações vitais para a realização e compreensão da nossa existência. O dom é a dinâmica do próprio Deus, a dinâmica do amor; a vida do doador é ela mesma um dom recíproco que, na linguagem trinitária, se expressa como paternidade, imolação sacerdotal e respiração de amor (BLONDEL, 1934, p. 549-550). O dom carrega a intenção do doador: "Não só a Terra foi dada por Deus ao homem, que a deve usar respeitando a intenção originária de bem, segundo a qual lhe foi entregue; mas o homem é doado a si mesmo por Deus, devendo, por isso, respeitar a estrutura natural e moral de que foi dotado" (LS, 115). A intenção do doador de respeitar e cuidar do dom vai acompanhada também com a de multiplicar o dom, "o centro de gravidade do dom não consiste nem no fato de anular uma dívida por um retorno do dom ao doador, nem no fato de esperar que o outro me devolva algo *a câmbio*, mas no fato de multiplicar o dom, doando a vida e a liberdade de doar a novos doadores" (GABELLIERI, 2003, p. 343). É desde a realidade do dom que o ser humano se compreende, encontra seu lugar no mundo, ao mesmo tempo que potencializa o valor intrínseco que subjaz em tudo o criado.

Trata-se de uma questão de inteligência. Em vários momentos, Francisco enfatiza que o ser humano inteligente e responsável reconhece e respeita a criação (LS, 68); dotado de inteligência e amor, ele reconduz toda a criação a seu criador (LS, 83). A inteligência que brota do dom faz florescer a nobreza do ser humano (LS, 192), desse modo, ele reproduz a sua imagem e a sua semelhança.

Referências

BANNAN-WATTS, Margaret Elizabeth. *Spiritual ecological consciousness towards ecological conversion: experiential stories of senior secondary students and an autoethnography of the researcher*. Fitzroy: Australian Catholic University, 2009. Disponível em: <https://pdfs.semanticscholar.org/5c59/175f675c7a30c4f5b-1514fedcbf1acb571e1.pdf>. Acesso em: 15 dez. 2019.

BLONDEL, Maurice. *La Pensée. I. La genèse de la pensée et les paliers de son ascension spontanée. II. Les responsabilités de la Pensée et la possibilité de son achèvement*. Paris: Aubier, 1934.

BONAVENTURA, *Sermão I*, Dom. II in Quad. IX, 215-219.

CARTA DE LA TIERRA. Disponível em: <https://cartadelatierra.org/descubra/la-carta-de-la-tierra/>. Acesso em: 10 dez. 2019.

EDWARDS, Denis. *Ecology at the Heart of Faith*. Maryknoll: Orbis Books, 2006. (Kindle Edition.)

GABELLIERI, Enmanuel. Les "Exigences philosophiques du christianisme": Une métaphysique du don. In: LECLERC, Marc (ed.). *Blondel entre L'Action et la Trilogie. Actes du Colloque international sur les "écrites intermédiaires" de Maurice Blondel, tenu à l'Université Grégorienne à Rome du 16 au 18 novembre 2000*. Bruxelles: Lessius, 2003, p. 331-344.

GREGERSEN, Niels Henrik (ed.). *Incarnation: On the Scope and Depth of Christology*. Minneapolis: Fortress Press, 2015.

JOHNSON, Elizabeth. *Creation and the cross: the mercy of God for a planet in peril*. Maryknoll: Orbis Book, 2018. (Kindle Edition.)

NACIONES UNIDAS. Carta de la naturaleza 1982. Disponível em: <https://digitallibrary.un.org/record/39295?ln=en>. Acesso em: 10 dez. 2019.

PAPA FRANCISCO. Carta encíclica *Laudato si'*: sobre o cuidado da casa comum. Disponível em: <https://w2.vatican.va>. Acesso em: 10 dez. 2019.

REESE, Thomas. Revelation and criation: respecting and sharing God's gift. *National Catholic Reporter*. Blog Faith and Justice, 6 ago. 2015. Disponível em: <https://www.ncronline.org/blogs/faith-and-justice/revelation-and-creation-respecting-and-sharing-god-s-gift>. Acesso em: 15 dez. 2019.

RIVAS, Eugenio. *La escatologia como comunión. Una propuesta desde la perspectiva metafísica de Maurice Blondel*. Roma: Eiditrice Pontifícia Università Gregoriana, 2014.

ROHR, Richard. *The universal Christ. How a forgotten reality can change everything we see, hope for, and believe*. New York: Convergent, 2019.

TUCKER, Trileigh. Ecology and the Spiritual Exercises. *The Way*, 43/1, p. 7-18 (January 2004). Disponível em: <https://www.theway.org.uk/back/431Tucker.pdf>. Acesso em: 16 dez. 2019.

VAUGHAN-LEE, Llewellyn; FOX, Matthew. Sacred Activism: Engaging Communities of Faith in Environmental Advocacy.

Bioneers. Disponível em: <https://bioneers.org/sacred-activism-engaging-communities-faith-environmental-advocacy/>. Acesso em: 12 dez. 2019.

WRIGHT, Catherine. We are stardust: toward an ecotheological anthropology. *The Other Journal*, 28 ago. 2017. Disponível em: <https://theotherjournal.com/2017/08/28/stardust-toward-ecotheological-anthropology/>. Acesso em: 12 dez. 2019.

CAPÍTULO 7

Alimentação, ecologia e espiritualidade

Afonso Murad
Anderson Silva Barroso

1. Introdução

A alimentação é um direito humano essencial. Está descrito no artigo XXV da Declaração Universal dos Direitos Humanos e, no Brasil, assegurado pelo artigo 6º da Constituição Federal. Antes de ser um direito, a alimentação é uma necessidade inerente à sobrevivência dos seres humanos e de todos os outros seres vivos que habitam nossa Casa Comum. Para as ciências humanas, a análise a respeito dos alimentos ultrapassa o significado elementar, restrito à sobrevivência. Intenciona uma compreensão mais aprofundada, já que "a comida é um sistema de comunicação que revela o que acreditamos e valorizamos sobre pessoas, coisas, corpos, tradições, tempo, dinheiro e lugares" (WIRZBA, 2013, p. 375).

Com isso, entramos no tema da comensalidade. Entende-se por essa palavra o ato de comer e beber juntos, que comporta: (a) uma experiência afetiva, interpessoal e comunitária de convivência; (b) o rito de preparar o alimento e saboreá-lo, como odor e sabor; (c) a partilha à mesa, que sinaliza relações de igualdade e amizade; (d) uma forma de comunhão com a natureza, através dos alimentos; (e) as representações culturais e religiosas associadas a esse ato. Comensalidade exige companhia. Aliás, o termo latino remonta a "cum panes": dividir e comer o pão juntos. Comensalidade é uma das características da espécie humana, que cria e fortalece sua teia de relações.

Alimento, alimentação, comida, segurança alimentar, dieta saudável, cura e controle de doenças pela alimentação e questões afins transformaram-se em importantes temas da atualidade. No cotidiano, amplia-se o percentual de homens e mulheres que desenvolvem o gosto de preparar a comida, não apenas como uma necessidade diária, e sim como uma arte, uma ação prazerosa em alguns dias singulares. O impulso gastronômico tornou-se "febre mundial", com a produção de programas culinários nos mais diversos formatos, tanto na TV por assinatura quanto nos serviços de *streaming*. Até a TV aberta conta com uma série de programas ou quadros de competição culinária no qual os participantes, *chefs* profissionais ou aspirantes a *chefs*, disputam por grandes prêmios em dinheiro, algumas vezes se tornando celebridades.

Por outro lado, estamos diante de um sistema alimentar em crise, pois a comida, que deveria ser veiculadora de vida, causa enormes danos às pessoas e aos ecossistemas do nosso planeta. Tal desequilíbrio sistêmico não advém dos alimentos em si, mas da maneira como eles são cultivados, processados, transportados, comercializados, consumidos e descartados num mercado industrial de escala global. Ou seja, na forma como se organiza o sistema alimentar.

Nesse contexto, soa como eticamente absurdo que, em pleno início do século XXI, uma parcela significativa da população do nosso país e de várias partes do mundo não tenha acesso à alimentação saudável. A fome é uma realidade cruel, desumanizadora, violenta. Acrescenta-se a isso os péssimos hábitos alimentares, induzidos pelas grandes corporações que produzem e vendem alimentos ultra processados, causando sobrepeso, obesidade e vários problemas de saúde, a começar nas crianças (MUITO ALÉM DO PESO, 2012).

Para a religião, o ato de alimentar-se, quisto por Deus, diz também de uma pedagogia divina em relação a todos os seres. Como falar da criação, da salvação proporcionada em Cristo ou do Reino por ele anunciado sem categorias, como o banquete, a festa, a partilha, o sacrifício, a reciprocidade em dar e receber à mesa? Cada vez mais a teologia se lança sobre esse tema. Seguindo a linha apresentada pelo Papa Francisco, nossa intenção é mostrar como a alimentação tem sido vista a partir da Tradição cristã e como se insere nas atuais discussões sobre a ecologia e uma espiritualidade integradora.

2. Alimentação e ecologia: a Casa Comum e os sistemas alimentares dominantes

Os humanos não têm a capacidade das plantas, que conseguem a energia necessária para viver a partir da fotossíntese e da retirada dos nutrientes do solo. Enquanto animais, nos alimentamos de outros seres. Nossos primeiros ancestrais se serviam da caça, da pesca e da colheita de frutas e outros produtos da terra. Depois, descobriram o fogo e aprenderam a cozinhar. Começaram a cultivar plantações e a domesticar animais. Nos últimos dois séculos, devido à tecnociência, o incremento da agricultura e da pecuária assume uma velocidade incomparável e segue-se um salto incrível de produtividade. Além disso, sobretudo após a Segunda Guerra Mundial, expande-se a indústria alimentar, que processa alimentos e os transforma em bens de consumo. Hoje somos induzidos a comer mais produtos industrializados do que alimentos naturais, frescos e *in natura*.

O otimismo quanto ao desenvolvimento tecnológico levou a humanidade a crer que a Terra constituiria uma fonte inesgotável de recursos e que os eventuais efeitos nocivos sobre o planeta seriam facilmente absorvidos ou dispersados no ambiente. No entanto, o grau de destruição do meio ambiente no curto espaço de tempo da últimas década, sinalizado pela poluição do solo, da água e do ar, acende uma luz de alerta. Ao mesmo tempo, uma pequena parcela da humanidade, mais consciente, percebe que perdeu a conexão com a natureza e precisa retomá-la. Descobre-se não somente como "o senhor", mas também como filho e parte da Terra. O antropocentrismo entra em crise. Os dois movimentos, de *indignação* diante da destruição da comunidade de vida do planeta e de *encantamento* e respeito pela Terra, convergem para o nascimento da *consciência ecológica* atual.

Comer não é somente um ato pessoal, pois depende das escolhas familiares e do grupo social do qual fazemos parte. Você já pensou nas consequências dos seus hábitos alimentares, para você, sua cidade e o mundo? Quando alguém cozinha para nós ou comemos num restaurante, raramente nos damos conta do longo trajeto percorrido, desde a semeadura ou a criação de animais, até o prato que temos diante dos olhos. É necessário compreender como se dá essa relação estreita entre alimentação, vida saudável e ecologia. O Papa Francisco, na encíclica *Laudato si'*, sobre o cuidado da Casa Comum, relembra que os sistemas alimentares são diretamente afetados pelo aumento da poluição, pelas mudanças climáticas, pela crise hídrica, pela perda da biodiversidade e pela desigualdade social e econômica existente no planeta (LS 25, 28, 32, 40, 50). "Sistema alimentar", como o nome diz, consiste no conjunto de processos relacionados à alimentação, "desde a produção, o processamento e a distribuição de um alimento, até sua preparação e consumo" (IDEC, 2019).

A maneira como os alimentos são produzidos pela agricultura, pecuária e a indústria, na forma de *commodities* (produtos padronizados, indiferenciados, com especificações de qualidade e preço definidos pelo mercado internacional), colabora de forma determinante para o agravamento da crise ecológica global. No Brasil, as principais *commodities* da agropecuária, em parte destinadas à exportação, são a soja; a carne bovina, suína e de frango; a cana-de-açúcar; o café; a laranja; o algodão e o milho. Ironicamente, o arroz e o feijão, elementos básicos da dieta alimentar dos brasileiros(as), não estão nesta lista!

No que tange à questão da poluição ambiental (do solo, da água e do ar), alguns agentes poluentes estão diretamente ligados à produção de alimentos, tais como fertilizantes e agrotóxicos (inseticidas, fungicidas, herbicidas e bactericidas). Destinam-se a corrigir os danos ou falhas de um sistema de produção linear que se opõe ao sistema circular natural das múltiplas relações que constituem o ritmo natural do planeta. Essas substâncias são cada dia mais utilizadas pela indústria agropecuária. Entre 2000 e 2013, por exemplo, o comércio de agrotóxicos no mundo cresceu 220%, sendo que o Brasil era responsável, em 2015, por 19% do total de agrotóxicos consumidos no mundo (PELAEZ, V. et al., 2016).

Nessa mesma direção, a produção de alimentos nos moldes lineares produz uma enorme quantidade de resíduos não biodegradáveis e tóxicos. Esses resíduos são inadequadamente descartados, causando impactos diretos à saúde dos produtores, dos animais, do solo e das águas. Do mesmo modo, o aumento do consumo de alimentos industrializados e processados colabora para incrementar a quantidade de resíduos sólidos (lixo), em sua maioria plásticos, metálicos e de vidro. Eles aumentaram vertiginosamente nos últimos anos, sem que se desenvolva no mesmo ritmo um sistema de absorção, reutilização e reciclagem.

A indústria agropecuária tem sido questionada pelos impactos de sua ação nas alterações climáticas mundiais. É um movimento duplo. Por um lado, o desflorestamento para finalidade agrícola aumenta a concentração de gases de efeito estufa, já que as árvores são fundamentais para a captura do carbono. Isso impacta diretamente no aumento da temperatura do planeta. Por outro, as queimadas, associadas principalmente à destruição do que restou da floresta – para "limpar a área"(!) –, emitem enorme quantidade de CO_2 e metano.

A análise crítica dos sistemas alimentares confirma o que já diziam alguns filósofos pré-socráticos: é necessário ver a totalidade da realidade e não somente suas partes isoladamente. Quando o atual modelo de produção de alimentos leva em conta somente o produto final, sem considerar o impacto que essa produção causa aos outros seres (vivos e não vivos) em cada etapa da cadeia produtiva, causam-se desequilíbrios que a médio e longo prazo inviabilizam as condições de continuidade de vida saudável para o planeta inteiro.

A *conversão ecológica* pedida por Francisco implica a adoção de novos hábitos, que, no caso da alimentação, derivam de uma visão responsável a respeito do que consumimos. Exige simultaneamente uma mudança na economia e na política, de forma a incluir os pobres no banquete da vida, modificar as políticas de segurança alimentar, reduzir o consumismo e promover uma ecologia integral.

2.1 Superar um modelo insustentável

O modo de produção em monoculturas e a distribuição globalizada, que, às vezes, alcançam níveis continentais, colaboram ainda mais com o aumento do uso de combustíveis fósseis (gás e derivados do petróleo), tanto para alimentar o maquinário agrícola quanto para o transporte terrestre, marítimo e aeroviário. Por sua vez, a elevação da temperatura terrestre e a alteração do ciclo de chuvas impactam diretamente nos ciclos da água e do carbono, o que interfere diretamente na produção de alimentos, inviabilizando-a em certos locais do planeta. Também faz diminuir a produtividade real, sobretudo dos cereais. Como aponta Lester R. Brown, a cada 1°C de aumento na temperatura as colheitas de milho, arroz e trigo sofrem uma redução de 10%. Isso é alarmante, já que essas três culturas são a base da alimentação humana no planeta (BROWN, 2005). Sem falar nos impactos na extração e produção de alimentos marinhos, como peixes e outros "frutos do mar", fortemente afetados pelo aumento do clima no planeta.

O esgotamento dos recursos hídricos é outro ponto de interligação da crise ecológica com a atual forma de produção de alimentos. A água é obviamente um elemento essencial na produção de alimentos. Para se ter uma ideia, quase 70% da água doce do planeta é utilizada para fins agrícolas (WIRZBA, 2014). O modo de produção convencional, normalmente em grandes monoculturas, reduz as reservas naturais de água doce e impede sua renovação natural. Tal sistema vicioso de destruição hídrica e de menor produção de alimentos é compensado pela expansão de área agrícola, introdução de alimentos geneticamente modificados e intensificação de insumos que impactam no solo, na água e no ar. Esses reduzem a biodiversidade, restringem drasticamente a capacidade de resistência da comunidade de vida (resiliência) e, por estranha ironia, a longo prazo, favorecem a multiplicação de microrganismos e insetos perigosos para as plantas e os animais humanos e não humanos.

Os alimentos chegam ao mercado com um alto índice de "água invisível", ou seja, aquela utilizada ao longo da cadeia produtiva, mas não considerada no preço final. Já que o sistema de produção alimentar atual é global, é como se os países com grande reserva hídrica estivessem exportando água para os outros, mas sem cobrar o preço comercial da água ou calcular os impactos ambientais relativos ao uso excessivo desse recurso. Segundo estimativa da *Water FootPrint Network* (2019), são necessários, por exemplo, aproximadamente 15.400 litros de água para produzir um quilo de carne bovina e 6 mil litros para a mesma quantidade de carne suína.

Outra questão importante consiste no desmatamento das áreas ciliares, ou seja, aquelas que possibilitam que as nascentes se mantenham vivas e nos forneçam água. Na busca por água de baixo custo para as extensas plantações do agronegócio, os biomas naturais estão sendo substituídos por áreas agrícolas, que, por sua vez, não exercem, junto aos riachos e às nascentes, a função dos biomas dizimados e acabam por reduzir a capacidade natural de recarga da água.

    A maneira como a atual indústria agrícola e pecuária produz alimentos impacta negativamente na perda da biodiversidade. Isso acontece porque a produção em monoculturas necessita de gigantescas áreas, muitas vezes obtidas com a degradação de complexos biomas naturais como as florestas. Essa mudança incide na biodiversidade geral, não somente da flora, mas também da fauna. Noutra vertente, os produtos químicos utilizados na produção em grande escala (fertilizantes e agrotóxicos.) atuam tanto nas áreas de plantações quanto nos ambientes circunvizinhos. Estes são transportados à longas distâncias pelos ventos, ou por outros agentes naturais como insetos e pássaros, e penetram nos lençóis freáticos. Ingressando em um meio ao qual não foram destinados, alteram o ciclo natural dos seres vivos ali presentes, causando desequilíbrios na cadeia alimentar e extinção de importantes espécies, como abelhas e pássaros.

    A perda da biodiversidade acontece, ademais, devido aos padrões de venda e consumo do mercado global. A diversidade de espécies de vegetais e animais existentes no mundo está diminuindo vertiginosamente por não serem comercialmente viáveis. Por exemplo, grande quantidade das espécies de milho ou batata foram suplantadas pelo cultivo majoritário de uma ou duas únicas espécies. O mercado impõe uma uniformização das espécies, porque é mais lucrativo. Segundo o relatório sobre o Estado da Biodiversidade Mundial para Alimentação e Agricultura, das mais de 6 mil espécies vegetais cultiváveis com fim alimentar, 9 delas representam 66% do total das culturas (FAO, 2019). Isso é alarmante, já que a diversidade de espécies permite que naturalmente sejam superadas crises como aquelas provocadas por pragas e/ou catástrofes climáticas naturais. Como a produção alimentar se torna restritiva, estamos mais susceptíveis a estes perigosos eventos.

Há que apontar as dimensões sociais da crise ecológica. Nas últimas décadas, ampliou-se o paradoxo do aumento da produção mundial de alimentos e o percentual de famintos no mundo. A indústria alimentar se autojustifica com o argumento de que é necessário o uso de defensivos e aditivos artificiais para garantir a crescente demanda de alimentos no mundo. Na realidade, o aumento da produção agropecuária somente reduz o número de famintos ou subnutridos, se é acompanhado por políticas públicas de equidade social e um sistema eficiente de transporte, armazenamento e distribuição. Relatório da Organização para a Cooperação e Desenvolvimento Econômico de 2016 mostra que a quantidade de alimentos produzidos no mundo estava na faixa de 4 bilhões de toneladas anuais, o que representaria 123% das necessidades caloríficas *per capta*, visto o contingente da população mundial naquele momento. No entanto, um terço de todos esses alimentos produzidos se perdem pelo caminho da cadeia produtiva e vão parar no lixo. Ora, 25% dessa parcela de desperdício seria suficiente para saciar a fome dos famintos do mundo, que alcançou 10,8% da população do planeta naquele ano (OECD/FAO/UNCDF, 2016).

O fato de uma parte da população desperdiçar alimentos suficientes para alimentar quatro vezes o contingente de famintos, aponta o nível assustador da desigualdade no planeta. Soma-se a isso que outras agressões ambientais recaem sobretudo sobre os pobres, já que estes dependem mais de meios naturais, como o ciclo de chuvas, para obter seu sustento. A desigualdade nos sistemas alimentares globais manifesta-se também na grande perda de recursos naturais nos locais produtores (normalmente em países do chamado terceiro mundo), que destinam alimentos de alto padrão para os mercados e os países ricos.

Resumidamente, dizemos que a ecologia se relaciona com a alimentação por duas vias. A primeira, positiva. Os serviços ambientais fornecidos pelas árvores, os rios e a biodiversidade são fundamentais para que tenhamos alimentos saudáveis e em quantidade suficiente para todos. Isso suscita nos humanos uma atitude de reconhecimento e gratidão. E também põe a tarefa de conhecer mais como funcionam os ciclos de vida no planeta, de forma a atuar de maneira sustentável, com a ajuda da tecnociência e da sabedoria ancestral dos nossos povos. A outra via consiste em tomar consciência de que o atual modelo de produzir e consumir é, a longo prazo, insustentável e necessita ser modificado, para o bem da humanidade e dos outros seres que habitam nossa Casa Comum.

3. A teologia se volta para o tema da alimentação

Segundo a Bíblia, o alimento é dom de Deus dado a todos os seres. Desde humanos até os outros animais, é Deus quem os provê. São diversas as passagens das Sagradas Escrituras que apresentam Deus Pai como o provisor das condições essenciais para a manutenção da vida (Gn 1,29-30; Sl 104,27-28; Mt 6,25-32). É ele quem amorosamente "planta" para sua criação "jardins fartos" de onde brotam toda sorte de víveres. Os alimentos que garantem a continuação da vida são sinais por excelência da comunhão das criaturas com seu Criador. Se há comunhão, há vida em abundância. Na tradição judaico-cristã, também é relevante o que se come e como se come. A linguagem mitológica e arquetípica de Gênesis aponta esta realidade: "Podes comer de todas as árvores do jardim. Mas da árvore do conhecimento do bem e do mal não comerás, porque no dia em que dela comeres terás que morrer" (Gn 2,16b-17).

Convém notar que a teologia cristã, além de falar de "natureza", "ecossistema" ou "biosfera", utiliza o termo "criação". Com isso, ela afirma que todos os seres, abióticos e bióticos, se originam por um ato livre e amoroso de Deus, o Criador. Tal concepção religiosa não deve ser confundida com o "criacionismo" defendido por correntes fundamentalistas que sustentam que o mundo foi criado por Deus rigidamente em seis dias. A visão cristã da Criação é compatível com as hipóteses científicas do início do universo. A primeira pergunta pelo "para quê" e "para onde" (finalidade e sentido), a segunda, pelo "como aconteceu". A Criação é um sistema aberto, pois o universo continua em expansão e há coevolução de espécies na Terra.

Assim, para os seres humanos, a comunhão com Deus, manifestada através dos alimentos, resulta ainda do exercício da liberdade. É assumir que não somos deuses, seres autossuficientes, e que dependemos da providência divina e de outros seres para continuarmos vivos. Pode-se verificar, desde aqui, que o ato de "comer é de vital importância para a reflexão teológica por que nessa prática mundana as pessoas comunicam, às vezes com mais honestidade do que com sua devoção verbal, o que acreditam sobre si mesmas, sobre seu mundo e sobre seu Deus" (WIRZBA, 2013, p. 377).

Partindo desse princípio básico, um número crescente de teólogos e teólogas vem se interessando pelo tema da alimentação. Vários fatores incitam a reflexão teológica, em diferentes contextos geográficos.

Norman Wirzba, teólogo canadense protestante, propõe o tema da alimentação desde o panorama sabático. Ele entende a existência humana em inseparável união e dependência da Terra e dos outros seres criados, mostrando como há na própria criação uma lógica inata que convida à comunhão: aquela do sétimo dia da criação. O ser humano só alcança dignidade pelos dons recebidos quando é capaz de entregar-se em prol da vida em abundância dos outros seres, o que não elimina a realidade do fim da existência e a morte. Destacamos os livros *Alimento e fé: uma teologia da alimentação*, originalmente publicado em 2011 e no Brasil em 2014, e *From Nature to Creation: a Christian Vision for Understanding and Loving Our World* [Da natureza à criação: uma visão cristã para entender e amar nosso mundo], de 2015, ainda sem tradução para a nossa língua.

O teólogo mexicano católico Angel Francisco Méndez-Montoya propõe uma Teologia da Alimentação em sua obra *Festín del deseo: hacia una teología alimentaria* [Festa do desejo: rumo a uma teologia alimentar], de 2010. Ele ressalta que comer e beber desempenham um papel particular na maioria das religiões, e que é central para o Cristianismo, onde o próprio Deus tornou-se alimento para os seus. Isso implica grandes consequências para a prática dos cristãos, já que, como seguidores de Jesus, são chamados a ser alimento para os outros através da fé. Sua reflexão de cunho antropológico, filosófico e teológico, amplia-se de tal forma, até ele propor, através da comensalidade, a retomada de uma espiritualidade originalmente cristã. Pois a espiritualidade se dissolveu em nosso mundo, onde o alimento é visto mais como produto do que como dádiva divina.

Jennifer R. Ayres, teóloga americana protestante, oferece-nos uma teologia prática a respeito dos alimentos. Em seu livro *Good food: Grounded Practical Theology* [Boa comida: teologia prática fundamentada], de 2013, ela mostra como as práticas alimentares de comunidades cristãs têm profundas implicações teológicas e morais, desafiando os cristãos a comprometerem-se com a justiça (alimentar), coerente com a fé que professam. É uma Teologia da Alimentação com alusões éticas mais diretas que as obras dos dois autores anteriormente citados. Mostra como o imaginário cristão pode ajudar os seres humanos a recuperar o entendimento de que os alimentos são componentes essenciais do bem-estar material e social das pessoas, oferendo estratégias possíveis (porque já vividas por comunidades cristãs) de transformação de injustiças alimentares.

Recorrendo à pregação e à prática de Cristo, Daniel Bourgeois, teólogo e historiador francês católico, nos oferece uma intrigante obra. *Jésus de Nazareth: biographie gourmande* [Jesus de Nazaré: biografia saborosa], publicado em 2017, mostra a notoriedade dos alimentos na vida e missão do Messias. O Filho de Deus inicia um novo movimento religioso que inclui ao redor da mesa os que antes eram excluídos. Compreender esse movimento é essencial para responder hoje à uma sociedade geradora de exclusão e concentração das riquezas, inclusive de alimentos. Imagem de um Deus que constantemente alimenta sua criação, Jesus Cristo se torna, ele mesmo, alimento sacrificial oferecido no pão e no vinho. Isso, longe de ser um detalhe na fé cristã, lança-nos sobre os alimentos enquanto presença e sinal do próprio Deus.

O teólogo americano protestante Dennis Edwin Smith, em seu livro *From Symposium to Eucharist: The Banquet in the Early Christian World* [Do simpósio à Eucaristia: o banquete no mundo cristão antigo], de 2003, reflete sobre o alimento nas primeiras comunidades cristãs. Primeiramente se reuniam nas casas para comer no modelo do banquete greco-romano. Posteriormente, adotaram o modelo eucarístico comunitário. O autor afirma que a fé cristã, devido a seu próprio conteúdo, se beneficiou da instituição social mais básica e difundida do mundo antigo – a refeição – para chegar "aos confins do mundo". Deseja com isso mostrar como a tradição das antigas refeições cristãs pode servir hoje para uma renovação teológica e litúrgica, que dê maior ênfase ao caráter comunitário das igrejas cristãs.

O teólogo brasileiro Francys Silvestrini Adão defendeu na França a tese de doutorado intitulada "La vie comme nourriture. Pour un discernement eucharistique de l'humain fragmenté" [A vida como alimento. Por um discernimento eucarístico do humano fragmentado]. Em breve sua reflexão será conhecida pelo público no Brasil. No artigo "Da 'devoração' à hospitalidade" (ADÃO, 2019), o autor oferece uma interpretação de alguns paradigmas alimentares da Bíblia, em diálogo com o exegeta e poeta português José Tolentino Mendonça. Trata-se de uma leitura contemporânea a respeito da evolução do discurso sobre o maná e o banquete na tradição judaico-cristã.

Sem alongar a lista de teólogos e teólogas que estão pensando a alimentação à luz da fé – esta serviu para introduzir-nos numa produção teológica até então pouco conhecida em terras brasileiras –, vemos que alguns dos temas por eles tratados são próximos e designam as bases para a reflexão teológica sobre a alimentação. É o que apresentaremos a seguir.

4. Uma reflexão religiosa acerca dos alimentos

A teologia da alimentação busca qual o sentido de os seres criados necessitarem alimentar-se para continuarem vivos. Mais do que isso, procura por uma significação religiosa da comensalidade, tão presente na narração bíblica e nas culturas dos nossos povos. Inquere por uma pedagogia divina nesse imperativo que impele todos os seres a uma rede de relações. Essa condição relacional marca a compreensão que o ser humano tem de si mesmo, dos outros seres criados, do espaço físico que nos reúne e do próprio Deus.

4.1 O jardim de Deus e os humanos

Partindo da Teologia da Criação, em Gn 2,4-18 – no qual o jardim é a imagem paradigmática dessa rede entre Deus, sua criação e seu espaço físico – o ser humano se compreende como um dos convivas do banquete oferecido por Deus. Como tal, é convidado a aderir a um projeto de geração de vida, em que os membros reunidos ao redor da mesa prezam pela existência uns dos outros.

O alimento recebido no jardim é apelo para o ser humano criar consciência de que:

– ele não é autossuficiente, é criatura e não criador;
– precisa dos outros seres para manter-se vivo;
– a superabundância da bondade de Deus lhe permite ter uma existência digna e cheia de vida;
– para manter-se vivo, necessita cuidar da vida e da existência dos outros seres que habitam no jardim;

O jardim de Gn 2 é a descrição mítica da realidade do ser humano que precisa necessariamente se relacionar (como cuidador) com os membros de sua espécie, com os outros seres vivos, com o espaço que o rodeia e com o próprio Deus. Ele igualmente coabitante no jardim. O "banquete" propiciado no jardim dá ao ser humano o sentido existencial que ele deve assumir para continuar em comunhão com Deus e, portanto, vivo.

Contudo, a comensalidade própria do jardim não é ilimitada, sem regras. Mitologicamente se apresenta uma demarcação: "dos frutos desta árvore não comereis" (Gn 2,17). O ser humano, porém, seduzido pela promessa de ser como Deus, transgride a "fronteira". De parceiro de Deus no jardim, precisa agora redescobrir o sentido de sua existência "fora do jardim". Claro que, sendo criatura, não pode encontrar o sentido de sua vida longe do Criador. E Deus, em sua bondade, busca, então, fazer com a humanidade nova aliança, a fim de salvá-la.

A aliança é tema recorrente na Bíblia, desde as Escrituras judaicas. As alianças que Deus faz com a humanidade, intermediadas por Abraão, Moisés, Davi e Jesus Cristo, têm por meta religar a comunidade à sua origem, o próprio Deus, e empenhá-la na promessa do futuro. Essas alianças apresentam à humanidade novas realidades, sem, no entanto, renunciar aos limites de sua ação. Biblicamente, a partir da figura mitológica de Noé, é permitido ao ser humano alimentar-se também de animais. Da mesma forma que antes, para Adão e Eva, impunha-se uma fronteira: "mas não comereis a carne com sua alma, isto é, o sangue" (Gn 9,4).

Na Bíblia, na maior parte das vezes, o ritual de celebrar a aliança é acompanhado por uma refeição sacrificial, no qual um dom (vegetal ou animal) será apresentado como meio físico do pacto entre Deus e a comunidade humana. A "mesa da aliança" é a mesa do sacrifício. É preciso entender, porém, qual a importância desses alimentos oferecidos em sacrifício para a mentalidade semita. Segundo os autores citados anteriormente, o sentido sacrificial faz parte da existência das criaturas. Ou seja, implica renunciar a algo da nossa vida para que outros de igual maneira vivam. O sacrifício assumido pela tradição de fé israelita e cristã é o daquele que, tendo consciência da origem dos dons oferecidos e da realidade dos ciclos de vida e morte, intenciona tornar sagrado tanto o ofertante quanto a oferenda.

> Ao oferecer um cordeiro, o pastor demonstrava a disposição a calibrar sua vida de acordo com os caminhos de Deus, [...], ao oferecer frutos e hortaliças, a pessoa se mostrava disposta a se tornar um jardineiro como Deus, que cuida e supre com apuro o jardim da criação (WIRZBA, 2014, p. 166-167).

O sentido sacrificial é ampliado, quando diz respeito a Jesus Cristo, que assumiu em sua existência histórica ser "o pão da vida" (Jo 6,48-51) e "o cordeiro de Deus, aquele que toma sobre si o pecado do mundo" (Jo 1,29). Em verdade, com Jesus três realidades a respeito da comensalidade são colocadas em plena luz:

1. Jesus dá-se de maneira sacrificial e sacramental. Sua vida toda é dom que alimenta aqueles que buscam a comunhão com Deus Pai. No banquete sagrado, por ele preparado, entrega sua vida para que outros a tenham. Mais do que com palavras, Jesus escolhe a realidade da mesa – que alcança a todos independentemente da origem, da cultura ou do tempo – para transmitir a mensagem de que a vida cristã é vida doada, entregue.

2. A mesa na qual Jesus educa seus seguidores é a da comensalidade aberta, aquela que acolhe a todos, sem exclusão. O gesto de Jesus de comer com os pecadores choca seus opositores. Suas refeições são sinal do Reino de Deus que ele anuncia. Apresenta uma "nova etiqueta" para a comunidade cristã, que precede o banquete: o servir. Na mesa eucarística de Jesus, os que são nutridos também se dispõem a alimentar. Mais, são eles próprios os alimentos, a exemplo do Cristo que se fez alimento. Portanto, uma ampliação da realidade trinitária que cria, sustenta e salva toda a criação.

3. Jesus preocupa-se com a realidade terrena do povo. Fazer parte de sua mesa é empenhar-se em alimentar não somente a fé. Quando ensina seus discípulos a rezar, indica que peçam a Deus Pai pelo sustento diário. Mas quando está com os famintos sacia-os e diz aos discípulos para fazer o mesmo: "Dai-lhes vós mesmos de comer" (Lc 9,13b). O seguidor de Cristo não poderia comer tranquilo sabendo que seu irmão não tem o suficiente para se alimentar.

4.2 Comensalidade e espiritualidade cristã

"E uma vez à mesa com eles, tomou o pão, abençoou-o, depois partiu-o e distribuiu-o a eles. Então seus olhos se abriram e o reconheceram" (Lc 24,30-31a).

Assim o evangelista Lucas apresenta, a partir dos dois discípulos de Emaús, a maneira pela qual os seguidores de Cristo o reconhecem após sua morte e ressurreição. É no partir do pão, à mesa, que seus olhos se abrem para a realidade do Ressuscitado, pão da vida e vinho da nova aliança. Em seu nome e em sua memória, os discípulos de Cristo passarão a reunir-se ao redor da mesa (da palavra e eucarística) para celebrar a vida nova por ele manifesta. Comer do banquete de Cristo é ser nutrido por um alimento que transforma, que faz de nós membros de seu próprio corpo glorificado.

Partindo dessa mística, a Teologia da Alimentação pensa a comensalidade como caminho de espiritualidade cristã. Esse pode ser um profícuo meio, sobretudo num tempo em que a desconexão com "a rede de vida do planeta" acontece simultaneamente com a desconexão de relações efetivas entre os humanos. Reunidos ao redor da mesa cotidiana para nutrirmos nosso ser, experienciamos, com os sentidos, as realidades profundas infundidas em nós pelo próprio Criador. Somos convidados, a cada mordida, a assumir as realidades religiosas, sociais, econômicas e ecológicas que perpassam o ato de comer.

Longe de ser a única via para encontrar o Cristo, essa é uma trilha favorável, por alguns motivos. Ao nos reunirmos conscientemente ao redor da mesa, evidenciamos a realidade comunitária de nossa fé. Não somos ilhas, seres isolados ou autossuficientes. À mesa, temos a chance de louvar a Deus, sendo gratos por todas as vidas à nós doadas, bem como de reconhecer no alimento o fruto do trabalho de irmãos nossos, do dom doado de uma infinidade de outros seres e da providência divina. Somos religados à comunidade criacional através dos alimentos partilhados à mesa.

Quando estamos conscientes do que, como, com quem e quando comemos, reconhecemos à mesa gostos, cheiros ou texturas. Mais ainda. Recordamos as tradições familiares, étnicas, religiosas e sociais com as quais desejamos fazer comunhão. Comer é um forte canal de ligação afetiva com nossa história e com a história daqueles aos quais estamos amorosamente ligados.

Há na comensalidade uma pedagogia divina. Por ela, Deus nos ensina que compartilhar alimentos nos incita a construir uma comunidade de responsabilidade e cuidado. Essa prática torna-se sinal do amor e da providência dispensada por Deus a todas as criaturas, e não somente aos humanos. Estes devem assumir a missão cristã de ser fonte de nutrição para os outros e outras. Cremos em um Deus Criador, de providente amor, que em Jesus Cristo se entregou para alimentar nossa vida. Pelo seu Espírito, faz-nos "novas criaturas" que se empenham no cuidado da nossa Casa Comum. Essa fé nos impulsiona a descobrir nos meandros do mundo material, nos ciclos do planeta, os sentidos próprios de uma existência que tende a divinizar-se pela comunhão com a fonte Trinitária da vida (O Pai, o Filho e o Espírito Santo).

Conclusões abertas

Apresentaremos a seguir, em forma de tópicos, algumas conclusões provisórias e perspectivas sobre "Alimentação, ecologia e espiritualidade".

(1) O tema da alimentação, extremamente atual, deve ser abordado com múltiplos olhares. *Do ponto de vista antropológico*, considera-se que os humanos são uma espécie que cria cultura e produz

significados. Por isso, a comida não visa simplesmente saciar a fome, mas também reunir pessoas em torno à mesa, celebrar momentos especiais da existência, desde o nascimento até a morte, nutrir a conexão com a Terra, e manifestar a gratidão ao solo, às plantas e aos animais. Cada etapa do sistema alimentar está carregada de valor simbólico: semear, acompanhar o crescimento, colher, transportar, vender, comprar, elaborar, consumir e descartar. Cozinhar não é somente uma necessidade humana, é, além disso, uma arte fascinante, que comporta escolher adequadamente e combinar os elementos, liberar odores e sabores agradáveis e apresentar a comida com beleza. Num mundo com uma diversidade étnico-cultural tão grande, o alimento típico de cada povo se torna um distintivo de sua identidade e uma forma de estimular a criatividade humana e a troca de saberes culinários.

(2) *Do ponto de vista social*, político e econômico, o alimento se torna, cada vez, uma questão vital. A humanidade já não pode mais permanecer indiferente ao clamor de milhões de pessoas, para que tenham acesso a um padrão mínimo de alimentação saudável. Vem à tona que a fome não é, em primeiro lugar, consequência de atitudes individuais (como de um homem preguiçoso que não gosta de trabalhar). No mundo do mercado global de *commodities*, a produção e distribuição de alimentos estão na mão de poderosos grupos econômicos que controlam o sistema alimentar, com o respaldo de lideranças políticas nacionais. Por isso é tão importante a fixação de famílias no campo, uma política de segurança alimentar a nível nacional e internacional, o estímulo aos pequenos produtores, à agricultura familiar, à socioeconomia solidária, à disseminação das sementes nativas, aos projetos agroflorestais, à produção e con-

sumo local, à curta distância. A luta pela alimentação não começa no supermercado ou na geladeira, mas sim na posse e na forma de cultivar o solo. Assim se entende por que no Brasil acontecem tantos conflitos no campo, marcados por violência dos poderosos, que assassinam lideranças camponesas, quilombolas e indígenas, além de perseguirem aqueles que os defendem (COMISSÃO PASTORAL DA TERRA, 2019).

(3) *O ponto de vista ecológico* considera o impacto positivo ou negativo da produção e distribuição de alimentos para o planeta, nossa Casa Comum, na qual habitam os seres abióticos (água, ar, solo e energia do sol) e bióticos (microrganismos, plantas e animais) e a espécie humana. A ecologia, como ciência da interdependência, do saber de saberes interligados, aponta que a atual maneira de se alimentar, adotada a partir do modelo ocidental urbano, voraz e consumidor, levará o nosso planeta a um esgotamento irreversível. Embora minoritárias, há muitas experiências bem-sucedidas em produzir alimentos de forma ecologicamente amigável, tais como: os modelos de produção agroecológico (com redução crescente de venenos e adubos químicos) e agroflorestais (que combinam a produção agrícola com plantas frutíferas, árvores do bioma e até a pecuária), o replantio de florestas originárias, o cuidado com as nascentes, a permacultura e as lagoas de reprodução de peixes nativos, e tantas outras. A pergunta que move as práticas ecológicas é essa: como produzir e consumir, de forma a manter vivos os ciclos da natureza, a qualidade boa da água, do solo e do ar, a biodiversidade de plantas e animais, combinados com uma geração mínima de resíduos?

(4) Para quem tem uma fé religiosa, é importante descobrir como a sua religião aborda o tema da alimentação e da comensalidade. Há elementos preciosos em diversas tradições, como no cristianismo, no judaísmo, no hinduísmo, no budismo, nas religiões indígenas e de matriz africana. Essas belas intuições, de sabedoria milenar, podem ser enriquecidas com a perspectiva ecológica atual, de viés científico. Em várias religiões se exercita a atitude de gratidão pelo dom dos alimentos. Busca-se nos rituais uma sintonia com a divindade e o cosmos. Essa postura de comunhão, que nasce de uma espiritualidade ecológica, é antídoto para a gula desmesurada e a voracidade da sociedade de consumo. Ajuda as pessoas e serem mais equilibradas e felizes. Anima indivíduos e grupos a realizarem atividades práticas de cuidado com nossa Casa Comum.

(5) Todas essas perspectivas ou pontos de vista incluem aspectos jurídicos, que não tratamos aqui, por não ser da nossa área de conhecimento. Coloca igualmente uma tarefa ineludível: repensar o estilo de vida e de consumo de cada um. Ou seja, o ponto de vista *ético-prático*. A mudança de "jeito de comer" é simultaneamente individual e coletiva. Qual a contribuição de cada pessoa e grupo familiar para uma alimentação saudável e ecologicamente viável? Não há uma resposta única, pois isso depende dos hábitos individuais e da região onde se habita. Algumas questões ajudam na tomada de decisão, tais como: quais alimentos tradicionais na minha região são saudáveis e devem ser mantidos? Quais alimentos precisam ser diminuídos ou retirados da dieta alimentar, pois não fazem bem à saúde e impactam negativamente no meio ambiente? O que acrescentar, para diversificar as fontes alimentares e favorecer uma dieta saudável?

(6) Desejamos que esta reflexão suscite em você, caro(a) leitor(a), novas atitudes em relação à alimentação. Deixamos aqui algumas sugestões práticas, na linha do consumo consciente: verificar o rótulo dos produtos e identificar sua origem, os componentes químicos e sua concentração; comprar frutas, verduras, legumes e cereais agroecológicos ou orgânicos sempre que possível; descobrir onde há feiras desses produtos na sua cidade, visitá-las e difundir em suas redes sociais; aprender a cozinhar e exercitar ao menos uma vez por semana a prática culinária; cultivar uma pequena horta com temperos básicos (como salsa e cebolinha); reduzir o consumo de carne vermelha e de comida processada; escolher alguns momentos da semana para comer devagar, saboreando os alimentos com outras pessoas.

Comer é um ato de múltiplos significados: biológico, cultural, político, social, simbólico, religioso, ecológico. Tomar consciência disso nos faz mais humanos. Conecta-nos essencialmente com a fonte de toda vida. Desperta em nós bons desejos. Oxalá também suscite atitudes individuais e ações coletivas benéficas e ecologicamente sustentáveis!

Referências

ADÃO, F. Da "devoração" à hospitalidade. *Revista Ingesta*, 1(1), 283-296, 2019. Disponível em: <https://doi.org/10.11606/issn.2596-3147.v1i1p283-296>.

AYRES, Jennifer R. *Good Food:* Grounded Practical Theology. Waco: Baylor University Press, 2013, 233 p.

BÍBLIA DE JERUSALÉM. 9. impr. São Paulo: Paulus, 2013.

BOURGEOIS, Daniel. *Jésus de Nazareth:* biographie gourmande. Paris: Payot & Rivages, 2017, 240 p.

BROWN, Lester Russel. *Outgrowing the Earth:* The Food Security Challenge in an Age of Falling Water Tables and Rising Temperatures. New York: W.W. Norton, 2005.

CPT Nacional (COMISSÃO PASTORAL DA TERRA). *Conflitos no campo Brasil 2018.* Goiânia: CPT, 2019, 247 p.

FAO. *The state of the World's Biodiversity for Food and Agriculture.* BÉLANGER, J.; PILLING, D. (ed.). FAO Commission on Genetic Resources for Food and Agriculture Assessments. Rome, 2019. 572 p. Disponível em: <http://www.fao.org/3/CA3129EN/CA3129EN.pdf>.

IDEC – Instituto Brasileiro de Defesa do Consumidor. *Sistemas alimentares saudáveis na América Latina e no Caribe.* 2019. Disponível em: <https://idec.org.br/sistemasalimentares>.

MÉNDEZ-MONTOYA, Ángel Francisco. *Festín del deseo:* hacia uma teologia alimentaria. Ciudad de México: JUS, 2010, 296 p.

MUITO ALÉM DO PESO (Way Beyond Weight). Dir. Estela Renner. São Paulo: Instituto ALANA, Maria Farinha Filmes, 2012. Disponível em: <https://www.youtube.com/watch?v=8UGe5GiHCT4>.

PAPA FRANCISCO. Carta Encíclica *Laudato si'*, sobre o cuidado da casa comum. Disponível em: <http://w2.vatican.va/content/francesco/pt/encyclicals/documents/papa-francesco_20150524_enciclica-laudato-si.html>.

OECD/FAO/UNCDF. *Adopting a Territorial Approach to Food Security and Nutrition Policy*. Paris: OECD Publishing, 2016. 158 p. Disponível em: <http://www.fao.org/3/a-bl336e.pdf>.

PELAEZ, V.; TEODOROVICZ, T.; ANDRÉ GUIMARÃES, T.; RODRIGUES DA SILVA, L.; MOREAU, D.; MIZUKAWA, G. A dinâmica do comércio internacional de agrotóxicos. *Revista de Política Agrícola*, Brasília, v. 25, n. 2, abr./maio/jun. 2016. Disponível em: <https://seer.sede.embrapa.br/index.php/RPA/article/view/1116>.

SMITH, Dennis E. *From Symposium to Eucharist:* The Banquet in the Early Christian World. Minneapolis: Fortress Press, 2003. 424 p.

WATER FOOTPRINT.org. Disponível em: < https://www.water-calculator.org>.

WIRZBA, Norman. Food for Theologians. Interpretation: *A journal of Bible and Theology*, v. 67, n. 4, p. 374-382, 2013.

_____. *Alimento e fé:* uma teologia da alimentação. São Paulo: Loyola, 2014, 316 p.

_____. *From Nature to Creation:* A Christian Vision for Understanding and Loving Our World. Ada: Baker Academic, 2015. 174 p.

(Todos os acessos revistos em 26 dez. 2019.)

Para saber mais (sugestões de leitura)

BARBUTO, Cláudio (org.). *Como combater o desperdício*. São Paulo: BEI, 2005, 272 p.

CARSON, Rachel. *Primavera silenciosa*. São Paulo: Gaia, 2010, 328 p. (Nova edição de um clássico livro sobre os agrotóxicos.)

DE MARTINS, Andréa B.; MEDEIROS, Daniela L. P. Aromas e sabores: a alimentação ressignificando vidas. Oficina de Culinária e nutrição. In: RIMOLY. Josely; CAYRES, Cleusa O. *Saúde mental e economia solidária*. Campinas: Medita, 2012, p. 45-52.

FAO. *Sistemas alimentários*. Disponível em: <http://www.fao.org/food-systems/es/>.

MENDONÇA, Rita (ed.). *Como cuidar de seu meio ambiente*. 3. ed. rev. São Paulo: BEI, 2010.

MURAD, Afonso. Felicidade e sobriedade feliz. Uma contribuição para novos paradigmas. In: LESPAUBIN, Ivo; CRUZ, Mauri. *Novos paradigmas para outro mundo possível*. Rio de Janeiro: Usina, 2019, p. 129-150. Disponível em: <http://abong.org.br/seminarionacional/assets/material/Livro_Novo_Paradigmas_para_Outro_Mundo_Possivel_(2019).pdf>.

JACINTHO, Claudio. *Conceitos da permacultura*. Disponível em: <https://ipoema.org.br/conceitos-da-permacultura/>.

SHIVA, Vandana. *Monoculturas da mente:* perspectivas da biodiversidade e da biotecnologia. São Paulo: Gaia, 2003, 240 p.

(Todos os acessos revistos em 26 dez. 2019.)

CAPÍTULO 8

Direitos humanos, justiça social e inclusão das pessoas com deficiência: pensando o meio ambiente para todos

Maria Carolina Ferreira Reis

Não há como negar que, nos últimos anos, as pessoas com deficiência têm, de diversas maneiras e cada vez mais, ocupado seus espaços na sociedade brasileira. Essa ocupação, no entanto, é bem recente e, de certa forma, ainda muito "precária", apesar dos avanços conquistados. Se, por um lado, os avanços ocorreram, sobretudo, devido ao próprio movimento das pessoas com deficiência que, apoiado por tratados internacionais dos quais o Brasil é signatário bem como pela própria legislação brasileira, começou a trilhar um percurso na luta por direitos, justiça e inclusão social; por outro lado, nesse percurso, há ainda muitas barreiras, sejam elas físicas ou atitudinais, que impedem não só a inclusão das pessoas com deficiência na sociedade, mas também o exercício pleno dos direitos humanos como garantia da justiça social.

O princípio da dignidade da pessoa humana está presente no preâmbulo da Declaração Universal dos Direitos Humanos: "Considerando que o reconhecimento da dignidade inerente a todos os membros da família humana e de seus direitos iguais e inalienáveis é o fundamento da liberdade, da justiça e da paz no mundo" (ONU, 1948) e, por conseguinte, listado no rol dos princípios fundamentais da Constituição Federal de 1988. Staffen e Santos afirmam que esse princípio "força o reconhecimento de uma qualidade intrínseca e distintiva, em cada ser humano, que é se colocar em igual condição de respeito por parte do Estado e da comunidade [...]". (STAFFEN; DOS SANTOS, 2016, p. 269). Trata-se de um conceito que deve estar adequado à evolução da sociedade e às necessidades mutantes do ser humano.

Por isso, é preciso um olhar mais atento para o caminho percorrido pelos movimentos das pessoas com deficiência, seus obstáculos e suas conquistas. Sobretudo, para a não violação do princípio da dignidade humana e de tantos outros, é necessário pensar e construir um meio ambiente sustentável e acessível para todos.

Nesse sentido, buscou-se neste texto, em um primeiro momento, apresentar alguns conceitos em relação às pessoas com deficiência e mostrar como alguns paradigmas teóricos, bem como a legislação, foram se alterando ao longo desse percurso histórico. Em um segundo momento, propõe-se, a partir do relato de dois fatos ocorridos recentemente, uma reflexão sobre as relações possíveis e necessárias entre meio ambiente, justiça e inclusão social das pessoas com deficiência.

1. Novos paradigmas teóricos: o processo de ressignificação da deficiência e os conceitos inclusivistas

De acordo com Romeu Sassaki (1997, p. 26), os conceitos são essenciais para compreendermos melhor as práticas sociais, porque são eles que modelam nossas atitudes, já que "os conceitos acompanham a evolução de certos valores éticos, como aqueles em torno da pessoa com deficiência". O autor ainda ressalta a importância de todos dominarem o que ele chama de "conceitos inclusivistas", para a construção de uma sociedade para todas as pessoas.

Tais conceitos foram sendo lapidados em um longo processo de ressignificação do próprio conceito de deficiência. Ao longo da história, a deficiência tem sido vista de diferentes perspectivas e é importante resgatá-las aqui a partir do estudo de Jan V. Valle (2019), entre outros estudos também relevantes.

Segundo Valle (2019), a deficiência é uma condição que qualquer pessoa pode adquirir algum dia e o grupo de pessoas com deficiência constitui o maior dentre os grupos de minorias. A professora mostra que ainda hoje os dois modelos de abordagem da deficiência – o modelo médico e o modelo social – são adotados.

O modelo médico da deficiência surge no século XVIII e pode ser definido como um modelo pelo qual as pessoas com deficiência são vistas como "doentes", precisam ser tratadas, curadas ou reabilitadas para que possam estar adequadas à sociedade (SASSAKI, 1997). Ou seja, o modelo médico vê a deficiência como oposta a um paradigma de "normalidade". A linguagem utilizada evidenciava (e ainda evidencia) isso: muitos indivíduos com deficiências intelectuais ou físicas eram chamados de "excepcionais", "retardados", "anormais" ou ainda hoje de "especiais". Dessa forma, esse modelo acabou por reforçar estereótipos e preconceitos que devem ser combatidos. Apesar disso, é necessário salientar que a medicina contribuiu muito para os avanços nos diagnósticos e na melhora da qualidade de vida das pessoas com deficiência.

O modelo médico também prevaleceu no Brasil e em normas anteriores ao Estatuto da Pessoa com Deficiência (2015), como o Decreto 3.298/99, que regulamentava a Política Nacional para a Integração da Pessoa Portadora de Deficiência, sendo a deficiência assim definida:

Art. 3º Para os efeitos deste Decreto, considera-se:

I – deficiência – toda perda ou anormalidade de uma estrutura ou função psicológica, fisiológica ou anatômica que gere incapacidade para o desempenho de atividade, dentro do padrão considerado normal para o ser humano;

II – deficiência permanente – aquela que ocorreu ou se estabilizou durante um período de tempo suficiente para não permitir recuperação ou ter probabilidade de que se altere, apesar de novos tratamentos; e

III – incapacidade – uma redução efetiva e acentuada da capacidade de integração social, com necessidade de equipamentos, adaptações, meios ou recursos especiais para que a pessoa portadora de deficiência possa receber ou transmitir informações necessárias ao seu bem-estar pessoal e ao desempenho de função ou atividade a ser exercida (BRASIL, 1999).

Pode-se ver que os incisos começam pelas palavras "deficiência" e "incapacidade", o que demonstra que o legislador ainda compreendia a pessoa com deficiência como alguém "com um problema", "uma anormalidade" e que isso era da pessoa e não um aspecto social. Além disso, o próprio modo de se referir aos PCDs ainda era "pessoa portadora de deficiência" ou "deficiente", e eles teriam de se "enquadrar" em uma das categorias: I – deficiência física; II – deficiência auditiva; III – deficiência visual; IV – deficiência mental.

No âmbito da deficiência física, era necessário se identificar uma alteração completa ou parcial de um ou mais segmentos do corpo humano, sob a forma de paraplegia, tetraplegia, triplegia, paralisia cerebral, entre outras (AMAZONAS, 2016).

Já para a deficiência auditiva, a identificação era feita seguindo os seguintes critérios: perda bilateral, parcial ou total, de quarenta e um decibéis (dB) ou mais, aferida por audiograma nas frequências de 500HZ, 1.000HZ, 2.000Hz e 3.000Hz. A deficiência visual era classificada da seguinte forma:

> cegueira, na qual a acuidade visual é igual ou menor que 0,05 no melhor olho, com a melhor correção óptica; a baixa visão, que significa acuidade visual entre 0,3 e 0,05 no melhor olho, com a melhor correção óptica (ibid.).

E a deficiência mental era determinada mediante a avaliação dos seguintes critérios: funcionamento intelectual significativamente inferior à média, com manifestação antes dos dezoito anos e limitações associadas a duas ou mais áreas de habilidades adaptativas, tais como: comunicação; cuidado pessoal; habilidades sociais; utilização da comunidade; saúde e segurança; habilidades acadêmicas; lazer;

trabalho. A legislação ainda previa a deficiência múltipla, que é a associação de duas ou mais deficiências.

Esse caráter de "doença" ou de "anormalidade" atribuído à deficiência demonstra uma categoria binária capacidade/deficiência que é socialmente construída, assim como se tem a categoria heterossexualidade/homossexualidade. Essa comparação é empregada por Anahi Guedes Mello para explicar o surgimento de alguns termos como "corponormatividade" e "capacitismo":

> Enquanto a *heterossexualidade compulsória* de Adrienne Rich repousa na crítica à obrigatoriedade da mulher em se submeter a um relacionamento heterossexual e à maternidade, o termo proposto por Robert McRuer, *compulsory able-bodiedness*, cuja tradução em português de *able-bodied* é *apto*, faz referência à condição de um corpo apto e fisicamente capaz para o serviço militar, por exemplo. Em linhas gerais, dependendo do contexto das frases usadas com este termo, poder-se-ia traduzir como corpos sãos, hábeis, aptos, capazes ou sem deficiência. Entretanto, ao invés de "aptonormatividade", considero corponormatividade uma tradução mais inteligível para o sentido de *able-bodiedness* em português. Assim, por convenção, adotarei corpos *capazes*, ao invés de corpos *aptos*. Essa distinção etimológica é necessária para o acionamento da categoria *capacitismo*, materializada através de atitudes preconceituosas que hierarquizam sujeitos em função da adequação de seus corpos a um ideal de beleza e capacidade funcional. Com base no capacitismo discriminam-se pessoas com deficiência. Poder-se-ia usar também "corporalidade compulsória" como uma tradução não literal de *compulsory able-bodiedness*, mas penso que esse termo, por semanticamente

abranger uma infinidade de corpos, não expressa a hegemonia da norma de corpos não deficientes. O mesmo não ocorre com "heterossexualidade compulsória", em que cognitivamente no primeiro momento se percebe os corpos heterossexuais como o padrão hegemônico (MELLO, 2016, p. 3266).

O capacitismo é, assim, a discriminação, opressão e abuso advindos da noção de que pessoas com deficiência são inferiores às pessoas sem deficiência. Essa opressão é, segundo Jan Valle (2019), histórica. Dessa forma, um resgate histórico precisa ser feito já que a deficiência é sempre marcada por um significado ideológico, e este significado tem se alterado ao longo do tempo e de acordo com a cultura.

Jan Valle (2019) apresenta, então, diversas visões sobre a deficiência no decorrer da história e salienta que muitos significados permanecem até hoje arraigados na sociedade. O primeiro deles remonta ao ano de 3100 a.C. na Mesopotâmia, em que a deficiência de nascimento era vista como punição dos deuses para os pecados dos pais. Até hoje, muitos pais, quando têm filhos com deficiência, se perguntam: *o que eu fiz de errado? Por que EU tenho um filho com deficiência?* E a sociedade ainda reforça esse significado com falas carregadas de eufemismos inadequados: *Deus o deu a você porque você é "especial".*

Já na Grécia Antiga, particularmente em Esparta, cidade-estado cuja marca principal era o militarismo, havia o culto ao belo, forte e jovem, e a deficiência significava o oposto: o feio, o incapaz, o inferior. Vinícius Gaspar Garcia (2011) relata qual era o tratamento dado às crianças com deficiência em Esparta:

O pai de qualquer recém-nascido das famílias conhecidas como *homoio* (ou seja, "os iguais") deveria apresentar seu filho a um Conselho de Espartanos, independentemente da deficiência ou não. Se esta comissão de sábios avaliasse que o bebê era normal e forte, ele era devolvido ao pai, que tinha a obrigação de cuidá-lo até os sete anos; depois, o Estado tomava para si esta responsabilidade e dirigia a educação da criança para a arte de guerrear. No entanto, se a criança parecia "feia, disforme e franzina", indicando algum tipo de limitação física, os anciãos ficavam com a criança e, em nome do Estado, a levavam para um local conhecido como *Apothetai* (que significa "depósitos").

Esses "depósitos", na verdade, eram abismos onde as crianças eram jogadas, porque o Conselho acreditava que estava fazendo um bem para a criança e para a República.

Na Roma Antiga, como a deficiência era considerada um fardo para a família e um sinal de que os deuses romanos tinham desgosto pelos pais, encorajava-se a matar os filhos que apresentassem essa condição.

Durante a Idade Média, do século V ao século XV, a concepção de deficiência que prevalecia era a de que a pessoa com deficiência serviria ao entretenimento público. Segundo Oto Marques da Silva (1987): "cegos, surdos, deficientes mentais, deficientes físicos e outros tipos de pessoas nascidos com má formação eram também, de quando em quando, ligados a casas comerciais, tavernas e bordéis; bem como a atividades dos circos romanos, para serviços simples e às vezes humilhantes" (MARQUES DA SILVA, 1987, p. 130). Nesse período também surgiu a figura do "bobo da corte", que frequentemente eram pessoas com epilepsia, paralisia cerebral ou com outras deficiências intelectuais. Nas cortes reais da Rússia e da Europa, anões eram considerados "animais de estimação" e eram dados como presentes entre as cortes para divertir os reis (VALLE, 2019).

Com o advento do Cristianismo, a deficiência passou a ser tomada como objeto de caridade dos cristãos. Nesse contexto, as pessoas com deficiência permaneciam na posição de inferioridade, pois dependiam da "bondade" de outras pessoas para sobreviver. Como consequência dessa condição de dependência, a deficiência foi combinada com a condição de pobreza, e a figura do mendigo sempre estava associada a uma pessoa com muletas ou amputada (ibid.). Essa concepção permanece forte ainda hoje, e se manifesta na sociedade quando pessoas e governos acham que já estão fazendo muito em dar auxílios financeiros, mas não querem dar empregos ou não aceitam alunos com deficiência nas escolas comuns. Há, ainda, programas televisivos para arrecadar dinheiro para associações que cuidam de pessoas com deficiência e que, muitas vezes, se tornam mais um espaço para que aqueles que doam se sintam "em paz com suas consciências" do que para uma mudança mais efetiva da situação das pessoas contempladas.

No século XVII, a deficiência esteve associada a ideia de algo muito ruim, um mal para a sociedade que deveria ser eliminado. As bruxas, que eram julgadas por tribunais, sofriam de doenças mentais ou tinham algum tipo de deficiência no seu desenvolvimento intelectual (ibid.).

A partir do desenvolvimento da medicina moderna nos séculos XVII e XVIII, a deficiência passou a ser vista como uma oposição à normalidade e, portanto, necessitava de "cura". A pessoa com deficiência passou a pertencer a uma categoria social inferior à da pessoa dita "normal". Como consequência disso, já no século XX, com a criação de testes de inteligência (QI), a deficiência foi concebida como algo indesejável. E, como tal, exigia que fosse isolado. Por isso, houve a criação de instituições especializadas para pessoas que não se enquadravam no paradigma de normalidade (dentre elas, as pessoas com deficiência), ocorrendo, dessa forma, o processo de segregação social (ibid.).

Durante a Segunda Guerra, Hitler, na busca pela "raça perfeita", determinou a prática da eugenia – uma teoria de seleção genética surgida no fim do século XIX – em alemães que possuíam deficiências físicas ou mentais, por meio do extermínio e da esterilização. Além disso, a concepção de que a pessoa com alguma deficiência gerava um custo muito alto para o Estado e, portanto, seria um fardo social, era muito difundida entre os alemães durante o período da guerra e nos Estados Unidos nas décadas seguintes. Nos EUA havia, inclusive, campanhas para a esterilização de pessoas com deficiência (ibid.).

Somente na década de 1970, surgiram movimentos em alguns lugares do mundo que começaram a debater os direitos civis das pessoas com deficiência. Esses movimentos também levantaram muitos questionamentos em relação ao modelo médico da deficiência e se estabeleceu uma oposição entre instituições tradicionais para atendimento e associações de pessoas com deficiência.

Nesse contexto, o modelo social da deficiência, que surgiu nos anos de 1960 e foi formulado pelas próprias pessoas com deficiência, ganhou força. Por esse modelo, segundo Romeu Sassaki (1997, p. 44), "os problemas das pessoas com deficiência não estão nela tanto quanto estão na sociedade. Assim, a sociedade é chamada a ver que ela cria problemas para as pessoas com deficiência, causando-lhes incapacidade ou desvantagem".

Dessa forma, houve uma mudança de paradigma em relação à concepção de deficiência que acarretou alterações substanciais nas legislações e práticas sociais. Na Lei Brasileira de Inclusão (Lei 13.146/2015), que teve como base a Convenção Internacional sobre as Pessoas com Deficiência de 2006 e seu Protocolo Facultativo ratificado pelo Brasil, com força de emenda constitucional nos termos do artigo 5º, § 3º, da Constituição Federal, a pessoa com deficiência é definida pelo artigo 2º, que foi assim redigido:

> Art. 2º Considera-se pessoa com deficiência aquela que tem impedimento de longo prazo de natureza física, mental, intelectual ou sensorial, o qual, em interação com uma ou mais barreiras, pode obstruir sua participação plena e efetiva na sociedade em igualdade de condições com as demais pessoas (BRASIL, 2015).

Em uma breve análise, percebe-se que há uma mudança no paradigma do conceito de deficiência, já que se passa a considerar a deficiência não como um "problema" ou uma "doença" e o indivíduo com deficiência não como uma pessoa fora dos padrões de normalidade, mas sim como aquela que tem impedimentos de participação na sociedade por causa de barreiras, na maioria das vezes criadas pela sociedade e pelo ambiente em que vive. Ou seja, pelo modelo social, a deficiência não é definida pelas limitações físicas ou intelectuais do indivíduo, mas por fatores socioambientais que dificultam ou não permitem a inclusão desse indivíduo em condições de igualdade com indivíduos sem deficiência. Isso quer dizer que a justiça social só pode ser alcançada pela eliminação dessas barreiras (físicas ou atitudinais).

Para tanto, é essencial que todos reconheçam os obstáculos criados pela sociedade, as posturas excludentes assumidas e as visões preconceituosas que impedem o desenvolvimento de um meio ambiente sustentável e acessível para todos.

2. A opressão histórica, o capacitismo, os "padrões estéticos" e o capitalismo: combinação de fatores na criação de barreiras socioambientais

> Se nos aproximarmos da natureza e do meio ambiente sem esta abertura para a admiração e o encanto, se deixarmos de falar a língua da fraternidade e da beleza na nossa relação com o mundo, então as nossas atitudes serão as do dominador, do consumidor ou de um mero explorador dos recursos naturais, incapaz de pôr um limite aos seus interesses imediatos (PAPA FRANCISCO, 2015).

Para uma reflexão mais aprofundada sobre as relações entre um meio ambiente acessível e a pessoa com deficiência, relatam-se aqui dois fatos ocorridos recentemente no Brasil. O objetivo é mostrar que há uma combinação de fatores que geram os obstáculos para a participação plena das pessoas com deficiência na sociedade.

O primeiro ocorreu em João Pessoa, na Paraíba, no bairro de Cabo Branco. Algumas moradoras do bairro foram à Câmara pedir a proibição das atividades do projeto "Acesso Cidadão" que leva à praia pessoas com variados tipos de deficiência:

A reclamação das mulheres foi denunciada pela vereadora Helena Holanda (Progressistas) no plenário da Câmara. Helena é defensora de causas de minorias e uma das idealizadoras do projeto "Acesso Cidadão". As "madames" foram até a Câmara pedir a suspensão do projeto, que tem como objetivo levar à praia pessoas com os mais variados tipos de deficiência. Desde que foi iniciado, o projeto possibilitou que muitas das pessoas atendidas pudessem ver o mar pela primeira vez. Segundo a vereadora, *as moradoras alegaram que as atividades do projeto estavam "incomodando e tirando a beleza natural do lugar, onde moram pessoas ilustres"*. O bairro de Cabo Branco tem o metro quadrado mais caro da cidade.

Diante da negativa da vereadora Helena Holanda em recuar com o projeto, *as moradoras do bairro nobre sugeriram que ela cercasse a área utilizada pelos deficientes. "Fizeram um pedido repetitivo para cercar o local do projeto, que fosse isolado e colocassem um portão."*

A deputada estadual Cida Ramos (PB) usou as redes sociais para criticar a reclamação das moradoras. *"A posição dessas moradoras nos faz pensar que a realidade em nosso país é cada vez mais difícil e se fortalece na ignorância e no preconceito"*, ressaltou (PRAGMATISMO POLÍTICO, 2019, grifos nossos).

Nos trechos grifados, é possível constatar, além do capacitismo evidente, os vestígios das construções históricas da deficiência: a deficiência como uma "classe inferior" em oposição à classe das "pessoas ilustres". Há também a alegação de que as pessoas com deficiência e as adaptações para recebê-las tornam o ambiente mais "feio", o que remonta à visão da Grécia antiga do culto ao belo e do desprezo ao feio. Quando pediram que a área fosse isolada, fica evidente que muitas pessoas ainda defendem que a segregação é a solução para os "problemas" que as pessoas com deficiência causam, ou seja, para as moradoras, as pessoas com deficiência são um fardo para a sociedade e não há espaço para elas na sociedade capitalista.

O outro fato ocorreu em Chapecó. O presidente da empresa Havan, o empresário Luciano Hang, gravou um vídeo criticando as exigências feitas pela prefeitura de Chapecó em relação as adequações para as pessoas com deficiência. Estas foram algumas falas ditas pelo empresário:

> A prefeitura de Chapecó conseguiu ultrapassar o ridículo. "*Olha só essa loja linda, maravilhosa. Cheguei aqui na porta e coloca isso aqui*", afirmou, mostrando o piso tátil à câmera. Segundo ele, o piso "leva o nada ao lugar nenhum". Em um trecho, o empresário aponta para o piso e diz: "*olha que coisa feia. É a única loja do Brasil com essa porcaria que não vale nada*". O piso forma um retângulo logo na entrada da unidade da Havan. Para Hang, "é como se um cego ficasse andando em voltas, para lá e para cá, para lá e para cá". "*Agora, o cego, tenho certeza que vai vir com alguém ou, se chegar aqui, nós vamos dar atenção para ele. Não precisa botar aquele negócio para ele ficar que nem uma galinha tonta. É um absurdo.*" "Em qualquer lugar do mundo tem vagas para deficiente. *Aqui, os populistas arranjaram vaga para deficiente e para idoso.* E aqui, em Chapecó, conseguiram piorar. Olha só que absurdo (...). *Tenho que colocar essas placas aqui ó, de 2,5 metros [para sinalizar as vagas] na frente da loja.* Em qualquer lugar do mundo, você faz uma vaga para deficiente e coloca uma marcação no solo." "*Não acho justo é obrigar um comerciante a comprar uma*

cadeira de rodas elétrica. É obrigatório em Chapecó. *Sou contra piso tátil onde não tem necessidade de usar. As nossas lojas são as mais acessíveis do Brasil. Tenho 140 lojas e ninguém reclama delas.* Essa, por exemplo [a unidade recém-inaugurada], tem um andar só, tudo no nível da rua, com corredores de quatro metros" (MARTINEZ-VARGAS, 2019, grifos nossos).

Novamente, percebe-se o capacitismo que se manifesta sem rodeios nas falas e atitudes do empresário. Além disso, assim como o caso de João Pessoa, o padrão "estético" é invocado para sustentar posicionamentos preconceituosos e justificar atitudes baseadas somente em interesses capitalistas, já que, para o empresário, a pessoa com deficiência não parece ser um consumidor rentável, mas somente um "peso para a sociedade" e principalmente para os empresários ("Não acho justo é obrigar um comerciante a comprar uma cadeira de rodas elétrica"). Fica evidente também o comportamento de quem se sente superior às pessoas com deficiência; ou seja, quando o empresário afirma: "Agora, o cego, tenho certeza que vai vir com alguém ou se chegar aqui nós vamos dar atenção para eles" e "Sou contra o piso tátil onde não tem necessidade de usar. As nossas lojas são as mais acessíveis do Brasil. Tenho 140 lojas e ninguém reclama delas", está se achando no direito e com capacidade de decidir o que é necessário e melhor para as pessoas com deficiência.

Esses relatos buscaram ilustrar que ainda há muitos casos de violação dos direitos humanos em relação às pessoas com deficiência e que a justiça socioambiental ainda está longe de ser alcançada, já que, em nome de "padrões estéticos", mas com interesses capitalistas de quem se vê como "superior" ao outro, os detentores do poder tomam atitudes de "dominador, do consumidor ou de um mero explorador" (PAPA FRANCISCO, 2015), sem uma preocupação mais profunda com um meio ambiente sustentável e para todos.

Todavia, quando pensamos em um meio ambiente sustentável, não nos podemos esquecer de que, para tal, o meio ambiente também deve ser acessível. A seguir, apresentamos uma breve reflexão sobre essa questão.

3. Desenvolvimento sustentável, acessibilidade e desenho universal

Em setembro de 2013, a sessão plenária da Reunião de Alto Nível sobre Desenvolvimento e Deficiência da ONU aprovou um documento que estabeleceu a acessibilidade às pessoas com deficiência como aspecto intrínseco ao desenvolvimento sustentável. Assim, um meio ambiente sustentável inclui necessariamente pensar em um meio ambiente acessível para todos.

O termo "acessibilidade" começou a ser utilizado recentemente e houve uma evolução muito rápida do conceito. Historicamente, o termo surgiu em 1940, para designar a condição de acesso das pessoas com deficiência em relação a serviços de reabilitação física. Já em 1950, profissionais responsáveis pela reabilitação física de vários pacientes constataram que as dificuldades e obstáculos físicos impediam os pacientes de terem acesso e se manterem em tratamento.

Hoje, o conceito de acessibilidade é bem mais abrangente e se alinha ao conceito de pessoa com deficiência, disposto no Estatuto da Pessoa com Deficiência; ou seja, a acessibilidade envolve a eliminação das mais diversas barreiras criadas pela sociedade:

Acessibilidade: possibilidade e condição de alcance para utilização, com segurança e autonomia, de espaços, mobiliários, equipamentos urbanos, edificações, transportes, informação e comunicação, inclusive seus sistemas e tecnologias, bem como de outros serviços e instalações abertos ao público, de uso público ou privados de uso coletivo, tanto na zona urbana como na rural, por pessoa com deficiência ou com mobilidade reduzida (BRASIL, 2015).

Contudo, os casos relatados mostram que a acessibilidade ainda não se tornou valor para todos na sociedade. Além disso, como afirma Romeu Sassaki,

> os produtos e ambientes feitos com desenho acessível sinalizam que eles são destinados exclusiva ou preferencialmente para pessoas com deficiência, pois suas aparências lembram algo médico, institucional ou, em todo caso, especial. Neste sentido, eles são estigmatizantes, apesar de bem-vindos (SASSAKI, 1997, p. 149).

Por isso, é necessário que se pense no desenvolvimento do meio ambiente de maneira sustentável para que todos, pessoas com ou sem deficiência, possam dele usufruir. Para tanto, o "desenho universal" passa a ser a solução a ser conhecida e adotada para os problemas de acessibilidade, pois é mais vantajoso e sustentável, já que:

> O desenho universal não é uma tecnologia direcionada apenas aos que dele necessitam; é desenhado para todas as pessoas. A ideia do desenho universal é, justamente, evitar a necessidade de ambientes e produtos especiais para pessoas com deficiências, assegurando que todos possam utilizar com segurança e autonomia os diversos espaços construídos e objetos (STEINFELD, 1994, p. 87).

Essa tecnologia tem ainda a vantagem de ser mais sustentável, pois reduz a necessidade de alterações no ambiente ao longo do tempo, visto que, segundo Steinfeld (1994), os projetos para o ambiente são elaborados seguindo alguns princípios básicos: O primeiro é acomodar uma grande gama antropométrica (pessoas de diferentes alturas, pesos, gêneros, condições físicas ou intelectuais). O segundo é reduzir ao máximo a quantidade de energia necessária para utilizar os produtos e o meio ambiente. Já o outro é tornar o ambiente e os produtos mais abrangentes e pensá-los como sistemas com peças intercambiáveis ou a possibilidade de acrescentar características para as pessoas com necessidades mais específicas.

O desenho universal poderia ser também chamado de "desenho inclusivo", porque o ambiente deve ser projetado para todas as pessoas, e, talvez, elas nem cheguem a perceber que os ambientes ou produtos atendam a certas especificidades das pessoas com deficiência. Dessa forma, incorporar essa tecnologia passa a ser também um processo que visa atender o princípio da igualdade e da justiça socioambiental e requer uma mudança de postura de todos da sociedade, principalmente daqueles que têm poder socioeconômico.

Considerações finais

A sociedade para todos, consciente da diversidade da raça humana, estaria estruturada para atender às necessidades de cada cidadão, das maiorias às minorias, dos privilegiados aos marginalizados (WERNECK, 1997, p. 21).

Constatou-se que a deficiência foi ressignificada como parte da experiência humana, que deve ser considerada dentro de um contexto sócio-histórico e cultural. Durante séculos, a deficiência foi vista de uma perspectiva negativa e o processo de exclusão ou segregação ainda é muito frequente. Todavia, mais recentemente, surgiu o modelo social em que a abordagem da deficiência passa a ser compreendida como resultado das limitações e estruturas do corpo em combinação com os fatores sociais e ambientais.

Esse novo paradigma da deficiência trouxe para o cenário, antes de exclusão e segregação, a ideia de que "deficiente é o ambiente e não a pessoa" e que a sociedade tem de acolher toda a diversidade humana. No entanto, observando-se os fatos apresentados neste artigo, mudanças no meio ambiente para eliminar as barreiras sociais e ambientais que impedem a participação plena das pessoas com deficiência na sociedade exigem também uma mudança de filosofia e do olhar que se tem da deficiência.

Não há como aceitar posturas preconceituosas e retrógradas em relação à diversidade humana. Não se pode deixar que o capacitismo e os vestígios históricos sobre concepções da deficiência criem mais obstáculos para as pessoas com deficiência. É preciso incorporar os conceitos inclusivistas, adotar tecnologias mais abrangentes, como a do desenho universal, para que se tenha um meio ambiente sustentável para todos.

Referências

AMAZONAS, 2016. *Blog da Secretaria da Pessoa com deficiência do Amazonas*. Disponível em: <http://seped-am.blogspot.com.br/p/deficiencias.html>. Acesso em: 15 maio 2019.

BRASIL. Decreto n. 3.298, de 20 de dezembro de 1999. Disponível em: <http://www.planalto.gov.br/ccivil_03/decreto/d3298.htm>. Acesso em: 5 jan. 2019.

BRASIL. Lei n. 13.146, de 6 de julho de 2015. Estatuto da Pessoa com Deficiência. Disponível em: <http://www.planalto.gov.br/ccivil_03/_Ato20152018/2015/Lei/L13146.htm>. Acesso em: 13 mar. 2017.

GABRILLI, Mara. *Guia sobre a LBI-digital.* 2015. Disponível em: <https://www.maragabrilli.com.br/wp-content/uploads/2016/03/Guia-sobre-a-LBI-digital.pdf>. Acesso em: 15 maio 2019.

GARCIA, Vinícius Gaspar. As pessoas com deficiência na história do mundo. *Bengala legal.* 2 nov. 2011. Disponível em: <http://www.bengalalegal.com/pcd-mundial>. Acesso em: 01 jan. 2020.

MARQUES DA SILVA, Oto. *A epopeia ignorada:* a história da pessoa deficiente no mundo de ontem e de hoje. São Paulo: Editora CEDAS, 1987.

MARTINEZ-VARGAS, Ivan. Dono da Havan critica obrigação de instalar piso tátil em lojas. *Folha Uol.* 20 dez. 2019. Disponível em: <https://www1.folha.uol.com.br/mercado/2019/12/dono-da-havan-critica-obrigacao-de-instalar-piso-tatil-para-cegos-em-loja.shtml>. Acesso em: 30 dez. 2019.

MELLO, Anahi Guedes de. Deficiência, incapacidade e vulnerabilidade: do capacitismo ou a preeminência capacitista e biomédica do Comitê de Ética em Pesquisa da UFSC. *Ciênc. saúde coletiva*, Rio de Janeiro , v. 21, n. 10, p. 3265-3276, out. 2016. Disponível em: <http://www.scielo.br/scielo.php?script=sci_arttext&pid=S1413-81232016001003265&lng=en&nrm=iso>.

Acesso em: 01 jan. 2020. <http://dx.doi.org/10.1590/1413-812320152110.07792016>.

ORGANIZAÇÃO DAS NAÇÕES UNIDAS (ONU). *Declaração Universal dos Direitos Humanos.* Paris, 1948.

PAPA FRANCISCO. Carta Encíclica. *Laudato si':* sobre o cuidado da casa comum. São Paulo: Paulinas, 2015.

PRAGMATISMO POLÍTICO. *Moradores de bairro nobre querem impedir deficientes de irem à praia.* 23 ago. 2019. Disponível em: <https://www.pragmatismopolitico.com.br/2019/08/moradoras-bairro-nobre-deficientes-praia-joao-pessoa.html>. Acesso em: 27 dez. 2019.

SASSAKI, Romeu Kazumi. *Inclusão:* construindo uma sociedade para todos. Rio de Janeiro: WVA, 1997.

STAFFEN, Márcio Ricardo; DOS SANTOS, Rafael Padilha. O fundamento cultural da dignidade da pessoa humana e sua convergência para o paradigma da sustentabilidade. *Veredas do Direito:* Direito Ambiental e desenvolvimento sustentável [s.l.], v. 13, n. 26, p. 263-288, out. 2016. ISSN 21798699. Disponível em: <http://www.domhelder.edu.br/revista/index.php/veredas/article/view/814>. Acesso em: 02 ago. 2018.

STEINFELD, Edward. Arquitetura através do desenho universal. In: Curso Básico sobre Acessibilidade ao Meio Físico e VI Seminário sobre Acessibilidade ao Meio Físico, 1994. *Anais do...* Brasília: Conde, 1994, p. 87-89.

VALLE, Jan W. *The social model of disability.* Palestra. Faculdade de Educação da UFMG, 5 nov. de 2019.

WERNECK, Cláudia. *Ninguém mais vai ser bonzinho na sociedade inclusiva.* Rio de Janeiro: WVA, 1997.

CAPÍTULO 9

A edição genética CRISPR-cas9 e a manipulação em humanos

Émilien Vilas Boas Reis

1. Introdução

A ideia de melhoramento do indivíduo está presente no imaginário humano desde o surgimento das religiões. A noção de que há um outro mundo perfeito e sem dores flerta com aquela perspectiva. Ao longo da cultura humana, tal visão será compartilhada através de inúmeras atividades, como a educação, que teria a capacidade de submeter certos aspectos destrutivos, fazendo com que o que há de pior no ser humano seja controlado. Enquanto essa ideia esteve atrelada a aspectos culturais, frequentemente, foi tomada como algo positivo. Entretanto, a partir do momento em que a técnica tomou para si a tentativa de tornar o ser humano "melhor", o medo se tornou um sentimento recorrente na humanidade.

Nessa seara, a manipulação genética é uma das atividades que tem maior potencial de transformação, e, dentre essas várias técnicas, a que tem chamado mais atenção é a denominada CRISPR.

O texto a seguir apresenta a descoberta e o desenvolvimento da técnica CRISPR e seus principais desdobramentos. Em seguida, busca refletir suas potencialidades no que se refere à manipulação em seres humanos.

2. Descoberta e desenvolvimento da técnica CRISPR

CRISPR significa um acrônimo da expressão inglesa *Clustered Regularly Interspaced Short Palindromic Repeats* (Repetições Palindrômicas Curtas Agrupadas e Regularmente Interespaçadas). Uma sequência de CRISPR, ainda sem possuir tal nome, foi identificada pela primeira vez em um estudo na bactéria *Escherichia coli*, em 1987 (ISHINO et al., 1987). Pesquisadores japoneses notaram, em certas sequências de DNA, genes que não pertenciam naturalmente ao genoma da *Escherichia coli*. No início dos anos 2000, o pesquisador espanhol Francisco Mojica (2000) identificou o CRISPR em outras diferentes espécies, como arqueas e outros microrganismos uniceluares.

O CRISPR estaria associado a uma capacidade de defesa natural de bactérias e arqueas contra vírus (MAKAROVA et al., 2006), o que explicaria os genes que não fazem parte do genoma dos organismos estudados, serem adaptações aos ataques ocorridos desses vírus:

> [...] bactérias e arqueas teriam um sofisticado sistema imunológico. Afinal, vírus são os agentes biológicos mais abundantes do planeta, causando aproximadamente infecções a cada segundo.

As pressões seletivas impostas pela predação viral resultaram na evolução de inúmeros sistemas de defesa dos fagos, mas foi apenas recentemente que sistemas sofisticados de defesa adaptativa foram identificados em bactérias e arqueas (VAN ERP et al., 2015, p. 85).[1]

Tal hipótese foi comprovada em 2007 por cientistas americanos, franceses e canadenses que trabalhavam para a companhia alimentícia dinamarquesa Danisco. Os pesquisadores partiram da noção de que muitas bactérias são usadas para a fermentação e processos biotecnológicos de alimentos, mas que tais bactérias são atacadas por fagos, que, muitas vezes, não são combatidos pelos processos habituais (BARRANGOU et al., 2007).

Os pesquisadores estudaram uma bactéria de fermentação do leite para a produção de alimentos como iogurte e queijo, chamada *Streptococcus thermophilus*. Eles fizeram um experimento com uma bactéria e dois bacteriófagos que já haviam sido isolados pela indústria de iogurte. Mais nove fagos foram gerados do experimento entre a bactéria e os dois fagos tomados previamente. Posteriormente, a bactéria se mostrou imune aos novos fagos e os autores se questionaram sobre o motivo. Ao compararem os DNAs da bactéria e dos novos fagos, os autores afirmaram que a resistência do *Streptococcus thermophilus* se deveu ao fato de o CRISPR no DNA da bactéria ter se adaptado ao DNA dos fagos: "Estes resultados revelam que, ao se tornar resistente a bacteriófagos, o *locus* CRISPR foi modificado pela integração de novos espaçadores, aparentemente derivados do DNA do fago" (ibid., p. 1710).

---

[1]   Traduções do autor. As obras originais estão listadas nas referências deste texto.

Em outras palavras:

> [...] o CRISPR funcionava como um cartão de vacinação molecular: armazenando memórias de infecções passadas por fagos na forma de sequências espaçadoras de DNA dentro das matrizes repetidor-espaçador, as bactérias poderiam usar essas informações para reconhecer e destruir os mesmos fagos invasores durante futuras infecções (DOUDNA; STERNBERG, 2017, p. 56).

As bactérias teriam uma capacidade natural de recordar os vírus que já lhe infectaram, a partir do DNA desses vírus, que seriam incorporados aos CRISPRs das bactérias. Quando as bactérias eram atacadas novamente pelos vírus, elas se tornavam resistentes.

Os estudos nas bactérias seriam apenas o início da análise sobre o CRISPR. A partir de então, outros artigos se debruçaram sobre o tema, sem compreenderem, entretanto, como ocorria todo o procedimento envolvido. Já se sabia, contudo, que o processo para a resistência das bactérias dependia da atuação de moléculas-guia de RNA. Um estudo verificou que o RNA seria o responsável por coordenar o reconhecimento e a destruição das infecções viróticas, e que isso envolveria o sistema de defesa CRISPR. As moléculas de RNA eram produzidas pelas células, por meio do CRISPR, para combater as sequências do DNA do vírus invasor (BROUNS et al., 2008).

Além do CRISPR e da participação do RNA em seu desempenho, a atenção dos pesquisadores também deveria voltar-se para o *Cas* genes, que está presente na região dos genomas da bactéria e que contém tipos especiais de proteínas denominadas enzimas, que funcionam como catalisadoras das reações moleculares nas células. Assim, ao compreenderem o papel da proteína *Cas* nesse processo, poderiam entender como o CRISPR funciona realmente (DOUDNA; STERNBERG, 2017, p. 62).

Blake Wiedenheft, um pesquisador que trabalhava com Jennifer Doudna, uma das cientistas que descobriu a capacidade do CRISPR em "cortar" qualquer tipo de gene, conseguiu separar inúmeras proteínas *Cas* em um experimento (ibid., p. 63-64). De posse dessas proteínas *Cas*, Wiedenheft et al. (2012) acharam uma proteína enzima *Cas1*, que tinha a capacidade de cortar o DNA, o que sugeriria que a proteína tinha um papel ao longo do processo de constituição do sistema de defesa e adequação dos DNAs dos organismos aos ataques de vírus. Outras proteínas *Cas* iam sendo manipuladas e descobertas. Enfim, pode-se elucidar que os sistemas de defesa bacteriano tinham vários tipos de proteínas *Cas*, que possuíam a função de "procurar" e "cortar" ("clivar") os DNAs viróticos, impedindo sua ação. Descobriu-se, assim, a atuação do meio de defesa que envolve o CRISPR. Inicialmente, a molécula de CRISPR RNA (crRNA), que possui dez ou onze diferentes proteínas *Cas*, atua na conservação aos ataques dos DNAs dos vírus, localizando-os. Em seguida, as proteínas enzimas *Cas* atuam "cortando" o DNA alvo (DOUDNA; STERNBERG, 2017, p. 63, 66). Tal processo inativa os genes dos vírus e impede que eles ajam.

Dentre as proteínas *Cas* estudadas, a que causou maior impacto foi a *Cas9*. Jennifer Doudna e Emmanuelle Charpentier comandaram uma equipe que descobriu o singular papel da *Cas9*:

> Eles estavam independentemente provocando os papéis de várias proteínas associadas ao CRISPR para aprender como as bactérias implantam os espaçadores de DNA em suas defesas imunológicas.

Mas a dupla logo uniu forças para se concentrar em um sistema CRISPR que se baseia em uma proteína chamada *Cas9*, pois era mais simples do que outros sistemas CRISPR.

Quando o CRISPR entra em ação em resposta a um fago invasor, a bactéria transcreve os espaçadores e o DNA palindrômico em uma longa molécula de RNA que a célula corta em pequenos RNAs derivados de espaçadores, chamados crRNAs. Um trecho adicional de RNA, chamado tracrRNA, trabalha com *Cas9* para produzir o crRNA […] (PENNISI, 2013, p. 834).

As descobertas até aqui ocorriam no nível natural. A grande questão que surgiu, em seguida, é se os pesquisadores poderiam, eles mesmos, se valerem da *Cas9* para manipularem e cortarem manualmente outras sequências de DNAs: "O que queríamos fazer a seguir era confirmar que poderíamos projetar o *Cas9 e as moléculas de RNA para atingir e cortar qualquer sequência d*e DNA de nossa escolha" (DOUDNA; STERNBERG, 2017, p. 81).

Jennifer Doudna, Emmanuelle Charpentier e sua equipe resolveram fazer um experimento para comprovar as hipóteses levantadas a respeito do CRISPR-*Cas9*. Decidiram usar genes de uma água-viva para o experimento. O pesquisador Martin Jinek fez o processo manualmente da atuação do CRISPR e do *Cas9*. Escolheu cinco diferentes sequências de genes e preparou "quimericamente" cinco moléculas de RNA para combiná-los. Então, incubou o RNA com o *Cas9* e o DNA da água-viva e esperou o resultado. Verificou que o DNA da água-viva estava cortado. As moléculas de RNA haviam atuado no exato lugar onde o pesquisador havia selecionado para o "corte", ocorrido através do *Cas9*. *Estava validada e construída uma nova tecnologia capaz de editar qualquer genoma em qualquer organismo!* (ibid., p. 82-83). Sem descrever propriamente a pesquisa relatada, a novidade a respeito da manipulação CRISPR-*Cas9* foi referida num artigo do mesmo corpo de cientistas que saiu em agosto de 2012:

> Nosso estudo demonstra ainda que a família de endonucleases *Cas9* pode ser programada com moléculas de RNA únicas para clivar locais específicos de DNA, aumentando, assim, a possibilidade empolgante de desenvolver um sistema simples e versátil de RNA-direcionado para gerar quebras de dsDNA para segmentação e edição de genoma (JINEK et al., 2012, p. 816).

Tal estudo desencadearia uma série de pesquisas envolvendo o CRISPR e suas potencialidades. Vários artigos viriam trabalhar a edição genética de diferentes tipos de células. Além da indústria de laticínios, que já se valia das incipientes aplicações do CRISPR, outras áreas passariam a se beneficiar da técnica, tais como: o agronegócio, outras áreas de alimentação, a biotecnologia e a área médica.[2] O motivo para o progresso de pesquisas com CRISPR envolveu a capacidade de manipulação genética, mas também a facilidade de manipulação e o baixo custo: "Mas a verdadeira razão pela qual o CRISPR explodiu no cenário biotecnológico com tanta força e vitalidade foi seu baixo custo e facilidade de uso. Finalmente, o CRISPR disponibilizou a edição de genes para todos os cientistas" (DOUDNA; STERNBERG, 2017, p. 111). Outro fator que tem contribuído para a revolução do CRISPR é o avanço da tecnologia computacional:

---

[2] Para informações a respeito da entrada da técnica CRISPR no mercado, cf. VAN ERP et al., 2015.

Os computadores também tornaram a edição de genes mais fácil do que nunca. Usando algoritmos avançados que incorporam todos os princípios de design relevantes, incluindo dados empíricos da literatura científica sobre quais tipos de sequências de direcionamento funcionam melhor que outros, vários pacotes de software oferecem aos pesquisadores um método automatizado de uma etapa para criar a melhor versão do CRISPR para editar um determinado gene (ibid., p. 112).

Em maio de 2013, Wang et al. (2013) fizeram um experimento com o CRISPR que abriria inúmeras possibilidades para o que talvez seja um dos grandes dilemas que o método tem que enfrentar: *a manipulação de células germinativas e embriões*. Além da primeira edição celular embrionária, a pesquisa foi capaz de fazer várias manipulações simultaneamente. Apesar da técnica empregada ter manuseado um embrião, ela abria a possibilidade para que o CRISPR pudesse ser usado em óvulos e espermatozoides, o que permitiria transmitir mudanças genéticas para as gerações posteriores: "[...] parecia que o CRISPR poderia ser injetado nas células germinativas de qualquer espécie (óvulos e espermatozoides) ou embriões, e as alterações genéticas resultantes seriam copiadas fielmente em todas as células e transmitidas para sempre aos filhos futuros" (DOUDNA; STERNBERG, 2017, p. 98).

Pesquisadores de diferentes nacionalidades, liderados por Shoukhrat Mitalipov, pesquisador da Oregon Health and Science University, em Portland, foram os pioneiros no experimento com embriões nos Estados Unidos usando o CRISPR-*CAS9*. Foram financiados por setores privados, já que o governo americano não admite trabalhos que envolvam embriões humanos (LEDFORD, 2017).

No final de 2018, um experimento usando a técnica CRISPR-*Cas9* faria um tumulto no meio científico: um pesquisado chinês, He Jiankui, de Shenzhen, anunciou que implantou embriões manipulados com a técnica CRISPR-*Cas9*, o que resultou no nascimento de duas meninas gêmeas, que seriam, portanto, os primeiros humanos nascidos editados geneticamente. Sua pesquisa consistiu em desabilitar um gene, denominado CCR5, que permite o acesso do vírus da Aids (HIV) em uma célula. Sua justificativa foi a de tornar os organismos resistentes à doença, muito comum na China, e de que os filhos concebidos não tivessem a doença dos progenitores (ele usou pais com HIV e mães sem o vírus) (MARCHIONE, 2018).

Houve sérias dúvidas da comunidade científica de que a pesquisa tenha ocorrido, já que ela não saiu em qualquer revista científica que pudesse ser analisada por outros pesquisadores. Ocorreram também questionamentos sobre a forma como He Jiankui recrutou os participantes da pesquisa, já que talvez não tivesse sido claro quanto ao método empregado. Alguns cientistas questionaram o fato de que a edição do gene CCR5 poderia também possibilitar o surgimento de outras doenças. Não estava claro também se o pesquisador procedeu de maneira correta perante os órgãos competentes e as instituições envolvidas. Há ainda o questionamento de que existem pessoas cujo organismo sofre uma mutação natural no gene CCR5, que os torna imunes ao HIV e que, por isso, o teste feito teria como justificativa implícita a pura e simples aplicação da técnica (ibid.).

O suposto experimento gerou uma reação em cadeia. Vários cientistas criticaram o fato de ele ter sido feito sem ainda haver um consenso no meio científico sobre a edição genética em seres humanos e sua implantação. Na própria China, país de origem do autor da pesquisa, onde há autorização para a edição genética, um grupo de 122 cientistas escreveu uma carta aberta em que chamam He Jiankui de louco e afirmam que tal atividade foi um duro golpe na reputação e no desenvolvimento científico da China (KOLATA; WEE; BELLUCK, 2018). Alguns dias depois, o governo chinês proibiu He Jiankui de realizar mais pesquisas, e, posteriormente, ele foi detido em uma hospedagem da Universidade de Ciência e Tecnologia do Sul da China, em Shenzhen, sendo, por fim, demitido da mesma Universidade, onde trabalhava. As autoridades chinesas, que após uma investigação confirmaram os feitos do pesquisador, provavelmente tomarão medidas duras contra ele e sua equipe, enquadrando-os em acusações criminais (RAMZY; WEE, 2019).

3. Questionamentos a respeito da técnica CRISPR e a manipulação em humanos

O método CRISPR abre uma possibilidade imensa de manipulações em seres humanos. Apesar de ainda estar em aperfeiçoamento, pesquisadores veem a técnica com condições de alterar estruturas capazes de serem assimiladas pela espécie humana e transmitidas para as gerações seguintes ou mesmo possuindo a capacidade de mudar a própria estrutura genética humana.

> A tecnologia CRISPR é tão simples e eficiente que os cientistas poderiam explorá-la para modificar a linha germinativa humana – o fluxo de informações genéticas conectando uma geração à seguinte. E, sem dúvida, essa tecnologia – algum dia, em algum lugar – será usada para mudar o genoma de nossa própria espécie

de maneiras herdáveis, alterando para sempre a composição genética da humanidade (DOUDNA; STERNBERG, 2017, p. XVI).

O CRISPR possui também a capacidade de acelerar a evolução humana de uma maneira inédita na história humana.

A questão é a seguinte: por cerca de cem mil anos de existência dos seres humanos modernos, o genoma do *Homo sapiens* foi moldado pelas forças gêmeas da mutação aleatória e da seleção natural. Agora, pela primeira vez, possuímos a capacidade de editar não apenas o DNA de todo ser humano vivo, mas também o DNA das gerações futuras – em essência, para direcionar a evolução de nossa própria espécie (ibid., p. XVI).

Em 2015, mesmo antes da técnica CRISPR ser utilizada oficialmente na edição de embriões humanos nos Estados Unidos, vários cientistas assinaram um manifesto denominado *"Don't edit the human germ line"* [Não edite a linha germinativa humana], em que clamaram aos seus pares para que não desenvolvessem tal pesquisa antes que uma séria discussão ética fosse levantada. O texto chama a atenção ao fato de que até aquele momento, março de 2015, várias pesquisas que usavam a técnica CRISPR já vinham sendo feitas com outros animais, o que seria um passo para a pesquisa em células germinativas (óvulo e espermatozoide) humanas: "Estudos usando edição de genes em animais como ratos, gado, ovelhas e porcos, indicam que é possível excluir ou desativar genes em um embrião – um processo mais simples do que realmente corrigir sequências de DNA – em apenas algumas células" (LAMPHIER et al., 2015, p. 411). Manipulações com células germinativas humanas já vinham sendo feitas com outras técnicas, mas, com o CRISPR, as alterações poderiam ser transmitidas para as gerações posteriores.

Ao se concentrarem na linha germinativa, os cientistas podem enviar CRISPR para o embrião em seu estágio inicial de desenvolvimento e reverter a mutação em uma única célula. À medida que o embrião se desenvolve em um organismo adulto, o DNA reparado é copiado fielmente em todas as células filhas, incluindo as células germinativas que eventualmente transmitirão o genoma para as gerações subsequentes (DOUDNA; STERNBERG, 2017, p. 158).

Devido a possíveis riscos, muitos países que têm capacidade técnica para fazerem manipulações genéticas em células germinativas se valem do aspecto jurídico para proibirem as alterações:

> Muitos países não possuem legislação explícita em vigor que permita ou proíba a engenharia genética em humanos – considerando essa pesquisa experimental e não terapêutica (consulte go.nature.com/uvthmu). No entanto, em países com políticas relacionadas à modificação genética herdável, isso foi proibido por lei ou por medidas que tenham força de lei. Esse consenso é mais visível na Europa Ocidental, onde 15 das 22 nações proíbem a modificação da linha germinativa. Embora os Estados Unidos não tenham proibido oficialmente a modificação da linha germinativa, o Comitê Consultivo de DNA Recombinante do Institutos Nacionais de Saúde dos EUA afirma explicitamente que "atualmente não apresentará propostas para alterações na linha germinativa" (consulte go.nature.com/mgscb2) (LAMPHIER et al., 2015, p. 411).

O fato de existirem legislações mais duras em países do ocidente europeu, abre uma maior possibilidade de a manipulação genética em nível germinativo com a técnica CRISPR ocorrer nos demais países.

O manifesto de Lamphier et al. (2015) é explícito em afirmar que o grande receio é a prática eugênica e os possíveis danos à própria linhagem humana, por isso, um debate público com especialistas, acadêmicos e a opinião pública é fundamental para que se possa discutir se e em quais circunstâncias a técnica de manipulação em nível germinativo em humanos deva ocorrer, o que não implicaria, contudo, excluir toda pesquisa que envolva manipulação genética.

Tal preocupação também é exposta por Jennifer Doudna, uma das criadoras da técnica, que também se questiona sobre o impacto social:

> No entanto, aqui estava eu, assistindo a uma tecnologia que eu ajudara a criar, sendo usada de maneiras que podiam transformar radicalmente nossa espécie e o mundo em que vivemos. Isso aumentaria inadvertidamente as desigualdades sociais ou genéticas ou levaria a um novo movimento eugênico? Para que repercussões precisamos nos preparar? (DOUDNA; STERNBERG, 2017, p. XVII).

Ainda em 2015, vários cientistas da área de manipulação genética se reuniram em Napa, Califórnia, para discutirem as implicações científicas, médicas, legais e éticas sobre as técnicas de manipulação genética, influenciados pela potencialidade da técnica CRISPR-*Cas9*. O encontro deu origem ao texto *A prudent path forward for genomic engineering and germline gene modification* [Um caminho prudente para a engenharia genômica e a modificação de genes da linha germinativa].

O texto de Baltimore et al. (2015) afirma que, no caso do genoma humano, a esperança é que a manipulação genética cure doenças genéticas, entretanto, ao mesmo tempo, envolve questões políticas e de saúde pública. A urgência se devia ao fato de a técnica CRISPR-*Cas9* modificar o genoma de maneira mais eficiente e mais barata, em comparação com as técnicas usadas até então. E, o mais preocupante, ter a capacidade de alterar os DNAs nos núcleos das células reprodutivas, que podem transmitir informações para as gerações futuras.

A sugestão é que a sociedade civil, de maneira transdisciplinar, e não apenas geneticistas, devam discutir a melhor forma de conduzir a técnica de manipulação CRISPR-*Cas9* em células germinativas, como fizeram os especialistas reunidos naquele encontro:

Diante desses rápidos desenvolvimentos, seria sensato iniciar uma discussão que una a comunidade de pesquisa, indústrias relevantes, centros médicos, órgãos regulares e o público a fim de explorar os usos responsáveis dessa tecnologia. Para iniciar essa conversa, desenvolvedores e usuários da tecnologia CRISPR-*Cas9* e especialistas em genética, direito e bioética discutiram as implicações e a rápida expansão do campo da engenharia do genoma (BALTIMORE et al., 2015, p. 37).

Uma das grandes interrogações é se uma alteração genética em células germinativas saísse do controle, devido à relação com o meio ambiente ou a resultados imprevisíveis.

Por exemplo, seria apropriado usar a tecnologia para alterar uma mutação genética causadora de doença para uma sequência mais típica entre pessoas saudáveis? Mesmo esse cenário aparentemente simples levanta sérias preocupações, incluindo o potencial de consequências não intencionais de modificações hereditárias da linha germinativa, porque há limites para nosso conhecimento da genética humana, interações gene-ambiente e caminhos da doença (incluindo a interação entre uma doença e outras condições ou doenças no mesmo paciente) (BALTIMORE et al., 2015, p. 37).

Para os pesquisadores (BALTIMORE et al., 2015), a discussão pública é fundamental, a fim de gerenciar os méritos e os riscos do CRISPR-*Cas9*. Entretanto, deixaram quatro recomendações específicas a curto prazo:

1) Desencorajar manipulações em células germinativas que sejam aplicadas em seres humanos, enquanto as questões sociais, ambientais e éticas não tenham sido discutidas por entidades científicas e governamentais, a fim de se buscar um uso responsável futuro.

2) Incentivar um diálogo entre especialistas da comunidade científica e da bioética com a sociedade em geral, por meio de fóruns e conferências, com o objetivo de esclarecer e educar o público em geral, levantando os possíveis problemas e ganhos, suas implicações éticas e legais da manipulação e o uso em células germinativas.

3) Apoiar apenas pesquisas transparentes com a técnica CRISPR-*Cas9*, a fim de recolher informações adequadas para garantir um uso seguro no futuro.

4) Reunir especialistas do mundo inteiro que trabalhem com tecnologia de manipulação genética, bem como juristas, bioeticistas

e membros da comunidade científica em geral, além de representantes da sociedade civil e dos governos, para discussões e possíveis recomendações políticas.

Fazendo uma espécie de contraponto aos argumentos contrários ao uso da técnica CRISPR-*Cas9* em células germinativas, Savulescu et al. (2015), num artigo denominado *The moral imperative to continue gene editing research on human embryos* [O imperativo moral de continuar a pesquisa de edição de genes em embriões humanos], argumentam favoravelmente às pesquisas envolvendo a técnica CRISPR-*Cas9*.

Os prestigiosos periódicos científicos *Nature* e *Science* publicaram comentários que pedem que esta pesquisa seja fortemente desencorajada ou interrompida por completo (Lanphier et al., 2015; Baltimore et al., 2015). Acreditamos que isso deve ser questionado. Há um imperativo moral para continuar esta pesquisa. As tecnologias de edição de genes têm um enorme potencial como ferramenta terapêutica na luta contra a doença. Aproximadamente 6% de todos os nascimentos têm um sério defeito de nascença, que é de origem genética ou parcialmente genética (Christianson et al., 2006). Técnicas avançadas e precisas de edição de genes podem virtualmente erradicar defeitos congênitos genéticos, beneficiando, assim, quase 8 milhões de crianças por ano. Além disso, 35% de todas as mortes são devidas a doenças crônicas, como câncer e diabetes, em menores de 70 anos (SAVULESCU et al., 2015, p. 476).

A pesquisa em edição de genes é uma necessidade moral, na visão de Savulescu et al. (2015). Ela pode reduzir o número de embriões utilizados em outras técnicas e não transmitir possíveis doenças dos progenitores nos embriões manipulados. Além do mais, contra-argumentam que essa técnica, especificamente, seja realmente imprevisível, já que isso poderia ser alegado a tantas outras técnicas criadas. O possível uso não terapêutico de uma técnica não pode impedir seu aperfeiçoamento no seu uso terapêutico. Por isso, criticam a moratória da pesquisa proposta por outros estudiosos do tema. Entretanto, os autores não estão propondo um uso eugênico e arbitrário da técnica, já que a reflexão ética e a intervenção jurídica são necessárias:

> Em vez de uma proibição geral da pesquisa em tecnologia de edição de genes, seria mais apropriado proibir a implantação dessa tecnologia para aprimorar as características normais, se essa for a preocupação. A tecnologia pode e deve ser controlada por leis. E se não puder, não faz sentido fazer leis, incluindo proibições. Em vez disso, seria melhor gastar energia preparando-se para combater a implantação antiética da tecnologia. [...] seria altamente antiético levar a termo embriões humanos modificados, a menos que estivéssemos muito confiantes de que a técnica poderia ser usada com segurança. O risco simplesmente não seria justificado por quaisquer benefícios em potencial. No entanto, isso não justifica uma moratória na pesquisa de edição de genes (SAVULESCU et al., 2015, p. 477).

Desde que não houvesse implantação de embriões, sem as devidas reflexões na sociedade, principalmente em nível ético, não haveria prejuízo em se realizarem as pesquisas com a técnica de edição de genes CRISPR-*Cas9*.

Os ganhos com o CRISPR-*Cas9* e o impacto real de sua técnica contribuíram para que as *National Academies of Sciences, Engineering, and Medicine* (2017) dos Estados Unidos fizessem um relatório denominado "Human Genome Editing: science, ethics, and governance" [Edição do genoma humano: ciência, ética e governança], em que tomam uma posição favorável à manipulação genética em embriões e células germinativas, desde que seguindo algumas diretrizes. As conclusões do comitê podem ser sintetizadas nos seguintes princípios e observações finais:

> A edição do genoma é uma grande promessa para prevenir, melhorar ou eliminar muitas doenças e condições humanas. Junto com essa promessa, surge a necessidade de pesquisa e uso clínico com responsabilidade ética.
>
> RECOMENDAÇÃO 2-1. Os seguintes princípios devem apoiar os sistemas de supervisão, a pesquisa e os usos clínicos da edição do genoma humano:
>
> 1. Promoção do bem-estar
>
> 2. Transparência
>
> 3. Cuidado devido
>
> 4. Ciência responsável
>
> 5. Respeito pelas pessoas
>
> 6. Justiça
>
> 7. Cooperação transnacional (NATIONAL, 2017, p. 182)

Esses princípios, por sua vez, vão resultar em responsabilidades para a edição do genoma humano. A seguir, explica-se cada um dos princípios elencados e suas respectivas responsabilidades atreladas.

A) Promoção do bem-estar: deve-se sempre buscar o benefício (princípio da beneficência) e a prevenção dos danos (princípio da não maleficência) dos envolvidos nas pesquisas ➜ As responsabilidades procedidas são: a) usar a edição de genoma humano para tratamentos ou prevenção de doenças e não aplicá-la em casos de grande incerteza; b) buscar os benefícios, tendo também em vista os riscos envolvidos.

B) Transparência: deve-se dar informações aos interessados de forma clara e compreensível ➜ As responsabilidades procedidas são: a) comprometimento com a exposição do maior número de informações e de maneira célere; b) ceder informações para a construção de políticas públicas.

C) Cuidado devido: deve-se ter um cuidado com os envolvidos, agindo somente baseado em firmes evidências ➜ A responsabilidade procedida é: agir com precaução e frequente reavaliação das ações, levando também em conta as opiniões culturais.

D) Ciência responsável: deve-se agir baseado somente em altos padrões de pesquisa, seguindo as diretrizes de normas internacionais e profissionais. ➜ As responsabilidades procedidas são: a) fazer pesquisa de alto padrão; b) revisar e avaliar as pesquisas seguindo os protocolos; c) ser transparente; d) corrigir informações equivocadas.

E) Respeito pelas pessoas: deve-se reconhecer a dignidade de todos os indivíduos, respeitando suas decisões particulares, além de tomar todos os indivíduos com o mesmo valor moral, independentemente de suas propriedades genéticas. ➜ As responsabilidades procedidas são: a) ter um mesmo comprometimento com todos; b) ter respeito às decisões; c) prevenir práticas eugênicas, como as já praticadas; d) desestigmatizar as deficiências.

F) Equidade: deve-se tratar os casos semelhantes da mesma maneira e praticar a justiça distributiva em relação aos riscos e benefícios. ➔ As responsabilidades procedidas são: a) fazer a distribuição de tarefas e benefícios das pesquisas; b) possibilitar o acesso universal e equitativo dos benefícios alcançados pelas investigações.

G) Cooperação transnacional: deve haver uma colaboração internacional de pesquisa, levando-se em consideração os diferentes contextos culturais. ➔ As responsabilidades procedidas são: a) ter respeito pelas diferentes políticas nacionais; b) buscar normas comuns; c) partilhar dados alcançados.

Conclusão

A potencialidade da técnica CRISPR é admirável. Sua inserção ocorre em áreas variadas que abrangem a indústria de alimentos, a indústria farmacêutica, o controle de doenças, os animais, incluindo os seres humanos. Entretanto, levanta questões que ainda não possuem respostas definitivas, tais como: há perigo para a biosfera e para os seres humanos? Mais explosiva são as questões referentes à manipulação genética em células germinativas e embriões.

Apesar de o desejo de melhorar a espécie ser algo presente na humanidade, a capacidade potencial de se fazer isso, usando a técnica CRISPR-*Cas9*, causa receio e medo.

Antevendo o que a técnica CRISPR-*Cas9* é capaz de fazer, autores de diferentes áreas já começaram a se questionar a respeito. A prudência e o diálogo são fundamentais em âmbito global para que a humanidade não ultrapasse qualquer linha de que vá arrepender-se. Nesse sentido, a reflexão por parte de cientistas, filósofos, agentes governamentais e sociedade civil é fundamental no processo de consolidação ou não da técnica. Dentre outras, há implicações éticas, biológicas, sociais e políticas.

Em se tratando do uso do CRISPR-*Cas9* em células germinativas e embriões, o diálogo deve ser redobrado. A possibilidade de se alterar a própria natureza humana possui um duplo caminho, pois, por um lado, pode-se realizar efetivamente o desejo humano milenar de transcender a condição atual, mas, por outro, pode-se ter consequências que resultem no próprio fim da humanidade.

Referências

BALTIMORE, David et. al. A prudent path forward for genomic engineering and germline gene modification. *Science*, v. 348, p. 37-38, abr. 2015. Disponível em: <https:// http://arep.med.harvard.edu/pdf/Baltimore_Science-2015.pdf>. Acesso em: 2 jan. 2020.

BARRANGOU, Rodolphe et al. CRISPR provides acquired resistance against viruses in prokaryotes. *Science*, v. 315, p. 1709-1712, mar. 2007. Disponível em: <https://www.ncbi.nlm.nih.gov/pubmed/17379808>. Acesso em: 2 jan. 2020.

BROUNS, Stan J. J. et al. Small CRISPR RNAs Guide Antiviral Defense in Prokaryotes. *Science*, v. 321, p. 960-964, 2008. Disponível em: <http://science.sciencemag.org/content/321/5891/960.long>. Acesso em: 2 jan. 2020.

DOUDNA, Jennifer; STERNBERG, Samuel. *A crack in creation: the power to control evolution.* London: Vintage, 2017.

EGLI, Dieter et al. Inter-homologue repair in fertilized human eggs? *Nature*, v. 560, p. E5-E7, ago. 2018. Disponível em: <https://www.nature.com/articles/s41586-018-0379-5.pdf>. Acesso em: 2 jan. 2020.

ISHINO, Yoshizumi et al. Nucleotide sequence of the iap gene, responsible for alkaline phosphatase isozyme conversion in Escherichia coli, and identification of the gene product. *Jornal of Bacteriology*, v. 169, p. 5429-5433, 1987. Disponível em: <https://www.ncbi.nlm.nih.gov/pmc/articles/PMC213968/>. Acesso em: 2 jan. 2020.

JINEK, Martin et al. A Programmable Dual-RNA–Guided DNA Endonuclease in Adaptive Bacterial Immunity. *Science*, v. 337, p. 816-821, ago. 2012. Disponível em: <http://science.sciencemag.org/content/337/6096/816/tab-pdf>. Acesso em: 2 jan. 2020.

KOLATA, Gina; WEE, Sui-Lee; BELLUCK, Pam. Chinese Scientist Claims to Use Crispr to Make First Genetically Edited Babies. *New York Times*, 26 nov. 2018. Disponível em: <https://www.nytimes.com/2018/11/26/health/gene-editing-babies-china.html>. Acesso em: 2 jan. 2020.

LAMPHIER, Edward et al. Don't edit the human germ line. *Nature*, v. 519, p. 410-411, mar. 2015. Disponível em: <https://www.nature.com/polopoly_fs/1.17111!/menu/main/topColumns/topLeftColumn/pdf/519410a.pdf>. Acesso em: 2 jan. 2020.

LEDFORD, Heid. CRISPR fixes embryo error. *Nature*, v. 548, p. 13-14, ago. 2017. Disponível em: <https://www.nature.com/polopoly_fs/1.22382!/menu/main/topColumns/topLeftColumn/pdf/nature.2017.22382a.pdf>. Acesso em: 2 jan. 2020.

MAKAROVA, Kira S. et al. A putative RNA-interference-based immune system in prokaryotes: computational analysis of the predicted enzymatic machinery, functional analogies with eukaryotic RNAi, and hypothetical mechanisms of action. *Biology Direct*, n. 1, 2006. Disponível em: <https://www.ncbi.nlm.nih.gov/pmc/articles/PMC1462988/pdf/1745-6150-1-7.pdf>. Acesso em: 2 jan. 2020.

MARCHIONE, Marilynn. Chinese researcher claims first gene-edited babies. *Associated Press*. 26 nov. 2018. Disponível em: <https://www.apnews.com/4997bb7aa36c45449b488e19ac83e86d>. Acesso em: 2 jan. 2020.

MOJICA, Francisco J. et al. Biological significance of a family of regularly spaced repeats in the genomes of Archaea, Bacteria and mitochondria. *Molecular Microbiology*, v. 36, n. 1, p. 244-246, 2000. Disponível em: <https://onlinelibrary.wiley.com/doi/pdf/10.1046/j.1365-2958.2000.01838.x>. Acesso em: 2 jan. 2020.

NATIONAL ACADEMIES OF SCIENCES, ENGINEERING, AND MEDICINE. *Human Genome Editing: Science, Ethics, and Governance*. Washington, DC: The National Academies Press, 2017. Disponível em: <https://www.nap.edu/catalog/24623/human-genome-editing-science-ethics-and-governance>. Acesso em: 2 jan. 2020.

PENNISI, Elizabeth. The CRISPR Craze. *Science*, v. 341, p. 833-836, Aug. 2013. Disponível em: <http://science.sciencemag.org/content/341/6148/833>. Acesso em: 2 jan. 2020.

RAMZY, Austin; WEE, Sui-Lee. Scientist Who Edited Babies' Genes Is Likely to Face Charges in China. *New York Times*, 21 Jan.

2019. Disponível em: <https://www.nytimes.com/2019/01/21/world/asia/china-gene-editing-babies-he-jiankui.html>. Acesso em: 2 jan. 2020.

SAVULESCU, Julian et al. The moral imperative to continue gene editing research on human embryos. *Protein Cell*, v. 6, p. 476-479, Apr. 2015. Disponível em: <https://www.researchgate.net/publication/279306801_The_moral_imperative_to_continue_gene_editing_research_on_human_embryos>. Acesso em: 4 jan. 2020.

VAN ERP, Paul B. G. et al. The history and market impact of CRISPR RNA-guided nucleases. *Current Opinion in Virology*, v. 12, p. 85-90, 2015. Disponível em: <https://www.sciencedirect.com/science/article/pii/S1879625715000425?via%3Dihub>. Acesso em: 2 jan. 2020.

WANG, H. et al. One-Step Generation of Mice Carrying Mutations in Multiple Genes by CRISPR/Cas-Mediated Genome Engieering. *Cell*, v. 153, p. 910-918, 2013. Disponível em: <https://www.cell.com/action/showPdf?pii=S0092-8674%2813%2900467-4>. Acesso em: 2 jan. 2020.

WIEDENHEFT, Blake; STERNBERG; Samuel H; DOUDNA, Jennifer A. RNA-guided genetic silencing systems in bacteria and archaea. *Nature*, v. 482, p. 331-338, Feb. de 2012. Disponível em: <https://www.nature.com/articles/nature10886>. Acesso em: 2 jan. 2020.

CAPÍTULO 10

Biocontrole, ecologia e saúde humana: o impacto do ser humano no meio ambiente a partir da microbiologia

Raquel Virgínia Rocha Vilela

1. Uma breve história da interação da natureza com os homens

Há cerca de 50 mil anos, os seres humanos, embora ainda nômades, desenvolveram características fenotípicas dos homens modernos, adquirindo habilidades para sobreviver às mudanças do meio ambiente. Apesar dos esforços para sobrevivência, os homens primitivos ainda habitavam cavernas e estavam à mercê de seu ambiente natural, apesar da invenção de ferramentas para caçar e cobrir seus corpos com a pele de animais. Os nômades da idade da pedra eram povos que apresentavam facilidade de mobilizar-se, viajando longas distâncias de um lugar para outro em busca de abrigo e comida. Nos 30 mil anos seguintes, os homens desenvolveram novas tecnologias (fogo), habilidades artísticas, mudaram de cavernas para casas de pedra e madeira e, também, desenvolveram a agricultura e domesticaram animais. Esses primeiros humanos rapidamente se diferenciam de seus ancestrais e empregaram suas habilidades recém-adquiridas utilizando a natureza para sobreviver.

Nos estágios iniciais da história, o desmatamento com a utilização do fogo foi o primeiro impacto direto à natureza. Este, no entanto, foi um passo necessário para a produção de alimentos através da agricultura e para o uso da madeira na construção de novas aldeias. No ano 13.000 a.C., os homens haviam viajado pelo mundo e, nessa época, os humanos haviam habitado todos os continentes, inclusive as Américas. A obsessão humana por mais conhecimento, aliada à sua curiosidade e domínio, tornou possível a descoberta de novas terras. Durante esse processo, os homens aprenderam que, para atingir seus objetivos, o uso de recursos naturais, como água, fogo, cobre, ferro, alimentos, era essencial para sua sobrevivência. Foi durante esse período que os humanos começaram o desenvolvimento de pequenas cidades, introduzindo a necessidade de mais recursos naturais para manter a estrutura social e cultural das comunidades.

Com a introdução da agricultura em grande escala, descobriu-se que havia alguns insetos e outras pragas (agora conhecidas como bactérias, vírus e fungos) que destruíam as suas plantações. Através do desenvolvimento da capacidade de observação, chegou-se à conclusão de que havia outros agentes (insetos) que competiam com as pragas que destruíam as plantações. Dessa forma, essas informações foram utilizadas para introdução desses predadores para o controlar dos agentes que afetavam as suas plantações.

2. O que é controle biológico. Definição de controle biológico

A definição de Merriam-Webster de controle biológico é: "A redução ou eliminação do número de microrganismos nocivos a plantas e animais, pela interferência em sua ecologia, com a introdução de parasitos que eliminam estas pragas". Em outras palavras, a redução das populações de pragas utilizando pragas naturais, o que normalmente requer a intervenção dos seres humanos no processo. Também é importante lembrar que todos os animais, bactérias e espécies de fungos são controlados por organismos naturais e fatores ambientais, sem nenhuma interferência humana. Isso é frequentemente chamado de controle natural. Os inimigos naturais das pragas de insetos, também conhecidos como agentes de controle biológico, incluem predadores, parasitas e patógenos. Como exemplo, para o controle biológico de ervas daninhas que destroem o pasto, existe os patógenos naturais. É importante mencionar a diferença de conceituação entre controle biológico e controle natural. Controle natural é aquele que existe no ambiente normalmente, interferindo no desenvolvimento natural de plantas e animais. Controle biológico é a utilização de predadores naturais para o controle de outra praga, interferindo no equilíbrio ecológico natural das espécies afetadas. Alguns autores se referem ao controle biológico de doenças de plantas como agentes antagonistas.

3. História do controle biológico

É possível que o primeiro registro de homens utilizando animais para controlar o crescimento de outra população date de 4 mil anos atrás, quando no Egito foram utilizados gatos para o controle de roedores. Segundo vários historiadores (DOUTT, 1964; HAGEN; FRANZ, 1973; SIMMONDS et al., 1976), os diferentes estágios relacionados ao desenvolvimento do controle biológico podem ser divididos em três períodos:

1) Esforços duvidosos para eliminar pragas sem abordagem científica entre 200 d.C. e 1887 d.C.

2) Período estendido entre 1888 e 1955, incluindo os primeiros esforços para utilizar o besouro *Rodolia cardinalis* para controlar a praga que destruía as plantações de algodão.

3) O período científico atual, ou período moderno, caracterizado por um planejamento e avaliação mais cuidadosos da resposta da natureza na utilização do controle biológico, de 1955 até os dias atuais.

O primeiro período (200 d.C. a 1887 d.C.) é caracterizado pelo uso empírico de insetos para controlar outras espécies de insetos nocivos. O relatório inicial do uso de insetos para controlar outra espécie de inseto veio desse período. Por exemplo, no século III, a formiga *Oecophylla smaragdina* foi vendida na cidade de Canton, na China, para controlar insetos que afetavam as plantações de frutas cítricas (*Tesseratoma papillosa*). Da mesma forma, em 1200 d.C., as formigas também foram vendidas no Iêmen para controlar uma enfermidade que destruía as palmeiras e, no mesmo ano, o besouro-joaninha foi utilizado para controlar insetos que afetavam essas plantas. Durante esse período, vários pesquisadores coletaram informações sobre os parasitas das culturas. Por exemplo, Van Leeuwenhoek, em 1701, publicou um trabalho ilustrando um parasita de mosca que afetava a folha de salgueiros; Reaumur, em 1726, reconheceu um fungo como parasita de inseto; em 1776, o percevejo

Cimex lectularious foi eliminado de lares e leitos infectados, com a utilização de seu predador *Picromerus bindes*. Até Charles Darwin reconheceu em 1800 que as espécies de *Ichneumon* podem ser utilizadas como controle biológico de lagarta de repolho. Entre 1850 e 1887, nos Estados Unidos, foi proposta a importação de insetos para controlar pragas que afetavam grandes plantações. Inúmeros exemplos desses esforços estão disponíveis na literatura (BOSCH et al. 1982). Por exemplo, *Apanteles glomeratus* foi importado da Inglaterra para os EUA (solicitado pelo USDA) para controlar o verme de cabra *Pieris rapae*, sendo esta a primeira remessa oficial intercontinental de um controle biológico importado na história. Nessa época, não existia o conhecimento do impacto da utilização do controle biológico, no equilíbrio da microbiota de um ecossistema.

O segundo período (1888 d.C. a 1955 d.C.) é caracterizado pela utilização sistemática de inimigos naturais bem conhecidos de espécies de insetos vegetais para controlar o crescimento de plantas economicamente importantes. Um exemplo é o caso do parasita da almofada de algodão *Icerya purchasi* que afeta as lavouras na Califórnia por volta de 1888. Diversos insetos foram importados da Austrália, como o *Cryptochaetum iceryae* e o *Rodolia cardinalis*, bem conhecidos como predadores da espécie de *Icerya* que afetam o algodão. Em um ano, os relatórios desse período indicaram que os dois predadores conseguiram controlar a *I. purchasi* nos campos da Califórnia. O problema com esse sucesso inicial é que a Califórnia se acomodou na abordagem de controle biológico e não procurou metodologias alternativas desse controle.

Entre 1900 e 1930, foram feitos vários esforços para procurar predadores que controlassem parasitas de insetos de cana-de-açúcar no Havaí. Foi recomendada a utilização do predador *Cyrtorhinus mundulus*, um parasita natural de insetos de cana-de-açúcar em Queensland, Austrália. É importante mencionar que ocorreu um declínio evidente nos agentes de controle biológico entre a Primeira e a Segunda Guerra Mundial. Em 1955, foi fundada em Zurique, na Suíça, uma organização dedicada ao compromisso internacional na busca de agentes de controle biológico para proteger culturas e animais. Assim, esse período terminou com a criação da Organização Internacional para o Controle Biológico (IOBC), com enfoque científico na busca do controle biológico de espécies de pragas e ervas daninhas de artrópodes. Para garantir a divulgação de suas descobertas científicas sobre controles biológicos, o IOBC apresenta a revista *Entomophaga*, dedicada a esses empreendimentos.

O último período, conhecido como período moderno (1957 d.C. até o presente), é caracterizado pelo uso de pesticidas. Porém, foi reconhecido que os pesticidas poderiam apresentar um impacto na saúde humana. Entretanto, os benefícios econômicos na produção agrícola, com o uso de pesticidas, foram surpreendentes. Mais importante, durante esse período, foi o desenvolvimento da preocupação ecológica e ambiental na manipulação de micróbios e recursos naturais para benefício humano. Talvez o evento mais importante nesse período tenha sido a preocupação de ativistas ambientais, que culminou com a publicação do livro *Silent Spring*, de autoria de Rachel Carson 1962. Em seu livro, Carson criticou o uso de pesticidas e seu impacto deletério na vida selvagem e nos seres humanos. Apesar das preocupações crescentes com a manipulação do meio ambiente para benefício humano, vários autores de diferentes universidades incentivavam o uso do controle biológico como uma alternativa aos pesticidas. Por exemplo, os pesticidas na época estavam enfrentando a crescente pressão sobre os relatos de resistência pela maioria de sua população-alvo de insetos. Assim, no final dos anos 1990, podemos distinguir o aparecimento de dois periódicos de controle biológico: "Controle Biológico – Teoria e Aplicação no Gerenciamento de Animais de estimação" e "Ciência e Tecnologia do Biocontrole". Esses dois períodos descrevem a posição daqueles que favorecem a manipulação de animais, bactérias, fungos e vírus como controle biológicos e daqueles que estão preocupados com o futuro do meio ambiente como um todo. Com o advento da biologia molecular nos últimos 30 anos, tornou-se possível a manipulação de genes para desenvolver plantas mais saudáveis e resistentes a algumas pragas. Com a utilização dessa tecnologia, a ideia de controle biológico se tornou cada vez mais popular para os interessados na continuidade dessa técnica.

Mais adiante neste capítulo, abordaremos em detalhes as diferentes técnicas que alguns cientistas estão utilizando na manipulação do genoma de microrganismos, pragas e as supostas consequências negativas que essa proposta poderia desencadear após sua liberação na natureza.

4. História do controle biológico no Brasil

O primeiro inseto de controle biológico introduzido no Brasil ocorreu em 1921, quando *Encarsia berlesei* foi importada dos Estados Unidos para controlar *Pseudaulacaspus pentagona* que afetava os pomares de pessegueiros brasileiros (PARRA; COELHO, 2019). Esse método de controle biológico foi utilizado precocemente no

Brasil, seguido pela introdução de predadores de pragas vegetais, como: *Hypothenemus hampei, Erisoma lanigerum, Ceratitis capitate* e outros. Esses programas de controle biológico continuaram com sucesso até a descoberta do inseticida DDT, direcionado a espécies de insetos que afetam as plantas. Assim, o controle biológico tornou-se obsoleto e suplantado principalmente pelo uso de produtos químicos agrícolas (PARRA, 2014). Com a constatação de que esses produtos agrícolas poderiam causar danos a humanos e animais de vida selvagem e o fato de que algumas pragas desenvolveram resistência a esses pesticidas, a ideia da utilização do controle biológico foi revisitada. Em 1967, a *Hymenoptera Neodusmetia sangwani* foi importada do Texas, EUA, e utilizada com sucesso para controlar o inseto *Antonina graminis* que infectava pastagens brasileiras na criação de gado. Recentemente, o predador de insetos *N. sangwani* não está mais em uso e foi substituído por outro mais eficaz, o *A. graminis, Brachiaria decumbens*. O predador posterior manteve as pastagens livres de *A. graminis*, e fazendeiros estão apoiando seu uso em fazendas de gado brasileiras (ibid.).

Além disso, o controle biológico tem sido utilizado para eliminar plantas tóxicas que afetam o gado brasileiro (PEDROSA-MACEDO et al., 2000). Acordos de cooperação entre vários grupos brasileiros nos Estados de Curitiba e Paraná e algumas universidades nos Estados Unidos foram documentados (ibid.). Também foi relatado o uso do predador *Trichogramma pretiosum* em 250 mil hectares de soja para controlar a lagarta de algodão *Helicoverpa armigera* e o parasita de soja *Chrysofdeixis includens*. Esses relatórios sugerem que o uso do controle biológico no Brasil é uma prática comum na indústria de grãos, frutas e gado.

Talvez o evento de controle biológico mais importante no Brasil ocorreu com a introdução de um predador (*Trichogramma galloi*) para a broca da cana-de-açúcar *Diatraea saccharalis*. Antes de sua introdução, os pesquisadores locais utilizaram outros predadores nativos *Diptera* menos eficazes, como *Lydella minense* e *Billaea claripalpis*. É importante mencionar que o Brasil é o principal exportador de cana do mundo, portanto, esse setor é de suma importância para a economia brasileira. Com o sucesso de *T. galloi* no controle de pragas da cana-de-açúcar, o uso do controle biológico no Brasil, envolvendo macro e microrganismos, aumentou 20% ao ano, mais rápido que o resto do mundo (10-15%) (LENTEREN et al., 2018). Em grandes plantações, o uso do controle biológico é recomendado pela maioria dos cientistas brasileiros que lidam com esse tipo de indústria. Hoje o Brasil é considerado um dos maiores usuários de controles biológicos em campos abertos do mundo (PARRA; COELHO, 2019).

5. Vantagens e desvantagens do controle biológico

Desde que os seres humanos se reuniram em comunidades pequenas e grandes, sendo, portanto, necessário sustentar populações numerosas, tornou-se indispensável a introdução de novas estratégias, incluindo na agricultura, na domesticação de animais e no controle de animais que competem pelos mesmos recursos alimentares. Como descrito anteriormente, no início da história da humanidade o homem aprendeu a utilizar predadores naturais para controlar pragas que afetavam o suprimento de alimentos. Embora as vantagens no controle biológico para aqueles que vivem em grandes comunidades agrícolas (cana-de-açúcar, citros, algodão e outros) sejam evidentes, existem alguns efeitos indesejáveis consequentes da introdução de novos predadores em outro ecossistema. A seguir, alguns desses benefícios e desvantagens.

Vantagens:

a) Um sistema de controle biológico é uma estratégia direta. O princípio é que sempre que um predador é introduzido, ele terá como alvo uma espécie predadora.

b) É uma boa alternativa aos pesticidas.

c) Teoricamente, os controles biológicos, na maioria das vezes, são capazes de se sustentar e podem se multiplicar no ambiente selecionado por longos períodos.

d) A longo prazo, o controle biológico pode ser rentável para os agricultores, especialmente aqueles com grandes áreas agrícolas.

e) Com base nos últimos 30 anos de experiência, os predadores de controle biológico foram eficazes na eliminação de suas espécies-alvo.

Desvantagens:

a) Um controle biológico pode mudar ou sofrer mutações de acordo com as pressões ambientais, resultando em novas condições e resultados imprevisíveis.

b) A introdução de uma nova espécie em novos ambientes tem o risco de romper a cadeia alimentar natural da região, com resultados catastróficos.

c) É um processo lento. Leva tempo para ver os resultados.

d) Os predadores de controle biológico só podem reduzir as espécies-alvo. Portanto, ele não pode acabar com uma população-alvo inteira, pois poderia desaparecer por falta de alimento.

e) Estabelecer um sistema de controle biológico é um empreendimento caro. Muito planejamento e dinheiro são investidos no desenvolvimento de um sistema bem-sucedido.

6. Técnicas tradicionais e atuais de controle biológico e plantas resistentes a doenças

Apesar do uso do controle biológico em vários países, existem atitudes negativas direcionadas a sua utilização. Em um relatório recente da IOBC, sugere-se que, exceto para a Nova Zelândia e a África do Sul, os adeptos dessa tecnologia estão em declínio (BARRATT et al., 2018). Um dos aspectos que afetam o uso de controles biológicos é a introdução de agências reguladoras em muitos países que lidam com regulamentações relacionadas a riscos ambientais, incluindo controles biológicos (KLEIN et al., 2011). A adoção pelos países europeus de um plano de Manejo Integrado de Pragas (IPM) foi assumida desde janeiro de 2014 (BARRAT et al., 2018). No entanto, em países com vasta produção de grãos e grandes fazendas como Brasil, África do Sul, EUA e outros, a adoção desses elementos regulatórios pode interferir nos interesses econômicos desses países, em comparação com aqueles com pequenas áreas de cultivo típicas dos países europeus (KLEIN et al., 2011).

7. Modificação genética de plantas

Com o advento das técnicas moleculares (engenharia genética), a manipulação direta de qualquer material genômico de um organismo, utilizando ferramentas tecnológicas, atingiu seu apogeu nos últimos 30 anos (CHRISTOU, 2013; DONG; RONALD, 2019). É importante mencionar que as plantas possuem mecanismos de defesa contra numerosos patógenos (bactérias, fungos ou vírus) e que, ao desenvolverem esses mecanismos de defesa, na maioria dos casos eles passam a ter resistências a infecções posteriores. Por exemplo, algumas plantas desenvolvem mutações naturais para reforçar suas barreiras físicas estruturais, e, dessa forma, impedem que patógenos tenham acesso dentro de suas células (CHRISTOU, 2013; COLLINGE, 2009). Além disso, as plantas também desenvolveram moléculas antimicrobianas para suprimir a patogenicidade dos microrganismos invasores. Algumas plantas também utilizam RNAi (RNA de interferência) para detectar e eliminar vírus patogênico de RNA, clivando seu RNA viral. No entanto, os patógenos também modificaram seus genes para aumentar seus fatores de virulência e sua capacidade de infectar as plantas. É nesse conteúdo que a engenharia genética desempenha um papel preponderante na criação de novas plantas mutagênicas para resistir à infecção (culturas transgênicas). Com a introdução de técnicas de engenharia genética, legislações regulatórias também foram introduzidas em diferentes países para controlar a utilização dessa nova tecnologia (DONG; RONALD, 2019). Por exemplo, na Argentina, Brasil, EUA e outros, plantas manipuladas genomicamente, mas que não foram manipuladas com DNA de outro organismo, não estão sujeitas a políticas regulatórias rigorosas. Já plantas com genomas manipulados com DNA de outras espécies são altamente regulamentadas (plantas transgênicas) (CHRISTOU, 2013; DONG; RONALD, 2019). Nos dois casos, o problema é que as plantas transgênicas, com ou sem DNA externo, produzem pólens com genomas modificados (pólen transgênico), que, por sua vez, são capturados por insetos que polinizam plantas naturais não transgênicas. Assim, a introdução de genomas manipulados pela engenharia genética em ambientes naturais pode apresentar o risco de tornar transgênicos esses ambientes por meios naturais, com o advento da polinização (CHRISTOU, 2013; DONG; RONALD, 2019).

Sob esse conceito, os produtores que oferecem produtos vegetais ditos "orgânicos" poderiam ser questionados sobre essa afirmação. Um produto que esteja sendo vendido como "orgânico" apresenta alta probabilidade de que já esteja com seu DNA alterado, devido ao processo natural de polinização. Por exemplo: um produtor rural vende tomates "orgânicos", e parte desses tomates foram analisados com técnicas moleculares para avaliar a veracidade dessa afirmação. Apesar do produtor ter seguido todas as instruções para obter um produto "orgânico", o teste provou que os tomates apresentavam DNA como o dos transgênicos. As chances de seus tomates já terem sido polinizados com pólen transgênico de uma fazenda próxima, com tomates transgênicos, é um cenário plausível (CHRISTOU, 2013). Assim, esse fato pode ter um impacto direto na transformação de uma "fazenda orgânica" em uma fazenda transgênica. Provavelmente, esse fenômeno está ocorrendo atualmente em vários países com "fazendas orgânicas" localizadas em áreas próximas a grandes indústrias transgênicas, incluindo grandes fazendas com culturas geneticamente modificadas, como o Brasil (CHRISTOU, 2013).

8. Controle biológico de engenharia genética

Anteriormente discutimos o impacto e as realidades da liberação de artrópodes e insetos na natureza com o objetivo de controlar a população de pragas que causam doenças nas plantas e, portanto, perdas econômicas (LENTEREN et al., 2018; PARRA; COELHO, 2019; PARRA, 2014). O desenvolvimento das técnicas de manipulação genética nos últimos 20 anos permitiu a inserção de DNA de outros microrganismos em diferentes espécies de animais (HOY, 2000; LENTEREN et al., 2018). Embora numerosas sequências de DNA tenham sido investigadas, não há dados sobre como introduzir microrganismos manipulados geneticamente em ambientes naturais. É relevante mencionar que, apesar dos conhecimentos da manipulação genética terem progredido, ainda existe pouca compreensão sobre como avaliar os riscos potenciais associados a esse tipo de tecnologia em ambientes abertos (HOY, 2000). A maioria dos cientistas está focada na compreensão de como a introdução de controles biológicos no ambiente pode produzir consequências imprevisíveis, após a liberação desses organismos manipulados na natureza (HOY, 2000; KLEIN et al., 2011).

Existem várias posições a favor e contra o uso de controles biológicos versus o uso de pesticidas químicos (KLEIN et al., 2011). Um relatório recente das Nações Unidas (ONU), divulgado em 2017, chamou a atenção sobre o abuso de pesticidas e seu impacto na saúde humana e no meio ambiente, os quais afetam diretamente a diversidade biológica (ONU, 2017). O documento sugere que os estados criem estratégias nacionais para controlar e manter a biodiversidade. No Brasil, segundo Togni et al. (2019), a utilização de pesticidas ainda é problemática, uma vez que a legislação atual favorece o uso desses agentes controladores. De acordo com as últimas publicações do IBAMA (Instituto Brasileiro do Meio Ambiente e dos Recursos Naturais Renováveis), muitas vezes o uso de pesticidas é efetuado sem a análise técnica adequada, que é realizada por instituições competentes (BRASIL, 2002; IBAMA, 2018; TOGNI et al., 2019). Embora o uso de pesticida no Brasil ainda seja uma prática comum, os que são a favor dos controles biológicos consideraram substituir pesticidas com controle biológico para o manejo de pragas como uma opção viável. O grupo que defende a ideia do uso de controle biológico argumenta que no Brasil existem vários casos bem-sucedidos de manejo de pragas utilizando esses controles e que, portanto, devem aproveitar o sucesso obtido com essas experiências (LENTEREN et al. 2018; PARRA, 2014; 2019; TOGNI et al., 2019). Embora várias estratégias de controle biológico tenham sido testadas no Brasil, apenas uma dessas estratégias está documentada e aprovada pela legislação brasileira de agricultura orgânica (INSTRUÇÃO NORMATIVA [NI] 5/2016; IBAMA, 2016). Também nessa legislação, a importação de artrópodes para controlar pragas naturais das culturas brasileiras não é permitida. Os defensores do controle biológico encontram nessa legislação um problema, uma vez que o uso de pesticidas proibidos em outros países aumentou exponencialmente nos últimos 10 anos. Além disso, eles alegaram que bilhões de dólares são perdidos devido à resistência das pragas aos ingredientes desses pesticidas, além dos danos infligidos aos ecossistemas e ao meio ambiente em geral (TOGNI et al. 2019). Esses grupos defensores da utilização do controle biológico, suplantando o uso de pesticidas, desconsideram totalmente a possibilidade de que também o controle biológico poderia causar danos ecológicos imensuráveis. Segundo esses autores, o controle biológico é uma boa alternativa. Os defensores do controle biológico mencionam 50 empresas que oferecem 16 espécies diferentes de microrganismos naturais (controle biológico) para produtos agrícolas no Brasil. Um total de 95% dos registros no Ministério da Agricultura, Pecuária e Abastecimento (MAPA) são de produtos de controle biológico para a agricultura brasileira.

Parra (2014) identificou vários desafios na implementação do controle biológico no Brasil. Entre eles estão os problemas comuns à agricultura orgânica, que incluem monitoramento de pragas, transferência de tecnologia, diretrizes específicas para controle de qualidade de pragas naturais, logística para estratégias de armazenamento, transporte e liberação. Além disso, a eficiência no controle de pragas naturais pode variar de acordo com as regiões geográficas (MICHAUD, 2018), especialmente em grandes países como o Brasil. Apesar das opiniões contra e a favor dos controles biológicos, vários exemplos mostraram quão imprevisível é sua utilização (ibid.). Um exemplo sobre os riscos do uso de controle biológico foi o experimento realizado com o *Oomycete Lagenidium giganteum*, que ocorreu nos anos 1990. Um grupo de pesquisadores dos EUA estavam procurando uma praga natural de mosquitos, com a intenção de controlar as doenças transmitidas por esses vetores (KERWIN et al., 1986; id., 1994). Os esforços iniciais foram bem-sucedidos e posteriormente aprovados pela Agência de Proteção Ambiental dos EUA (USEPA), que registrou *L. giganteum* sob o nome comercial "Laginex" como um agente de biocontrole (TENG et al., 2005). Esses autores testaram a segurança de *L. giganteum* em hospedeiros não mamíferos (KERWIN et al., 1988) e mamíferos (id., 1990), confirmando que essa espécie somente afetava os mosquitos, pois não tinham crescido a 37ºC. Após a aprovação pela USEPA, eles liberaram *L. giganteum* como controle biológico em vários estados do Sul dos EUA. Já nos primeiros anos após sua liberação na natureza, comprovaram-se vários casos de uma doença cutânea reportada em cães, causada por *L. giganteum* termofílico. Em todos os locais que houve a liberação desse controle no ambiente, observaram-se casos de infecção causadas por esse agente (GROOTERS, 2003; MENDOZA; VILELA et al., 2015).

Esse caso é muito interessante, pois o *L. giganteum* foi liberado como controle biológico ("Laginex") porque não crescia a 37ºC – a temperatura dos hospedeiros mamíferos –, mas apenas a 25ºC. No entanto, o agente cultivado a partir das lesões de cães infectados era termofílico, ou seja, capaz de crescer a 37ºC. A análise filogenética realizada, utilizando vários genes do novo patógeno de mamífero *L. giganteum*, não apresentou diferenças substanciais para separar adequadamente o patógeno de mosquito de *L. giganteum*. Vilela et al. (2015) levantaram a hipótese de transferência horizontal de genes de microrganismos semelhantes que habitam esses ecossistemas. Uma possibilidade seria a transferência horizontal de genes de *Pythium insidiosum*, outro *oomycete* patógeno bem conhecido de gatos, cães, cavalos, humanos e outros animais, que residem no mesmo ecossistema (MENDOZA). A lagenidiose, nome da doença que surgiu no início de 2000 (GROOTERS, 2003), não foi encontrada nos anos anteriores à liberação desse controle biológico *L. giganteum* no ambiente. Foram realizados estudos para comprovar se essa enfermidade já havia ocorrido nos anos anteriores à liberação de "Laginex" no meio ambiente. Sendo assim, esses autores revisitaram casos arquivados com patologias clínicas semelhantes aos casos reportados de lagenidiose. Mas até hoje nenhum caso dessa doença foi comprovado, apesar das exaustivas buscas nos arquivos dos casos sugestivos. Hoje, a marca comercial "Laginex" foi retirada do mercado, após a publicação de vários artigos afirmando que o *L. giganteum* talvez seja uma mutação do microrganismo liberado na natureza (Laginex). Pois esse poderia ter sido adquirido por transferência gênica horizontal, devido ao contato com microrganismo ambientais residentes na região onde o controle biológico foi lançado (MENDOZA; VILELA et al., 2015).

O exemplo citado é uma das desvantagens da utilização das estratégias de controle biológico. Várias questões científicas, ambientais e políticas devem ser resolvidas antes que microrganismos ou artrópodes transgênicos possam ser implantados em programas práticos de gerenciamento de pragas (HOY, 2000). Estudos atuais mostraram que ainda existem questões não resolvidas para a implementação de controles biológicos (BARRATT et al., 2018; DONG; RONALD, 2019; HOY, 2000; KLEIN et al., 2011; MICHAUD, 2018). Um lado argumenta que os controles biológicos são uma maneira segura de gerenciar patógenos vegetais, mas que é necessário algum tipo de legislação para garantir o uso de abordagens e estratégias científicas realistas para os efeitos a longo prazo de tais estratégias. Por sua vez, isso poderia evitar a liberação, para o ambiente, de pragas naturais que não fazem parte de seus ecossistemas e, portanto, poderia tornar-se algo problemático no futuro. Conforme o exemplo dado, o *L. giganteum*, considerado um patógeno específico do mosquito, após ser lançado na natureza, sofreu mutações que promoveram fatores de virulência, tornando-o um patógeno de cães (VILELA et al., 2015). A marca registrada "Laginex", aprovada por uma agência federal dos EUA para ser utilizada no controle de larvas de mosquitos, não obteve o sucesso esperado. Essa realidade demonstra que, apesar da autorização para uso ter sido aprovada por uma agência federal, o microrganismo "controle", uma vez liberado na natureza, está sujeito a eventos imprevisíveis. Além disso, quando os microrganismos são lançados em novos sistemas ecológicos, eles interagem com outros microrganismos que habitam nesses ambientes, e, portanto, por transferência horizontal de genes, podem e vão trocar material genético com outros micróbios e animais. As consequências da liberação de *L. giganteum* na natureza podem servir como um relato de advertência e alerta para outros empreendimentos similares de controle biológico (KERWIN et al., 1994; TENG et al., 2005; VILELA et al., 2015).

Referências

BARRATT, B. I. P.; MORAN, V. C.; BIGLER, F.; LETEREN, van J. C. The status of biological control and recommendations for improving uptake for future. *BioControl*, 2018; 63:155-167.

BOSCH, van den R.; MESSENGER, P. S.; GUTIERREZ, A. P. *An introduction to biological control*. New York and London: Plenum Press, 1982, 247 p.

CARSON, R. *Silent Spring*. Boston: Houghton Miffin, 2002, p. 325.

BRAZIL 2002. Projeto de Lei n. 6.299, de 13 de março de 2002. Disponível em: <https://www.camara.gov.br/proposicoesWeb/prop_mostrarintegra?codteor=1654426&filename=Tramitacao-PL+6299/2002>. Acesso em: 6 jan. 2020.

CHRISTOU, P. Plant genetic engineering and agricultural biotechnology 1983-2013. *Trends in Biotechnology*, 2013; 31:125-127.

COLLINGE, D. B. Cell wall appositions: The first line of defense. *Journal of Experimental Botany*, 2009; 60:351-352.

DEBACH, P. 1974. *Biological control by natural enemies*. London: Cambridge University Press, 323 p.

DONG, O. X.; RONALD, P. C. Genetic engineering for disease resistance in plants: Recent progress and future perspectives. *Plant Physiology*, 2019; 180:26-38.

DOUTT, R. L. The historical development of biological control, p. 21-42. *Biological Control of Insect Pests and Weeds* (P. DeBach, ed.). London: Chapman and Hall Ltd., 1964, 844 p.

DRIESCHE VAN, R. G.; BELLOWS, JR. T. S. *Biological control* (chapter 1: p. 3-20). New York: Chapman and Hall, 1996, 539 p.

GROOTERS A. M. *Pythiosis, lagenidiosis, and zygomycosis in small animals*. Veterinary Clinics of North America: Small Animal Practice, 2003; 33:695-720.

HAGEN, K. S.; FRANZ, J. M. A history of biological control. p. 433-476. In: SMITH, R. F.; MITTLER, T. E.; SMITH, C. N. (ed.). A History of Entomology. *Annu. Rev. Inc.*, Palo Alto/California, 1973, 517 p.

HOY, M. A. Transgenic arthropods for pest management programs: Risks and realities. *Experimental & Applied Acarology*, 2000; 24:463-495.

IBAMA – Instituto Brasileiro do Meio Ambiente e dos Recursos Naturais Renováveis (2018) Nota técnica 2/2018/CGASQ/CGFIN. Disponível em: <https://www.ibama.gov.br/phocadownload/noticias/noticias2018/SEI_02000.000406_2016_93.pdf>. Acesso em: 14 jul. 2018.

KERWIN, J. L.; DRITZ, D. A; WASHINO, R. K. Nonmammalian Safety Tests for *Lagenidium giganteum* (Oömycetes: Lagenidiales), 1988; 81:158-171.

_____. Confirmation of the safety of *Lagenidium giganteum* (Oomycetes: Lagenidiales) to mammals. *Journal of Economy Entomology*, 1990; 83:374-6.

_____. Pilot scale production and application in wildlife ponds of *Lagenidium giganteum*: (Oomycete: Lagenidiales). *Journal of the American Mosquito Control Association*, 1994; 10:451-455.

KERWIN J. L.; SIMMONS, C. A.; WASHINO, R. K. Oosporogenesis by *Lagenidium giganteum* in liquid culture. *Journal of Invertebrate Pathology*, 1986; 47:258-270.

KLEIN, H.; HILL, M. P.; ZACHARIADES, C.; ZIMMERMANN, H. G. Regulation and risk assessment for importations and releases of biological control agents against invasive alien plants in South Africa. *Afr Entomol*, 2011; 19:488-497.

LENTEREN VAN, J. C.; BOLCKMANS, K.; KÖHL, J.; RAVENSBERG, W. J.; URBANEJA, A. Biological control using invertebrates and microorganisms: plenty of new opportunities. *BioControl*, 2018; 63:39-59.

MENDOZA, L.; VILELA, R. The mammalian pathogenic oomycetes. *Current Fungal Infection Reports*, 2013; 7:198-208.

MICHAUD J. P. Problems inherent to augmentation of natural enemies in open agriculture. *Neotropical Entomology*, 2018; 47:161-170.

PARRA, J. R. P.; COELHO, JR. A. Controle biológico no Brasil: uma visão geral. *Sci. Agri* (Piracicaba, Brasil), 2014; 71. Disponível em: <http://dx.doi.org/10.1590/0103-9016-2014-0167>.

_____. Applied biological control in Brazil: From laboratory assays to field application. *J Insect Sci*, 2019; 19:1-6.

PEDROSA-MACEDO, J. H.; WIKLER, C.; VITORINO, M. D.; SMITH, C. W. *Current researchers of Brazilian weeds in Paraná State – Biological control of weeds program, Curitiba, Paraná, Brazil. Proceedings of the X International Symposium on Biological Control of Weeds 4-14 July 1999.* Bozeman/Montana/USA, Montana State University, 2000, p. 639-643.

ROSA, C.; KUO, Y. W.; WURIYANGHAN, H.; FALK, B. W. RNA interference mechanisms and applications in plant pathology. *Annual Review of Phytopathology*, 2018; 56; 581-610.

SIMMONDS, F. J.; FRANZ, J. M.; SAILER, R. I. History of biological control. In: *Theory and Practice of Biological Control (C. B. Huffaker and P. S. Messenger, editors).* New York: Academic Press, 1976, 788 p.

TENG, H.-J.; LU, L.-C.; WU, Y.-L.; FANG, J.-G. Evaluation of various control agents against mosquito larvae in rice paddies in Taiwan. *Journal of Vector Ecology*, 2005; 30:126-32.

TOGNI, P. H. B.; VENZON, M.; LAGÔA, A. C. G.; SUJII, E. R. Brazilian legislation leaning toward fast registration of biological control agents to benefit organic agriculture. *Neotropical Entomology*, 2019; 48:175.

UN – United Nations. Report of the special rapporteur on the right for food. General assembly: Human rights council, 2017.

VILELA, R.; TAYLOR, J. W.; WALKER, E. D.; MENDOZA, L. *Lagenidium giganteum* pathogenicity in Mammals. Emerging Infectious Diseases, 2015; 21:290-297.

CAPÍTULO 11

O derretimento do Oceano Ártico e os impactos nas populações tradicionais: possibilidades para uma tutela internacional

Sébastien Kiwonghi Bizawu
Pedro Henrique Moreira da Silva

1. Introdução

O aquecimento global, com consequentes colapsos climáticos, leva à constatação da necessidade de promover o fortalecimento de uma perspectiva pautada na noção do equilíbrio ecológico enquanto Direito humano. Isso porque, conforme se verifica pela própria gênese e fundamentação dos direitos de ordem humana, trata-se de condicionante para a existência do *homo sapiens* no globo – sobretudo se considerarmos os conceitos e imperatividade da dignidade humana (POWERS, 2012).

O que se verifica, todavia, é que o aprofundamento das tendências cartesianas, com o fortalecimento da lógica utilitarista, leva o globo às possibilidades de um colapso irremediável. Ora, as demandas de produção e consumo, aliadas às noções de desenvolvimento como progresso, ocasionam a sobreposição das preocupações econômicas sobre as preocupações socioambientais.

O resultado da questão é, portanto, um aprofundamento das crises ecológicas com efeitos significativos notados nos polos – principalmente. No Ártico, por exemplo, formado por uma placa congelada do oceano, o derretimento e afinamento do gelo ocasionam uma drástica mudança paisagística e estrutural, com reflexos multidimensionais que alcançam, inclusive, as populações tradicionais que habitam a região há milênios.

Os Inuits [ou esquimós] construíram sua cultura e modos de vida a partir das condições ambientais do Ártico. Assim, não há que se falar na referida cultura indígena sem a presença de gelo – que viabiliza viagens, habitação, atividades de caça e pesca, por exemplo. Todavia, apesar de manterem comportamentos não predatórios, sustentam o ônus de um aquecimento global aprofundado pelas tendências modernas de produção-consumo.

Nesse sentido, a pesquisa se propõe a apresentar o contexto do impacto do colapso climático na vida das comunidades tradicionais, questionando a necessidade de uma tutela internacional que evite o desaparecimento dessas culturas. Para tanto, apresentar-se-á a petição da Inuit Circumpolar Council Canada, protocolada na Comissão Interamericana de Direitos Humanos – que não encontrou êxito em razão da fragilidade de sua jurisdição diante dos países poluidores da América.

A partir desse contexto, e considerando-se o equilíbrio socioambiental como direito humano, questiona-se a possibilidade de defesa da jurisdição universal da Corte supramencionada, com fins de garantir a existência do povo Inuit no Ártico, além das possibilidades de litígio no Tribunal Penal Internacional. A análise dos desafios pautados realizar-se-á pela pesquisa bibliográfica jurídica, histórica e sociológica e pela utilização do método hipotético-dedutivo, com exposição de fatos e documentos que apontem para a urgência da proteção das comunidades tradicionais diante dos impactos ambientais da contemporaneidade – o que também justifica a pesquisa.

2. O direito humano ao meio ambiente ecologicamente equilibrado

Direitos humanos e equilíbrio ecológico são medidas simbióticas, uma vez que a nulidade de um inviabiliza a plena satisfação do outro. Trata-se de direitos pertencentes a um mesmo nicho, de forma que, sem o equilíbrio ambiental, a própria vida é inviabilizada – e, sem as demandas de dignidade, também o bem-estar ecológico se torna dispensável, por não estar vinculado às medidas da vida humana digna (DEL POZO, 2000).

Referida constatação é referendada nas constatações de que a vida é o direito mais fundamental dentre os demais, tendo em vista que, não fosse a existência humana, seriam inexistentes todos os demais direitos para proteção das dimensões da vida. Assim, a existência do ser humano no globo deve ser tutelada de maneira eficiente – sobretudo pelo fortalecimento dos direitos humanos [que também incluem os direitos ambientais] (DEL POZO, 2000, apud BELTODI, 2007).

Assim, havendo desequilíbrio de qualquer desses direitos, ocorre a desarmonização da totalidade deles – uma vez que são interdependentes. Ora, a predação do meio ambiente, com degradação das condições ecológicas, resulta na desestruturação dos direitos humanos, na medida em que a dignidade e o bem-estar socioambiental são ameaçados. Diz-se, portanto, que a multidimensionalidade ambiental converge no mesmo propósito dos direitos de ordem humana (BELTODI, 2007, p. 10). Da mesma forma, integram-se referidos direitos na medida em que os signatários das tutelas [e também das mazelas] ecológicas são os vulneráveis, principalmente (GUERRA, 2010, p. 46).

A consolidação da percepção invocada seria viabilizada no campo internacional em 1972, com a Convenção de Estocolmo, que positivou o equilíbrio ambiental como direito fundamental e requisito para a dignidade humana. Trata-se do marco inaugural do Plano de Ação para o Meio Ambiente, que deu origem a 109 recomendações para um meio ambiente saudável, entre outras resoluções da Organização das Nações Unidas (ONU) (GOMES; BULZICO, 2010).

A partir da Convenção supramencionada, inaugurou-se o Direito Internacional Ambiental, que sanou dúvidas e omissões da Declaração Universal dos Direitos Humanos, no que tange às perspectivas ecológicas (ibid.). Daí em diante, a comunidade internacional passou a estar vinculada a uma nova perspectiva ambiental, pautada na necessidade de articulações políticas entre Estados, governos e sociedade (ibid.).

Os constitucionalismos contemporâneos refletiram essa tendência, positivando a preocupação ambiental como parâmetro para as demais leis internas – o que representa um ânimo para a efetivação de direitos. É o caso, por exemplo, da Constituição francesa, que, por força do preâmbulo e do Capítulo XI, deu origem ao Código do Meio Ambiente – responsável por pautar princípios ambientais e fortalecer políticas para um desenvolvimento sustentável.

Assim, aponta-se para o surgimento de um paradigma na esfera internacional, referente à cooperação solidária internacional, cujo fim é a preservação e equilíbrio ecológico – e dos direitos humanos (SILVA, 2002, p. 101). "É essa concepção solidária de direitos que constitui a essência básica do direito humano ao meio ambiente" (GOMES; BULZICO, 2010, p. 78), conduzindo a comunidade internacional pelo caminho da cooperação constante, em prol do equilíbrio e dignidade humana e socioambiental.

A importância de uma integração a nível internacional para tutela dos direitos socioambientais se justifica tendo em vista "a insuficiência de sua proteção nos níveis de sistemas jurídicos isolados, sua proteção ganha amplitude e reconhecimento da comunidade internacional, no intuito de alcançar um padrão de proteção ambiental razoável" (ibid., p. 49). Trata-se de um poder-dever da humanidade.

Não obstante, impera superar o caráter utópico das propostas, com a construção de políticas eficazes e eficientes para a tutela humana e ecológica. É necessário sobrepujar o plano ideológico dos direitos humanos, ultrapassando as tendências universalistas que negligenciam os potenciais desses direitos como um projeto de sociedade (PINTO, 2014).

Ao referido entrave, já se referia Bobbio (1992, p. 36), ao criticar a lógica de fundamentos que impregna as discussões acerca dos direitos humanos. Isso porque, se a significação de direitos for a primeira preocupação, os espaços para efetivação destes acaba restringido pelo campo das ideias. O que se aponta, portanto, é a necessidade de descentralizar a preocupação e tutela internacional do meio ambiente, como forma de garantir políticas concretas.

É preciso pensar em alternativas para superação dos campos burocráticos e utópicos que sejam suficientes para reverter as consequências da degradação ambiental intensificada na Pós-Revolução Industrial e Pós-Segunda Guerra. O maior desafio, nesse sentido, é superar o paradoxo de um desenvolvimento que, ao mesmo tempo que é medido para alcance de padrões de dignidade, também vilipendia direitos de todas as ordens [sobretudo humanos e ambientais].

3. Derretimento do Ártico

A alta de emissões de gases de efeito estufa, intensificada com a Revolução Industrial, é responsável pelo aumento das temperaturas globais – sobretudo na crescente dos cinquenta anos passados. Dados científicos apontam que, até 2009, a elevação de temperatura era de 0,85ºC nos continentes e 0,55ºC nos oceanos – o que implica considerações de que a temperatura pode aumentar até 6,4ºC até 2100, com a subida no nível dos mares em um metro (SILVA; PAULA, 2009, p. 45).

Esses são dados traçados a pedido da Organização Meteorológica Mundial do Programa das Nações Unidas para o meio ambiente, que se importou em estabelecer o Painel Intergovernamental sobre Mudança do Clima, em 1988 – tendo em vista o compromisso internacional de tutela ambiental e a verificação de crescentes anormais de temperatura. "O papel do IPCC é avaliar, de forma abrangente, objetiva, aberta e transparente, as informações científicas, técnicas e socioeconômicas relevantes para compreender os riscos das mudanças climáticas induzidas pelo homem" (JURAS, 2008, p. 35).

As conclusões obtidas apontam para a transfiguração do *homo sapiens* em *homo predator* (KALOF; FITZGERALD, 2003, p. 118), tendo em vista que a atividade antropogênica [de caráter predatório] é responsável por ampliar a concentração de GEE na atmosfera, o que implica colapsos climáticos (JURAS, 2008, p. 36).

Dentre os efeitos do aumento de temperatura no globo, importa citar a ocorrência de tempestades mais frequentes e intensas, alterações nos hábitos dos animais e o derretimento de áreas congeladas [sobretudo nos polos], com aumento do nível dos mares. A gravidade do que se aponta, reside no fato de que os pequenos países insulares em desenvolvimento [como Tuvalu, Seychelles e Maldivas] deverão ser completamente submersos até 2100. Ademais, países continentais, como Bangladesh, terão mais de 17% de seu território invadido pelos mares – com impactos socioambientais inestimáveis (POWERS, 2012, p. 160).

Esse é o efeito do derretimento das calotas polares, que ocorre de forma rápida. Para se ter ideia, desde 2009 o gelo ártico afinou de forma suficiente para permitir a navegação de embarcações de porte grande – o que era impossível sem o risco de naufrágio. "O mapeamento por satélite tem revelado uma tendência de progressiva redução da camada de gelo do Ártico durante os meses de verão no hemisfério norte" (SILVA, 2014, p. 230). Assim, a alteração paisagística do Ártico implica novas estruturas para o próprio planeta.

Para além do afinamento do gelo, também tem se percebido a ocorrência de névoa de poluição [a névoa ártica]. Ora, referido fenômeno é notado ainda que inexistam indústrias na região – resulta, na verdade, da poluição atmosférica produzida pelos polos industriais europeus, o que reforça as características transfronteiriças do meio ambiente.

Essas demandas são discutidas no Conselho do Ártico,[1] criado pela Declaração de Ottawa [composto por Canadá, Estados Unidos da América, Dinamarca, Finlândia, Islândia, Rússia, Suécia e Noruega]. O plenário do Conselho trata, ali, das questões ambientais em suas três dimensões, quais sejam, ecológica, social e econômica – com reflexos diretos nas políticas de direitos humanos.

O debate supramencionado tem sua importância reafirmada em razão da existência de comunidades tradicionais que habitam o Ártico há milênios e que, por terem desenvolvido suas culturas e vivências no ambiente congelado, correm o risco de desaparecimento. Trata-se dos Inuits, que suportam o ônus da produção e consumo ocidentais – o que reforça a vulnerabilidade do grupo.

4. A vida Inuit no Ártico: aspectos culturais e humanos e a violação de direitos humanos

O povo Inuit habita as regiões extremas da Groelândia, Rússia, Estados Unidos da América e Canadá, tendo consolidado sua cultura

---

[1] Organização intergovernamental, composta por Canadá, Dinamarca, Estados Unidos, Finlândia, Noruega, Suécia, Rússia e Islândia, que discute as questões dos povos indígenas do Ártico (CLOUTIER, 2005).

e seus hábitos sociais a partir da dinâmica da vida no gelo. Assim, a partilha de alimentos, a caça e pesca, o conhecimento tradicional e as viagens são viabilizados pela vivência e existência sobre a placa de gelo oceânica (CLOUTIER, 2005, p. 5).

São um povo dependente das colheitas de subsistência para alimentação, tanto em razão das propriedades nutritivas quanto pela reafirmação cultural e espiritual que envolve esses hábitos. Ora, os Inuit são "um produto do meio físico em que vivem [...] têm ferramentas, técnicas e conhecimento aperfeiçoado ao longo de milhares de anos para se adaptar ao ambiente ártico" (ibid., p. 7). Diz-se a respeito de um povo com hábitos não antropocêntricos, em que "prevalece uma relação de complementariedade e uma visão holística de que somos parte de um todo" (GUIMARÃES, 2018, p. 273).

Até 2004, 100 mil Inuits viviam nas reservas árticas, onde se nota a organização em comunidades menores, dispersão na época de caças e prática da caça tradicional de baleias – importante fornecedor de gordura e proteína. Perdura a realidade nômade, com exceção dos grupos posicionados no Alasca (ROSA, 2011, p. 111).

No que diz respeito aos aspectos políticos e religiosos, os Inuits se organizam em torno de mitologias e do xamanismo. Assim, os líderes espirituais são também os líderes políticos, considerados dotados de capacidade sobre-humana. "São portadores de um caráter ambíguo [...] nascem, crescem, morrem, mas, simultaneamente, possuem dons de vida e morte sobre os demais, qualidade que os tornam super-humanos" (ROSA, 2011, p. 113).

Referida cultura é ligada à percepção do meio natural. Isto é, as razões de ser desse povo estão intimamente ligadas à terra e ao gelo.

Trata-se de uma realidade não transitória, que demanda a adoção de políticas que viabilizem seus valores e costumes, de forma que possam os povos tradicionais serem autores de seu próprio destino enquanto medida de concretização de direitos humanos (BARBOSA, 2007, p. 9).

Não obstante, ainda que clara a necessidade de tutela dessas comunidades – em razão de sua vulnerabilidade –, nota-se que nenhum dos países povoados pelos Inuits são signatários da Convenção 169, da OIT, sobre povos indígenas e tribais, por exemplo – que propõe uma perspectiva não integracionista dos indígenas. Todavia, a não assinatura de tratados não é suficiente para afastar a obrigação da proteção dos direitos dos vulneráveis. Isso porque, normas como a Convenção 169 da OIT são meros reforços de um paradigma já consolidado com a Declaração Universal dos Direitos Humanos.

A universalidade dos direitos fundamentais, incorporada pela Convenção invocada como exemplo, vincula a "comunidade internacional a tratar os direitos humanos globalmente, de maneira justa e equânime, com os mesmos parâmetros e com a mesma ênfase" (DECLARAÇÃO DE VIENA, 1993).

Apesar de não vincular juridicamente os Estados não signatários, as declarações internacionais que versam sobre direitos humanos "tornam-se uma imagem do que a comunidade internacional entende por direitos humanos" (GODINHO, 2006). Assim, há vinculação geral – um caráter de obrigatoriedade –, tendo em vista que dizem respeito ao interesse maior da humanidade.

Assim, existe a obrigatoriedade da observância da Convenção 169 da OIT por parte de todos os países habitados pelos Inuits, uma vez que decorre do regramento da Declaração Universal dos Direitos Humanos – que é medida para a sobrevivência digna das comunidades, principalmente as vulneráveis. Assim, ainda que não exista vinculação formal dos países ante o dever de promover uma perspectiva não integracionista, impera a esses Estados a garantia da dignidade de seus povos tradicionais.

Essa questão é reforçada na perspectiva americana, quando invocados os termos do Protocolo de San Salvador, que dispõe acerca do dever dos signatários em promover medidas internas e externas para efetivação dos direitos humanos (GODINHO, 2006, p. 111). Aqui, são englobados tanto os direitos ao trabalho, ao equilíbrio ambiental quanto à cultura e proteção das "minorias".

O que se verifica é que há a tentativa de promoção de uma globalização mais ética e solidária, que ultrapasse as polarizações entre Norte e Sul e que considere de forma especial as questões relacionadas às comunidades vulneráveis. O fortalecimento dessa perspectiva garante o fortalecimento dos direitos humanos de maneira "integral, indivisível e interdependente" (PIOVESAN, 2006, p. 112).

Não obstante, considerando-se os vícios de fundamentação que prendem os direitos humanos em uma perspectiva utópica, o povo Inuit tem percebido que as mudanças climáticas ofendem a própria existência, pela precarização de seus modos de vida (GODINHO, 2006, p. 99). Assim, foi suscitado o conflito internacional perante a Comissão Interamericana de Direitos Humanos (CIDH), que – pela gênese – é responsável pelo "exame de casos ou situações de violação dos direitos humanos, as observações *in loco* e a atuação perante a Corte Interamericana" (GODINHO, 2006, p. 99).

Nesse contexto, a presidente do Inuit Circumpolar Council Canada protocolou petição perante a CIDH alegando que a existência dos Inuits estaria ameaçada em razão da política desenvolvimentista dos Estados Unidos da América (que se prende a uma percepção de desenvolvimento como progresso). Assim, o que se suscitou foram as condutas e omissões do referido país, que, além de uma política predatória, também se nega a promover o auxílio das comunidades vulneráveis.

Para tanto, a estrutura da petição se preocupou em apontar as vulnerabilidades do Ártico, que tem sua camada de gelo afinada com o aquecimento global. Ademais, demonstraram-se as consequências ecológicas, sociais e econômicas do "derretimento do norte". Ora, os anciãos já verificaram sérias mudanças climáticas, como redução de neve, derretimento do gelo oceânico, deslizamentos e erosão da costa (CLOUTIER, 2005, p. 7).

Essa realidade tem afetado as tarefas cotidianas e a cultura do povo Inuit, que utiliza o gelo para viagens, caça e pesca, além de ser um caminho de comunicação entre grupos. "Em razão da perda de espessura, extensão e duração do gelo marinho, essas práticas tradicionais se tornaram mais perigosas, mais difíceis e, algumas vezes, impossíveis" (ibid., p. 7).

A redução de neve também afeta a construção dos iglus. Assim, muitos indivíduos da comunidade têm optado por tendas, o que os deixam menos seguros e mais expostos ao frio e tempestades – além de representar o fim de simbolismo importante para a comunidade.

Ainda acerca das consequências do aumento da temperatura no Ártico, os xamãs têm perdido a capacidade de analisar o movimento das nuvens, de forma que suas previsões acerca do tempo são frustradas. Essa realidade, além de impactar nas searas religiosas, também torna as viagens sobre o gelo oceânico mais perigosas, uma vez que as tempestades são cada vez mais incertas.

Diz-se na petição que os Inuits estão em vias de extinção, o que configura notado vilipêndio aos direitos humanos. Essa realidade é antecipada pela adoção de posturas cada vez mais predatórias – sobretudo por parte dos Estados Unidos da América, que promovem a manutenção do status de potência econômica por meio do desequilíbrio ambiental. Trata-se de racismo ambiental[2] – mais que de um simples descaso ambiental (PINTO, 2018, p. 14).

A falta de mobilização dos Estados para mitigar as mazelas climáticas e promover a proteção do povo Inuit faz com que a própria Declaração Universal de Direitos Humanos seja ofendida, na medida em que os povos tradicionais são forçados a "ocidentalizar" seus hábitos, sob pena de morrerem ou serem extintos. Em sentido contrário, as populações das cidades, principalmente dos grandes centros urbanos, têm suas condições de dignidade imediata atendidas – o que se faz às custas da existência alheia.

Não obstante, ainda que consistentes os argumentos apresentados na petição em testilha, os Estados Unidos da América não fazem parte da Convenção Americana sobre Direitos Humanos, de forma que o atendimento de suas recomendações não é obrigatório – em uma primeira perspectiva. Isso se confirma nos dados de que o país não responde a 21% (vinte e um) dos ofícios da Comissão

---

[2] A tendência de desconsideração dos vulneráveis na perspectiva ambiental, isto é, a lógica sistêmica de negação dos espaços e benesses ambientais para os povos negros e indígenas – principalmente.

e nos outros 79% (setenta e nove por cento) dos casos demonstra posição refratária (MACIEL et al., 2013, p. 13).

Nesse sentido, o pleito Inuit teve fim em 2006. "A petição foi rejeitada e o processo extinto sem a resolução do mérito, pois os Estados Unidos não se submetem à jurisdição da Corte Interamericana de Direitos Humanos" (AMIN; PAES, 2013, p. 153).

5. Tutela internacional: jurisdição universal da CIDH?

As perspectivas suscitadas resultarão no abandono das áreas árticas pelo povo Inuit, uma vez que seus modos de vida se tornam inviabilizados a cada dia. Trata-se da consolidação de uma nova classe de refugiados [os ambientais], que são uma incógnita jurídica, na medida em que inexiste um status jurídico suficiente para implantação de mecanismos institucionais de tutela (RAMOS, 2011).

Ora, inexistem dispositivos expressos na Convenção de Genebra de 1951 que defina refugiado para além dos conceitos que abarquem aqueles que sofrem perseguição ou ameaça de direitos civis e políticos. A tutela internacional dos chamados "refugiados ambientais" seria possível tão somente pela invocação dos sentidos da Convenção da Organização de Unidade Africana de 1969 (RODRIGUES; LAMPIER, 2017).

O que se verifica, entretanto, é que as comunidades tradicionais buscam meios para solucionar os entraves e mazelas que acometem, mas tendem a ser ignoradas pela hegemonia global. Têm seus direitos vilipendiados pelo progresso, que não as beneficia e, ao mesmo tempo, sofrem com a política dos países desenvolvidos no que tange ao enrijecimento de normas migratórias – o que impede o refúgio (CLARO, 2012).

Ademais, a questão do povo Inuit é de especial fragilidade, na medida em que, sendo a cultura e modo de vida ligados às práticas no gelo oceânico, o deslocamento dessa população para outras áreas do planeta não faz dela um grupo refugiado. Ao contrário, representa, em termos práticos, a extinção de um povo [da mesma forma que ao Sul é impossível desvincular os indígenas das florestas, também ao Norte não é possível separar o povo do ambiente].

Nesse sentido, dois são os caminhos para se pensar a tutela internacional dos Inuits. O primeiro deles diz respeito à um novo litígio perante a Comissão Interamericana de Direitos Humanos, com remessa dos autos para a Corte Interamericana de Direitos Humanos. Isso porque é justamente o referido órgão que concentra a competência para promoção de direitos ligados à dignidade humana e análise de violações desses direitos [dos americanos] (GODINHO, 2006).

Nesse contexto, considerando-se a extinção de objeto semelhante outrora, importaria suscitar a preliminar referente à jurisdição universal da Corte. Isto é, suas decisões devem vincular todos os países americanos, inclusive aqueles que não fazem parte da Convenção a que dizem respeito. Isso porque os direitos humanos são valores universais e obrigatórios para todos os Estados, não podendo os países furtarem-se das obrigações sob alegações de formalidade (ibid.).

Outra possibilidade seria a alegação da retirada dos Estados Unidos da América do Acordo de Paris, o que legitimaria o atual presidente – Donald Trump – como polo ativo de uma ação no

Tribunal Penal Internacional. Ora, a competência do referido Tribunal se consolidaria pela configuração de ecocídio, "uma modalidade de delinquência ecológica que viola os valores da vida, integridade emocional, saúde, estética e da própria felicidade" (GORDILHO; RAVAZZANO, 2017, p. 694).

Diz-se, portanto, que o chefe de Estado da maior potência econômica do globo, ao adotar uma postura omissiva diante das urgências climáticas, leva ao extermínio de um povo [ou acelera seu desaparecimento]. Para tanto, seguindo as tendências clássicas do Tribunal, incumbe aos Inuit demonstrarem a possibilidade de interpretação do ecocídio por extensão ao genocídio, além de apresentarem considerações acerca do dolo específico.

Não obstante, a invocação da doutrina alemã (AMBOS, 2008) para o caso bastaria para possibilitar a admissibilidade do ecocídio no TPI, pela simples demonstração do dolo eventual. Referida hipótese se fortalece pela natureza dos direitos que se pretende tutelar – e pelos efeitos transfronteriços da política predatória adotada pelo presidente dos EUA pode causar no mundo.

Assim, resta cristalino que a ofensa ao equilíbrio ecológico e à existência de determinados povos é crime contra a humanidade – interpretação declaratória que não se confunde com as analogias e extensões [vetadas no Tribunal Penal Internacional]. Ademais, a não vinculação dos Estados Unidos da América ao Estatuto de Roma não basta para afastar sua responsabilização, uma vez que o Conselho de Segurança da ONU já recomendou a aplicação da jurisdição universal do TPI [precedente do caso Al-Bashir] (MENDES; RODRIGUES, 2016, p. 16).

O que não se pode permitir é que a não participação formal do país nos principais tratados acerca do meio ambiente e dos direitos humanos seja álibi para a violação desses direitos. Isso porque o princípio da cooperação internacional e da universalidade e obrigatoriedade dos direitos humanos se sobrepõe à soberania absoluta dos Estados, sob o risco de viver-se uma ditadura das potências econômicas.

Considerações finais

O meio ambiente ecologicamente equilibrado, consagrado direito humano pela Convenção de Estocolmo, de 1972, viabiliza o rol dos demais direitos ligados à dignidade, na medida em que possibilita a existência do homem no globo. Todavia, a degradação ambiental, com principal efeito nos comportamentos climáticos, tem ameaçado a integridade dos direitos de ordem humana, na medida em que afeta o bem-estar dos povos e a própria vida de comunidades – sobretudo as tradicionais, que são mais vulneráveis.

É o que se nota no caso do povo Inuit que construiu através dos milênios uma cultura baseada na vida sobre o gelo oceânico – que se torna mais fino e frágil com o aquecimento global. Assim, é latente o vilipêndio aos direitos humanos.

Nesse sentido, considerando-se a possibilidade de desaparecimento de comunidades inteiras ou a formação de grupos grandes de refugiados ambientais, a pesquisa demonstrou a necessidade de uma tutela internacional que pode passar por dois caminhos distintos. No primeiro caso, diz-se a respeito da defesa da jurisdição universal da Corte Interamericana de Direitos Humanos, que, em razão de sua competência, não pode ser negligenciada por países não membros do tratado.

Por outro lado, demonstrou-se ser possível o litígio no Tribunal Penal Internacional, sob alegação de ecocídio – em face do atual presidente dos EUA, que retirou o país do Acordo de Paris. Assim, a negligência do equilíbrio ecológico mundial, em detrimento da manutenção do status de potência econômica, seria o bastante para legitimar a alegação do dolo eventual e da responsabilização do Tribunal, que, conforme recomendação da ONU, é dotado de jurisdição universal.

Por fim, importa dizer que os países desenvolvidos – sobretudo os Estados Unidos da América – não podem ser avalizados em seu desprezo de classe, sob pena da vivência em uma ditadura das potências. O povo Inuit, enquanto população vulnerável, carece e merece a tutela internacional para efetivação da utopia dos direitos humanos e ambientais – que viabilizam a vida e a dignidade do ser humano.

Referências

AL GORE. *A terra em equilíbrio*. Trad. Mário Dias Correia. 1. ed. São Paulo: Estrela Polar, 2006.

ALMEIDA, Fernando Barcellos de. *Teoria geral dos Direitos Humanos*. Porto Alegre: Sergio Antonio Fabris Editor, 1996.

AMBOS, Kai. *A parte geral do Direito Penal Internacional: bases para uma elaboração dogmática*. São Paulo: Revista dos Tribunais, 2008.

AMIN, Aleph Hassan Costa; PAES, Alberto de Moraes Papaléo. Direitos Humanos e mudanças climáticas: o caso Inuits X EUA. *Anais do Congresso Direito Internacional dos Direitos Humanos II*, Florianópolis, 2013, p. 150-167.

BARBOSA, Marco Antônio. Os povos indígenas e as organizações internacionais: Instituto do Indigenato no direito brasileiro e autodeterminação dos povos indígenas. *Revista Eletrônica História em Reflexão*, UFGD, v. 1, n. 2, p. 1-14, jul.-dez. 2007.

BERTOLDI, Marcia Rodrigues. *O Direito Humano a um meio ambiente equilibrado*. Florianópolis: UFSC, 2007.

BOBBIO, Norberto. *A era dos direitos*. Rio de Janeiro: Editora Iseiver, 1992.

CLARO, Carolina de Abreu Batista. *Refugiados ambientais: mudanças climáticas, migrações internacionais e governança global*. (Dissertação de Mestrado) – Universidade de Brasília, 2012.

CLOUTIER, Sheila Watt. *Petition to the Inter American Commission on Human Rights Seeking Relief from violations resulting from global warming caused by acts and omissions of the United States*. Canada: Inuit Circumpolar Council Canada, 2005.

DONNELLY, Jack. Universal human rights in theory and practice. 2. ed. London: Cornell University Press, 2003. In: PIOVESAN, Flávia. *Direitos Humanos e Justiça Internacional*. São Paulo: Saraiva, 2006.

FRANÇA. *Constituição Francesa* (1958). Constituição Francesa, de 4 de outubro de 1958.

FRANCO DEL POZO, M. *El derecho humano a un medio ambiente adecuado*. Bilbao: Universidad de deusto, 2000.

GODINHO, Fabiana de Oliveira. *A proteção internacional dos Direitos Humanos*. Belo Horizonte: Del Rey, 2006.

GOMES, Eduardo B.; BULZICO, Bettina. *Sustentabilidade, desenvolvimento e democracia*. Ijuí, Ed. Unijuí, 2010.

GORDILHO, Heron José de Santana; RAVAZZANO, Fernanda. Ecocídio e o tribunal penal internacional. *Revista Justiça do Direito*, v. 31, n. 3, p. 688-704, set.-dez. 2017.

GUERRA, Sidney. Desenvolvimento sustentável nas três grandes conferências Internacionais da ONU, 2010. In: GOMES, Eduardo B.; BULZICO, Bettina (org.). *Sustentabilidade, desenvolvimento e democracia*. Ijuí, Ed. Unijuí, 2010.

GUIMARÃES, Verônica Maria Bezerra. A mitologia como elemento construtor de sustentabilidades. *Veredas do Direito*, Belo Horizonte, v. 15, n. 31, p. 271-291, jan.-abr. 2018.

HEIDEGGER, Martin. *Os conceitos fundamentais da metafísica*. Trad. Marco Antônio Casanova. Rio de Janeiro: Forense Universitária, 1992.

JURAS, Ilidia da Ascenção Garrido Martins. Aquecimento global e mudanças climáticas: uma introdução. *Plenarium*, v. 5, n. 5, p. 34-46, 2008.

KALOF, Linda; FITZGERALD, Amy. Reading the trophy: exploring the display of dead animals in hunting magazines. *Routledge*, London, v. 18, n. 2, p. 112-122, 2003.

MACIEL, Débora Alves et al. Os Estados Unidos e os mecanismos regionais de proteção dos direitos humanos. *Lua Nova Revista de Cultura e Política*, São Paulo, n. 90, p. 1-15, set.-dez. 2013.

MACIEL, Paula Oliveira. Considerações acerca dos refugiados ambientais. *Revista Internacional de Direito Ambiental e políticas públicas*, Macapá, n. 9, p. 61-69, 2017.

MARX, Karl. *O capital*. 3. ed. São Paulo: Nova Cultural, 1988. v. 2.

MENDES, Frederico Ribeiro de Freitas. RODRIGUES, Ana Carolina Rubim. Jurisdição Universal e sua aplicabilidade no Tribunal Penal Internacional. *Anais do XII Seminário Nacional de demandas sociais e políticas públicas na sociedade contemporânea*, Santa Cruz do Sul, 2016, p. 1-20.

ONU. *Declaração Universal dos Direitos Humanos*, de 10 dez. 1948.

PINTO, João Batista Moreira. *Princípios do Direito Ambiental*. Escola Superior Dom Helder Camara, Direitos Humanos, Meio Ambiente e Sustentabilidade (disciplina do mestrado em Direito Ambiental e Desenvolvimento Sustentável). Belo Horizonte, 2018.

_____; COSTA, Alexandre Bernadino. *O projeto dos Direitos Humanos, o meio ambiente e a sustentabilidade*. 2. ed. Rio de Janeiro: Lumen Juris, 2014.

PIOVESAN, Flávia. *Direitos Humanos e justiça internacional*. São Paulo: Saraiva, 2006.

POWERS, Ann. Sea-Level Rise and Its Impacto n Vulnerable States: Four Examples. *Louisiana Law Review*, v. 73, n. 1, p. 151-173, 2012.

RAMOS, Érika Pires. *Refugiados ambientais: em busca de reconhecimento pelo Direito Internacional*. (Tese de Doutorado) – Universidade de São Paulo – Faculdade de Direito, 2011.

RODRIGUES, Viviane Mozine; LAMBIER, Alfredo. Refugiados ambientais: da necessidade de proteção jurídica internacional.

Revista do Programa de Pós-Graduação em Direito da UFC, Ceará, v. 37, p. 355-368, jan.-jul. 2017.

ROSA, Rogério Reus Gonçalves da. Mitologia e xamanismo nas relações sociais dos Inuit e dos Kaingang. *Espaço Ameríndio*, Porto Alegre, v. 5, n. 3, p. 98-122, jul.-dez. 2011.

SILVA, José Afonso da. *Direito ambiental constitucional*. 4. ed. São Paulo: Malheiros, 2002.

SILVA, Marcos Valle Machado da. O Oceano Ártico: oportunidades da nova fronteira marítima. *Antíteses*, v. 7, n. 13, p. 228-253, 2014.

SILVA, R. W. C.; PAULA, B. L. Causa do aquecimento global: antropogênica versus natural. *Terrae Didatica*, Rio Claro, n. 5, p. 42-49, 2009.

CAPÍTULO 12

Exploração animal e ecologia: três olhares

Afonso Murad
Marco Túlio Brandão Sampaio Procópio

1. Introdução

"O que é o homem sem os animais?", pergunta o cacique Seattle, das tribos norte-americanas Suquamish e Duwamish, em discurso a ele atribuído, no ano de 1854. "Se todos os animais acabassem, o homem morreria de uma grande solidão de espírito. Porque tudo quanto acontece aos animais, logo acontece ao homem. Tudo está relacionado entre si" (AFONSO et al., 2015, p. 185).

As palavras colocadas nos lábios do cacique, na ocasião em que o governo americano procurava adquirir as terras de suas tribos e realocá-los em uma reserva, fazem ecoar seu apelo ecológico ainda hoje. Continuam atuais, e permanecem urgentes. Elas antecipam, como uma semente, a ecologia integral proposta pelo Papa Francisco (MACHADO, 2016).

A questão animal encontra-se em amplo debate nas mais diversas ciências. A filosofia moral investiga a consideração ética com os animais. A ecologia analisa o impacto ambiental do crescente nível de extinção que atinge diversas espécies, assim como suas causas e consequências. A teologia cristã discute a relevância teológica de seu sofrimento e o valor de sua vida no plano da Criação. Por que recentemente se tem discutido tanto acerca dos animais?

Linzey (2009), teólogo que ocupa o primeiro posto acadêmico do mundo em Ética, Teologia e Bem-estar Animal, afirma que uma nova sensibilidade alcança agora grande parte da humanidade. Nos últimos trinta anos, os filósofos morais escreveram mais sobre a responsabilidade dos seres humanos com os animais do que seus predecessores nos últimos trezentos anos. Além da crescente produção acadêmica acerca dessa temática, outros sinais indicam essa nova sensibilidade com os animais.

De acordo com relatório da GlobalData, empresa de dados e análise que trabalha com 4 mil das maiores empresas do planeta, há redução de consumo de carne por parte de 70% da população mundial. Somente nos EUA, nos últimos três anos, houve um aumento de 600% do número de pessoas que se identificam como veganas (ROWLAND, 2018). Também o aumento da oferta de produtos veganos, como consequência das novas demandas, aponta para o mesmo caminho. Embora tal crescimento percentual seja admirável, isso não se traduz ainda em mudança de alto impacto. Mas aponta para uma tendência.

Diante desse cenário, resta-nos perguntar: por que se importar com o sofrimento animal? A aparente simplicidade da pergunta esconde debates amplos. Carrega de modo implícito o conflito entre os costumes arraigados no cotidiano da população e as descobertas da ciência moderna diante da condição animal, somados ainda a essa sensibilidade emergente da qual falamos.

Não faz muito tempo no trem da história, quando, em meados do século XVII, o filósofo René Descartes realizava experiências de vivissecção em animais, considerando-os quase como máquinas. Para ele, não possuíam quaisquer sentimentos, emoções, ou sequer capacidade de experimentar a sensação de dor. Os gritos que emitiam ao serem abertos vivos em suas experiências seriam semelhantes, segundo ele, a sons produzidos pelo atrito sobre uma corda (FELIPE, 2003; MARTINS, 2012).

Essa concepção permeou o *modus operandi* (modo de atuar) da ciência moderna, legitimando as experimentações animais para testes científicos que ainda hoje se realizam em diversos países. A tradição filosófica dominante, que entende os animais como coisa ou propriedade, e não como sujeitos de direitos, contribuiu para que eles fossem colocados no lugar que hoje ocupam na sociedade.

Hoje, entretanto, o peso da balança começa a se inclinar para o outro lado. Na esteira dos avanços científicos do século XXI, promulgou-se o Manifesto de Cambridge, assinado em 2012 por um grupo de 13 neurocientistas de relevância em sua área de trabalho. O documento afirma que os seres humanos não são os únicos animais com "estruturas neurológicas que geram consciência". Os mecanismos que permitem ao ser humano perceber a dor e outras sensações também estão presentes em diversas outras espécies, incluindo aves e polvos e, sobretudo, mamíferos (SCOLA, 2019).

O consenso de que os animais são capazes de experimentar a dor, culminado com a publicação do manifesto, apresenta pouca contestação no meio acadêmico. Suas expressões, comportamentos, vocalizações, entre outros, são sinais que denunciam a presença da dor, semelhantemente aos seres humanos. Entretanto, de que dor se trata? Qual a situação dos animais em nossa sociedade hoje?

Toda reflexão deve ter o pé no chão da realidade, ancorada na concretude da existência. Essa discussão não pode estar desvinculada da realidade vivida pelos animais em nossa sociedade atual. Para responder por que importa o sofrimento animal, convém primeiro entender de que dor se trata. Afinal, como vivem os animais em nosso meio?

2. A realidade animal: olhando os "campos de exploração"

Pode-se considerar pelo menos duas formas pelas quais os animais são afetados pela ação humana. A primeira, indireta: o nível de extinção de diversas espécies tem crescido exponencialmente devido ao modo como o ser humano se relaciona com o planeta. O filósofo e teólogo Leonardo Boff traz alguns dados: "entre 1500-1850 foi presumivelmente eliminada uma espécie a cada dez anos. Entre 1850-1950, uma espécie por ano. A partir de 1990 está desaparecendo uma espécie por dia. Atualmente, uma espécie por hora" (BOFF, 2015, p. 15). As causas da crise ambiental, que acaba por atingir os animais, estão evidenciadas por vários pesquisadores e na Encíclica *Laudato si'*, do Papa Francisco. Exigem uma mudança individual, nacional e global.

A segunda forma pela qual os animais são afetados pela ação humana é direta, dado que eles são utilizados como instrumentos para os mais diversos fins em nossa sociedade de consumo. Claro, nem sempre a exploração é evidenciada. Convém à indústria animal que os mecanismos de exploração animal sejam maquiados, mascarados, para que o sofrimento não seja explícito. Entretanto, esses estão presentes e fortalecidos pelos hábitos de consumo de grande parte dos consumidores, a nível global. Vamos aos exemplos (SUSIN; ZAMPIERI, 2015).

Em zoológicos, circos, rodeios, touradas, entre outros, diversas espécies compõem o mosaico visual do entretenimento. Desprovidas das condições básicas para seu bem viver, exigidas pela sua própria natureza, vários animais são submetidos a situações de grande sofrimento para integrar espetáculos de suposta diversão. Em alguns circos treinam-se ursos para pedalar bicicletas, elefantes para subir em banquetas, leões e tigres para atravessar argolas, cavalos para fazer acrobacias com humanos. Em rodeios laça-se o pescoço de bezerros que correm em fuga desesperada, monta-se em touros e cavalos que pulam pelo grande desconforto de uma cinta apertada contra o abdômen, posta com esse fim. O sofrimento, por vezes, vem sob a máscara da cultura.

Em laboratórios de pesquisa por todo o mundo, animais de várias espécies são utilizados como cobaias para testes científicos. Coelhos, rãs, macacos, ratos, gatos, cachorros, porcos, cavalos, pombos, peixes e diversos outros são criados para esse fim por toda sua existência, abreviada para se alcançar a finalidade almejada. O sofrimento experimentado pelos animais nesse campo de exploração é enorme. Estima-se que o número de animais mortos anualmente nessa categoria seja de 200 e 500 milhões (HORTA, 2015).

Nas chamadas "fazendas de pele", crocodilos, chinchilas, minks, raposas e outros passam a vida em espaços reduzidos para terem, ao final de sua existência também abreviada, as peles tiradas e vendidas em lojas de roupas, de utensílios, de móveis etc. Pele se torna mercadoria. Enquanto alguns animais se tornam casacos de pele, outros, como o crocodilo, que tem o couro expropriado, servem de matéria-prima para se produzir bolsas, sofás, bolas, cintos, carteiras, chinelos, entre outros.

Nas vitrines de pet shops, diversos animais são expostos como mercadorias, conseguindo cooptar clientes que, apesar de conectados emocionalmente a eles, acabam por fortalecer essa indústria. A mentalidade que perpassa, fortalecida pela transação comercial, é de que as pessoas que adquirem esses animais são donas, e não tutoras ou cuidadoras responsáveis. Assim, frequentemente não se vê problema em cortar as orelhas ou os rabos dos cachorros para fins estéticos, manter pássaros engaiolados, extrair as unhas dos gatos para não arranharem os móveis etc.

Por fim, no mais extenso campo de exploração animal, bois, vacas, bezerros, cavalos, porcos, frangos, galinhas, gansos, patos, cabras, peixes, entre outros, tornam-se alimento. Aqui, ainda mais evidentemente, a vida se torna produto. Assim como as outras categorias de exploração, trata-se de uma indústria altamente lucrativa, a nível global. O corpo animal, esvaziado da vida que previamente pulsava, fica disponível ao consumidor na prateleira do supermercado ou do açougue.

Nesse campo, animais também são reduzidos a máquinas, como as vacas leiteiras e as galinhas poedeiras, que, antes de serem mortas para se tornar alimento, são obrigadas a fornecerem ininterruptamente leite e ovos, respectivamente. Estima-se que aproximadamente 60 bilhões de animais sejam mortos anualmente para alimentação, sem incluir os peixes. A cada hora, 6 milhões. Além do número gritante, que por si carrega um enorme peso ético, as condições nas quais esses animais são criados, transportados e sacrificados também causam enorme sofrimento (ZAMPIERI, 2016).

Diante desse cenário, retoma-se a pergunta: por que se importar com o sofrimento animal? Vamos abordar essa questão sob três lentes: a ecologia integral, a teologia e a filosofia moral.

3. Exploração animal e ecologia

"Tudo está relacionado entre si." A afirmação atribuída ao cacique Seattle, em 1854, tem sido cada vez mais confirmada pela ciência moderna e ressaltada pelos estudiosos da Ecologia Integral, como Leonardo Boff. Também é recorrente na Encíclica *Laudato si'* do Papa Francisco, sobre a Ecologia integral e o Cuidado da Nossa Casa Comum (LS 70, 92, 120, 137, 142).

Tanto o planeta quanto os seres humanos não ficam incólumes diante da exploração animal. Tudo está, de fato, interligado. O sofrimento vivenciado pelos animais durante sua criação e abate, de certa forma, passa também ao ser humano durante a alimentação. O *modus operandi* da indústria animal, que busca maximizar o lucro e minimizar os custos, a despeito de qualquer ética, penaliza, pela mesma dinâmica, a saúde humana. Vejamos exemplos.

O leite das vacas contém, além do sofrimento envolvido na separação da cria e na própria produção do leite, "o pus, o sangue, os antibióticos, pesticidas, metais pesados, nitratos, nitritos e hormônios de crescimento" (FELIPE, 2014, p. 53). A Organização Mundial de Saúde (OMS), a partir de extensa pesquisa, divulgou um relatório em 2015 concluindo que uma porção de 50 gramas diárias de carne já é suficiente para aumentar o risco de câncer colorretal em 18% (ONU, 2015).

O renomado Worldwatch Institute, que publica anualmente relatórios sobre o estado do planeta, afirmou em 2010 que novas normas dietéticas podem contribuir para uma boa saúde e até mesmo ajudar a curar o planeta. Citou um estudo com pessoas longevas de todo o mundo, concluindo que apresentam em comum uma alimentação com 1800 a 1900 calorias diárias, nenhum alimento industrializado e pouca quantidade de produtos animais (WORLDWATCH INSTITUTE, 2010).

Por fim, convém citar que, além dos consumidores, os funcionários da indústria animal também são vítimas do mesmo processo. Muitos atuam sob condições de trabalho precárias e insalubres, estando mais propensos a acidentes e doenças, por exemplo.

> Acidentes e doenças do trabalho, tais como perdas de membros, cortes profundos, tendinites, condilites, lesões nos cotovelos, punhos, pescoço, ombros, excesso de peso, tempo excessivo na mesma posição do corpo, temperaturas excessivamente frias, sofrimentos psíquicos, depressão, transtornos mentais são exemplos do que o trabalhador está sujeito na indústria que só promove dor, sofrimento, doença e morte.
>
> Especialistas mostraram que as queimaduras dos trabalhadores no abate de bovinos são seis vezes maiores quando comparados com os demais trabalhadores, aumentando em 596% o excesso de risco

de queimaduras. Já no abate de aves, suínos e pequenos animais, as lesões sofridas no punho têm excesso de risco no percentual de 743% quando comparados com os demais (CESTARI, 2017).

Junto aos animais, vítimas principais, e aos seres humanos, encontra-se o planeta padecendo no mesmo processo. Os prejuízos à Terra causados pela indústria animal incluem enorme consumo de recursos hídricos, utilização de ampla extensão territorial, necessária para pastagem e para produção de grãos para alimentar o gado, imensa geração de excrementos e urina, poluição ambiental, entre outros. Vamos aos dados, por partes:

- *Recursos hídricos:* utilizam-se aproximadamente 15 mil litros de água para a produção de 1 quilo de carne bovina, 9 mil litros para 1 quilo de carne ovina, 6 mil litros para 1 quilo de carne suína e 4 mil litros para 1 quilo de carne de aves. Estudos estimam que a adoção de uma alimentação vegetariana em países industrializados reduziria o consumo de água em 36% (WORLDWATCH INSTITUTE, 2015).
- *Utilização de terras:* cerca de 30% de toda terra firme cultivada do planeta destina-se à plantação de vegetais para alimentar gado. Utiliza-se aproximadamente 35% da safra de grãos em todo o mundo para produção de carne. Esses grãos alimentariam muito mais pessoas se fossem destinados a elas diretamente (FELIPE, 2014; WORLDWATCH INSTITUTE, 2015).
- *Poluição:* estima-se que 18% de todos os gases de efeito estufa são produzidos pelo gado. Especialmente devido à emissão de metano, no processo digestivo do bovino, por arroto e

flatulência. O uso de combustíveis fósseis em uma dieta vegetariana é cerca de um terço menor do que em uma dieta com carne (SALLES, 2009; WORLDWATCH INSTITUTE, 2010).

Quanto à pergunta: "por que se importar com o sofrimento animal", a Ecologia Integral afirma: o mesmo processo que os vitimizam, os fazem sofrer, torturam e matam, penaliza também os seres humanos e a Terra. Estamos todos envolvidos nesse ciclo destruidor que gradualmente aniquila nossa possibilidade de fraternidade, e, em última análise, nossa possibilidade de existência. Sim, para o bem ou para o mal, tudo está relacionado entre si, tudo está interligado.

4. O sofrimento animal aos olhos da filosofia moral: por que direitos animais?

Por que os seres humanos são protegidos por um estatuto legal, que lhes garante direitos, enquanto os animais não estão sob a mesma cobertura jurídica? Quais os critérios para fazer parte da comunidade que merece consideração moral? Esse debate, também extenso, segue a mesma linha da questão sobre o porquê se importar com o sofrimento animal.

Certamente ocorrem alguns avanços jurídicos na proteção aos animais, a nível mundial. Por exemplo, a aprovação, na Grã-Bretanha, de uma lei em 1996 que penaliza atos cruéis contra mamíferos selvagens; aprovação de lei similar na Nova Zelândia em 1994; aprovação em 2003 na Catalunha de lei que proíbe o sacrifício de gatos e cachorros em instalações que mantêm animais de companhia; aprovação, em 2004, na Áustria de leis que proíbem o confinamento de galinhas dentro de jaulas pequenas, a utilização de leões e outros animais silvestres em circos e manter cachorros presos permanentemente (RIECHMAN, 2005a, p. 220).

Entretanto, ainda há longo caminho a percorrer. Basta visitar quaisquer daqueles âmbitos nos quais os animais ainda seguem sistematicamente explorados para constatar essa realidade. Em geral, os animais continuam apartados da consideração ética em nossa sociedade. A ética antropocêntrica utiliza como critério, para fazer parte da comunidade moral, a posse da razão, "constituída pelas habilidades do pensar, raciocinar, inteligir, e tirar conclusões lógicas a partir de premissas válidas" (FELIPE, 2008, p. 1). Esse princípio exclui de imediato os animais, desprovidos dessa capacidade. E também ignora seres humanos em determinadas condições: recém-nascidos, crianças muito pequenas, adultos com lesões neurológicas graves, pessoas nascidas com limitações mentais abrangentes, entre outros (FELIPE, 2007).

O que faz a sociedade com seres humanos nessas condições? Longe de lhes suprimir os direitos, ela os concede a eles de forma mais ampla, conforme as necessidades. E dessa forma, o discurso ético antropocêntrico, que estabelece como filtro para participação da comunidade moral a posse da razão, não se assenta sob bases coerentes. Com humanos e animais em condições similares, a ética antropocêntrica garante direitos aos primeiros e os nega aos segundos. Fere, assim, "as exigências de universalidade, generalidade e imparcialidade, que configuram um princípio como válido racionalmente" (ibid., p. 187). O principal argumento de fundo é que a nossa espécie, a humana, é inegavelmente superior às outras e não se pode cogitar qualquer equiparação.

Para o filósofo espanhol Jorge Riechmann, a razão não pode configurar critério para se estabelecer direitos. Para possuí-los, não é necessário que o titular lhes possa reclamá-los, pois, desse modo, seres humanos naquelas condições de vulnerabilidade ficariam desprotegidos. Para Riechmann, estes possuem direitos não por iniciativa própria, mas por conta de representantes legais que os pode exigir por eles. Da mesma forma, uma vez que animais não podem reivindicar direitos no sistema jurídico, sua defesa depende de tutores humanos que possam atuar e falar em seu nome (RIECHMANN, 2005a).

O autor espanhol ainda retoma o princípio de igual consideração de interesses, de Peter Singer, que, *a grosso modo*, estabelece que interesses devem ser igualmente considerados em termos morais, sem discriminação de espécie. A partir disso, uma vez que todos têm interesses, Riechmann defende que todos os seres vivos são dignos de consideração moral. E o que significa considerar moralmente um ser vivo? Para o filósofo, trata-se de não lhe causar dano nem minar suas possibilidades de viver bem, e na medida do possível, ajudá-lo a viver bem (id., 2005b).

Entretanto, esses interesses devem ser considerados conforme as capacidades e vulnerabilidades próprias de cada espécie. Por exemplo, causa-se maior mal a um lince do que a um ser humano ao se lhes extrair as unhas, porque o lince depende delas para a sobrevivência, ao contrário dos humanos. Em contrapartida, não se confere direito de voto às cegonhas nem de educação aos ursos polares. Dá-se direitos conforme os interesses da espécie. O direito animal mais básico consiste em não ser torturado ou tratado com crueldade, enquanto, para animais mais complexos biologicamente, soma-se também o direito à vida e à liberdade (id., 2005a, 2005b).

Seguindo essa linha, os primatas, por exemplo, "têm certo nível de autoconsciência, sentido de tempo e continuidade biográfica: tais características são as que aconselham garantir-lhes o direito à vida" (id., 2005a, p. 223). Com menor nível de complexidade, há animais sem essas capacidades, mas sencientes (sentem dor e prazer) e que experimentam grande sofrimento quando encarcerados, como a águia. A esses, dá-se o direito à liberdade.

Por fim, na gradação da complexidade biológica, que repercute nas habilidades de cada espécie, confere-se, a todos os seres sencientes, como a rã, o direito de não ser torturado nem tratado com crueldade. Casos em que ocorrem conflitos de interesses podem ser julgados a partir de uma hierarquização desses interesses, utilizando como critério as capacidades das espécies em questão.

Essa posição, entretanto, longe de ser unânime, encontra divergências com as posições de Francione e Charlton (2017), juristas e teóricos dos direitos animais. Para estes, *todos* os animais devem ter direito à existência continuada. A senciência, além de garantir o direito a não sofrer, deve também garantir o direito à vida, pois a capacidade de sentir dor remete a esse interesse maior.

Segundo os autores, a capacidade de experienciar a dor não surgiu, na história evolutiva, como um fim em si mesmo. Ela aponta para o interesse em preservar a vida. Irrompeu na história da evolução para permitir identificar situações nas quais a sobrevivência estivesse ameaçada. Se um indivíduo incorre em sofrimento, a dor é o sinal manifestado no corpo de que algo lhe ameaça as próprias condições de sobrevivência.

Desse modo, todos os seres sencientes, simplesmente por terem essa capacidade, têm implicitamente interesse em viver. Animais apanhados em armadilhas, por exemplo, por vezes usam as presas para amputar as próprias patas, causando-lhes imenso sofrimento, a fim de permanecerem vivos.

Além disso, mesmo que a autoconsciência seja uma característica mais evidente em animais de maior complexidade, como os primatas, ela não pode ser negada de imediato aos animais biologicamente mais simples. Considerando que têm consciência em termos perceptivos, podem também ter consciência de seus corpos e ações e vê-los como diferentes de outros animais. A autoconsciência não pode ser exclusivamente compreendida na forma tal como se configura na espécie humana.

Ainda que se aceitasse a hipótese de os animais de menor complexidade não possuírem a consciência do tempo ou de uma continuidade biográfica, o direito à vida não lhes poderia ser negado. Isso não significaria que eles não têm interesse em perpetuar a própria existência. Seres humanos, por exemplo, podem perder o acesso a memórias, ou a capacidade de pensar coerentemente sobre o futuro. Isso, porém, não lhes tira o interesse em continuar vivendo, assim como não se cogita tirar-lhes o direito de viver.

Assim, para Francione e Charlton (2017), a senciência pode ser o critério fundamental para a inclusão na comunidade moral e para garantir o direito à vida. Ela aponta para o interesse de se preservar a própria existência. Entretanto, como vimos, o debate não é uníssono. Há discussão profícua acerca do tema. Mas existe consenso de que ela deve ser realizada. Não apenas para garantir a elaboração de direitos animais. Para Riechmann, inclusive, mais até que consolidar esses direitos, importa "mobilizar as energias morais, sentimentais e políticas necessárias para alcançar essas mudanças" (RIECHMANN, 2005a, p. 235).

À pergunta "por que se importar com o sofrimento animal", a filosofia moral pode afirmar que é coerente tal atitude, pois seu sofrimento é relevante. Mais. Se existem seres humanos e animais em situações similares, capazes de sofrer, mas incapazes de reivindicar direitos, por que garantir direitos a uns e não a outros? Se há determinados interesses iguais, por que considerar os de uns e não os de outros? Trata-se de uma discriminação de espécie, ou *especismo*, que fere e rasga o tecido da lógica estrutural ética. Não existem bases lógicas ou racionais para ignorar o sofrimento animal. Deixar-lhes de fora da esfera de consideração moral seria anestesiar nossa própria consciência, que cedo ou tarde bradará e nos cobrará, no campo individual e social.

5. O sofrimento animal aos olhos da teologia

À mesma pergunta, "por que se importar com o sofrimento animal", o que nos responde a teologia cristã? O debate é amplo, com muitas discussões e argumentos. Iremos nos ater a duas reflexões: o relato da Criação e a atitude de Jesus.

Um dos versículos mais conhecidos em Gênesis, primeiro livro da Bíblia, no qual se relata o processo da Criação, fala da atitude a ser adotada pelos seres humanos com o planeta e os animais: "Dominem sobre os peixes do mar, sobre as aves do céu e sobre todos os animais que se movem pela terra" (Gn 1,28). Tradicionalmente, interpretou-se essas palavras sob o viés de dominação. Ou seja, porque o ser humano domina, pode utilizar todas as outras criaturas, sem limites. Ora, a hermenêutica bíblica contemporânea sugere outro caminho. Ela propõe compreender o versículo no contexto da leitura global do texto bíblico.

No versículo seguinte, logo após o mandamento divino de domínio sobre toda a Criação dada aos seres humanos, Deus lhes oferece como alimento "todas as plantas que nascem em toda a terra e produzem sementes, e todas as árvores que dão frutos com sementes" (Gn 1,29). Ou seja, a alimentação naquele primeiro momento, expressa enquanto desígnio divino, é completamente vegetariana. Que forma de domínio se justifica nesses termos?

A comunidade judaica, cujo autor escreveu esse primeiro capítulo de Gênesis, não era ela mesma vegetariana. Ao que consta, os hebreus daquele tempo não eram pacifistas nem vegetarianos, mas estavam conscientes de que a violência entre seres humanos e animais não era a vontade original de Deus para a Criação (LINZEY, 1996). Nesse sentido, certamente, trata-se de um "domínio" absolutamente pacífico, e não de uma licença para se usufruir do planeta e dos animais conforme apetece a vontade.

O termo "domínio" pode parecer inadequado nessa perspectiva, e há ressalvas quanto a essa tradução a partir do original em hebraico. Mas pode ser entendido em um sentido muito específico. Na tradição judaica, "domínio" somente pode ser compreendido de modo secundário. Trata-se de uma sociedade teocrática: o domínio primeiro é sempre de Deus. Em Israel, quando os reis não cumpriam a lei divina, os profetas os alertavam e eles entravam em declínio. Sua legitimidade tinha como critério o cumprimento da vontade de Deus. Da mesma forma, o ser humano é convidado a *representar* esse domínio no seio da Criação. Continuar o ato criativo de Deus à maneira do Criador. Ou seja, exercer uma regência servidora, amorosa e generosa (LINZEY, 2000; SUSIN; ZAMPIERI, 2015). As correntes protestantes norte-americanas de inspiração *evangelical* utilizam a expressão "mordomia cristã", tradução do termo inglês "stewardship".

O segundo capítulo de Gênesis segue o mesmo tom. Nele, o ser humano é chamado a dar nomes aos animais (Gn 2,19-20), simbolizando um chamado à convivência. O ato de nomear implica aproximação afetiva, significância amorosa, integração em uma mesma comunidade de vida. Dá-se um passo a mais. Ainda nesse segundo capítulo, o ser humano é convidado a cuidar da Criação como a um jardim (Gn 2,15), zelando dele e o cultivando. Aqui também se reforça a missão do ser humano de continuar o cuidado de Deus com a Criação.

No dizer de Francisco, na *Laudato si'*:

> Enquanto "cultivar" quer dizer lavrar ou trabalhar um terreno, "guardar" significa proteger, cuidar, preservar, velar. Isto implica uma relação de reciprocidade responsável entre o ser humano e a natureza. Cada comunidade pode tomar da bondade da terra aquilo de que necessita para a sua sobrevivência, mas tem também o dever de a proteger e garantir a continuidade da sua fertilidade para as gerações futuras (LS 67).

Na perspectiva cristã, o sentido último desse *domínio*, ou cuidado, encontra-se plenamente manifestado em Jesus. Ele incorpora, retroativamente, o sentido máximo do mandamento dado em Gênesis. Em Jesus, *poder* significa *serviço*. Capacidade implica responsabilidade. A vida de Jesus consistiu em um ato de entrega radical à causa dos mais necessitados, discriminados, oprimidos: curou leprosos, partilhou o alimento com os mais pobres, acolheu prostitutas, perdoou pessoas em desacordo com a lei mosaica.

Suas palavras são expressão de sua vida: "Sabeis que os chefes das nações as governam como seus senhores, e que os grandes exercem sobre elas o seu poder. Não seja assim entre vós. Pelo contrário, quem entre vós quiser fazer-se grande, seja o vosso servo" (Mt 20,25-26). Essa lição, transmitida diretamente aos seus discípulos, segundo o texto bíblico, denota uma quebra de paradigma: o *poder* exercido por Jesus e seus seguidores deve ser traduzido como *serviço*. Há uma completa inversão da lógica do poder (LINZEY, 2009).

Aqui está, portanto, a chave de leitura para a interpretação do termo "domínio" no Gênesis: o ser humano deve ser o servidor da Criação, seu guardião e cuidador. Ele também administra e se serve daquilo de que necessita. Tal narrativa nos impele a uma mudança de mentalidade e de atitudes. Basta olhar para a crise ecológica e para a crueldade da indústria de exploração animal, para perceber o descompasso entre a proposta bíblica e a realidade atual. Mas a radicalidade da vida e mensagem de Cristo e as repercussões para este tema não se encerram aqui.

Jesus não somente encarnou essa inversão absoluta do exercício do poder, como se identificou, ele próprio, com os mais pequeninos. No relato do grande julgamento escatológico do Evangelho de Mateus (Mt 25,31-46), Jesus se identifica, um a um, com aqueles que viviam as situações mais difíceis de seu tempo: tive fome e me destes de comer, sede e me destes de beber, era peregrino e me acolhestes... Por fim, Jesus se revela no mais oprimido e menor de todos: "Em verdade vos digo: cada vez que o fizestes a um desses meus irmãos mais pequeninos, a mim o fizestes" (Mt 25,40).

Ou seja, para além do entendimento de *domínio* como *serviço*, na perspectiva cristã, todo bem ou mal que se faz aos mais pequeninos, faz-se ao próprio Jesus. Infligir mal ou agir com misericórdia com alguém, especialmente com aqueles em condições de maior vulnerabilidade, é o mesmo que fazê-lo a Jesus. Mas os animais estão incluídos nessa perspectiva? Quem são, atualmente, os mais oprimidos? Nessa lógica, pode-se dizer que Jesus era vegetariano?

No contexto em que Jesus viveu, na Palestina do século I, tornar-se vegetariano provavelmente implicaria associar-se a alguma filosofia maniqueísta de ascetismo, contrária ao sentido global dos ensinamentos de Jesus. É questionável se ele se encontrou, em alguma ocasião, com um vegetarianismo ético tal como hoje o temos (LINZEY, 1996).

Situado num tempo-espaço específico da história, Jesus não poderia partilhar das demandas morais e dos temas de urgência do século XXI. Entretanto, sua vida e mensagem fornecem sinais para a atitude ética fundamental a se adotar. Cabe à teologia a tarefa de atualizar e traduzir seus ensinamentos, ressignificando as categorias evangélicas para as necessidades de hoje e ampliando o círculo moral a fim de incluir *todos* os oprimidos.

A atitude fundamental cristã é cuidar dos mais vulneráveis, dentre os quais estão os animais. Diante de sua miserável condição hoje, sem dúvida, importar-se moralmente com eles, vítimas sem voz que clamam por libertação, consiste em um imperativo de fé. À pergunta "por que se importar com o sofrimento animal", feita à teologia, pode-se responder que seu sofrimento tem importância não somente em si mesmo, mas também para o Criador. A agressão perpetrada contra eles é também afronta a Deus, que criou humanos e animais para comungarem uma relação fraterna. E, considerando-os como irmãos menores na Criação, o que se faz a eles, está se fazendo igualmente a Jesus.

Conclusões abertas (em forma de tópicos)

1. Focamos nosso artigo sobre a questão animal a partir do seu sofrimento. Por quê? A mudança de mentalidade e de atitudes em relação aos animais, sobretudo os mamíferos (pois nós também o somos), acontece quando percebemos que eles não são coisas, mas outros. Os dois sentimentos básicos que nos fazem descobrir a alteridade, tanto dos humanos quanto dos animais, são a sintonia com suas alegrias e suas dores. Por isso, é importante ouvir o canto dos pássaros, admirar a astúcia dos felinos, provar a lealdade dos cachorros, surpreender-se com a esperteza dos macacos, enfim, encantar-se com a singularidade de cada espécie! Ao mesmo tempo, indignar-se com o sofrimento que nós, humanos, na sociedade pós-industrial, impomos aos animais. E assumir novas posturas pessoais e institucionais.

2. No seu longo processo de evolução, que dura milênios, a humanidade deu um importante salto, quando passou da coleta de plantas e da caça para o cultivo da agricultura e a criação de animais (domesticação). Estudiosos do assunto debatem o consumo de animais e de grãos como um dos possíveis fatores pelos quais as comunidades humanas tiveram acesso às proteínas e carboidratos

necessários para seu desenvolvimento. E não somente isso. Os animais forneceram matéria-prima para vestimentas, utensílios de uso doméstico, como também serviram como energia motora e para o transporte de pessoas e cargas. Com o advento da sociedade industrial, da revolução agrícola e da agroecologia, da tecnociência e da expansão das "ciências da saúde e do bem-estar", houve mudanças no estilo de vida. Vários objetos provenientes da matéria-prima animal foram substituídos por outros. Diversificaram-se as fontes de alimentação e de energia (elétrica e de combustão). Embora algumas culturas e povos ainda necessitem desses recursos, a tendência a longo prazo aponta para menor utilização dos animais em diversas instâncias da vida cotidiana e da produção. No entanto, a indústria alimentar ainda cresce significativamente, valendo-se, sobretudo, de produtos processados, de origem vegetal e animal.

3. Dentre os diversos campos de exploração animal que apresentamos resumidamente, o que mais causa impacto ambiental em extensão é o consumo para a alimentação, o que implica uma longa cadeia produtiva de plantio de grão, criação, abate, distribuição, industrialização, consumo e descarte. Basta perceber a pressão feita pelo agronegócio de grãos (sobretudo para alimentar animais) e de pecuária, ao exigir aumento de área de cultivo, levando à destruição dos biomas, sobretudo a Amazônia.

4. Em relação ao consumo de proteína animal (nome bonito para significar: matar animais, esquartejá-los e vendê-los), há três tendências principais. Veganos e vegetarianos defendem a total abolição desse procedimento. Parte dos ambientalistas e articuladores de "dieta saudável" propõem reduzir o consumo de animais e incrementar a alimentação de vegetais agroecológicos e orgânicos.

E, no outro lado, estão os promotores do consumo irrestrito de carne e derivados. Para a população, mesclam-se vários fatores para tomar decisões, tais como hábitos alimentares arraigados e sua força simbólica, razões filosóficas, religiosas, ecológicas, científicas e até ideológicas. Quanto a esta última, é notório que herdamos do sistema colonial a ideia de que somente os ricos e poderosos comem carnes tenras e suculentas. Daí que a ascensão social se traduz por aumento de alimentos processados e "carne de primeira".

5. Nem toda proteção aos animais se traduz em consciência ecológica e empenho por uma sociedade justa e inclusiva. Jorge Riechmann, em sua obra *Todos os animais somos irmãos* (2005), afirma que, por vezes, os defensores dos animais (zoocentrismo) e os da ecologia (biocentrismo ou antropocentrismo aberto) se assemelham a viajantes no mesmo trem, mas em vagões distintos. Isso significa, no nosso entender, que transitar nos diferentes vagões implica tanto reconhecer a contribuição da luta pela libertação animal (para o movimento ecológico) quanto a inclusão de grandes temas ecológicos e sociais (nos grupos zoocêntricos). Além disso, evitar mal-entendidos e concepções superficiais, que pouco têm de ecológicos.

6. Por exemplo, a "febre" de criar cães e gatos e tratá-los com crescente requinte (de fazer inveja a um ser humano) tem pouco a ver com ecologia. Pois não se compreende que tudo está interligado e que a grande causa do cuidado da Casa Comum inclui os seres abióticos (solo, água, ar, energia) e os bióticos (microorganismos, plantas e animais). Enquanto o movimento ecológico propugna a adoção do consumo consciente e com certo limite, o mercado de pets vai na direção oposta e cria crescentes demandas (como calçados para suas patas, chocolate e outros guloseimas, festa de aniversário

do animal de estimação etc...). Por vezes, parece que quanto mais sofisticada e supérflua a forma de tratar os pets, maior a indiferença diante da dor dos outros humanos, sobretudo os mais pobres.

7. Bem entendida, a consciência acerca da exploração animal tem a ver com os direitos humanos e não entra em concorrência com eles. À medida que a comunidade humana evolui, amplia seus horizontes e seu campo de inclusão. A primeira etapa desse processo, ainda em andamento, exige reconhecer a singularidade e a dignidade de seres humanos, que até então eram submetidos a distintas formas de exclusão, dependência ou opressão. Daí ganha importância a luta pelas questões geracionais, sociais, de gênero, étnicas e culturais. Agora, o horizonte se descortina para além da nossa espécie. Amplia-se a comunidade ética, incluindo com prioridade os animais sencientes.

8. De forma ampla, fala-se também de "Direitos da Terra", da totalidade dos ecossistemas, das comunidades de vida que constituem a biosfera. Leonardo Boff, já no final da década de oitenta do século passado, sustentava que a ecologia responde simultaneamente ao Grito da Terra e ao Grito dos Pobres. Anos mais tarde, o Papa Francisco assinalava, com firmeza, que existe somente uma questão vital para a humanidade, que é simultaneamente social e ambiental. Portanto, coloca-se na linha da justiça socioambiental.

Esperamos que a causa da libertação animal, compreendida no horizonte da justiça socioambiental, mobilize cada vez mais pessoas e grupos, no ambiente acadêmico, nas áreas da produção, nas mobilizações cidadãs, no âmbito jurídico, nas igrejas e religiões. Assim, caminharemos para uma ecologia integral, no cuidado de nossa Casa Comum.

Referências

AFONSO, Germano Bruno; MOSER, Alvino; AFONSO, Yuri Berri. Cosmovisão Guarani e sustentabilidade. *Revista Meio Ambiente e Sustentabilidade*, v. 8, n. 4, jan.-jun. 2015. Disponível em: <https://www.uninter.com/revistameioambiente/index.php/meioAmbiente/article/view/431/271>. Acesso em: 10 jan. 2020.

BOFF, Leonardo. *Ecologia: grito da Terra, grito dos pobres:* dignidade e direitos da Mãe Terra. Petrópolis/RJ: Vozes, 2015, 487 p.

CESTARI, Vanice. *Para além da carne fraca:* exploração animal e escravidão humana na indústria da carne. 2017. Disponível em: <http://justificando.cartacapital.com.br/2017/03/29/para-alem-da-carne-fraca-exploracao-animal-e-escravidao-humana-na-industria-da-carne/>. Acesso em: 17 ago. 2017.

FELIPE, Sônia T. *Por uma questão de princípios:* alcance e limites da ética de Peter Singer em defesa dos animais. Florianópolis/SC: Fundação Boiteux, 2003.

_____. Racionalidade e vulnerabilidade. Elementos para a redefinição da sujeição moral. *Veritas*, Porto Alegre, v. 52, n. 1, p. 184-195, mar. 2007. Disponível em: <http://revistaseletronicas.pucrs.br/ojs/index.php/veritas/article/view/1868/1398>. Acesso em: 1 abr. 2014.

_____. *Acertos abolicionistas:* a vez dos animais: crítica à moralidade especista. São José/SC: Ecoânima, 2014.

_____. Ética biocêntrica: tentativa de superação do antropocentrismo e do sencientismo éticos. *Ethic@*, Florianópolis, v. 7, n. 3, p. 1-07, dez. 2008. Disponível em: <https://periodicos.ufsc.br/

index.php/ethic/article/view/1677-2954.2008v7n3p1/21835>. Acesso em: 4 dez. 2017.

FRANCIONE, Gary L.; CHARLTON, Anna E. *É errado abater animais, mesmo que com tratamento "humanizado"*. Disponível em: <https://www1.folha.uol.com.br/ilustrissima/2017/09/1922381-e-errado-abater-animais-mesmo-que-com-tratamento-humanizado.shtml>. 28/09/2017. Acesso em: 1 dez. 2017.

GREIF, Sergio. *A Bíblia preconiza o vegetarianismo*. Disponível em: <https://www.vista-se.com.br/a-biblia-preconiza-o-vegetarianismo/>. Acesso em: 2 jan. 2020.

HORTA, Reginaldo José. *Por uma ética não especista:* Peter Singer e a questão do estatuto moral dos animais não humanos. (Dissertação de mestrado) – Faculdade Jesuíta de Filosofia e Teologia (FAJE), Belo Horizonte, 2015, 179 p.

LINZEY, Andrew. *Los animales en la teologia*. Trad. Ignacio Ribera Galán. Barcelona: Herder, 1996, 278 p.

_____. *Animal Gospel*. Louisville/Kentucky: Westminster John Knox Press, 2000, 171 p.

_____. *Creatures of the same God:* explorations in animal theology. New York: Lantern Books, 2009, 161 p.

MACHADO, João Paulo Tinoco. *O processo identitário do sujeito indígena:* uma análise discursiva da Carta do Cacique Seattle. (Dissertação de mestrado) – Universidade Federal de Mato Grosso do Sul (UFMS): Três Lagoas (MS), 2016.

MARTINS, Natália Luiza Alves. *A proteção jurídica dos animais no direito brasileiro:* por uma nova percepção do antropocentrismo. 134 p. (Dissertação de mestrado) – UNIFOR, Fortaleza (CE), 2012.

ONU. *Consumo humano de carne processada e carne vermelha aumentam risco de câncer.* Disponível em: <https://nacoesunidas.org/onu-consumo-humano-de-carne-processada-e-carne-vermelha-aumentam-risco-de-cancer/>. Acesso em: 2 jan. 2020.

PAPA FRANCISCO. Carta encíclica *Laudato si'*, sobre o cuidado da casa comum. São Paulo: Loyola, 2015.

RIECHMANN, Jorge. *Todos los animales somos hermanos.* Madrid: La Catarata, 2005a.

_____. *Un mundo vulnerable.* Madrid: La Catarata, 2005b.

ROWLAND, Michael Pellman. *Millennials Are Driving The Worldwide Shift Away From Meat.* Disponível em: <https://www.forbes.com/sites/michaelpellmanrowland/ 2018/03/23/millennials-move-away-from-meat/#5061d71ba4a4>. Acesso em: 7 nov. 18.

SALLES, Alvaro Angelo. *Bioética e meio ambiente:* da matança de animais à destruição de um planeta. Belo Horizonte: Mazza Edições, 2009.

SCOLA, Jorge. Capturas do sentir: dispositivos acerca da sensibilidade animal entre a ciência e o direito. *Revista Antropolítica*, n. 46, Niterói (RJ), 2019/1.

SUSIN, Luiz Carlos; ZAMPIERI, Gilmar. *A vida dos outros:* ética e teologia da libertação animal. São Paulo: Paulinas, 2015.

THE WORLDWATCH INSTITUTE. *Estado do mundo.* Ameaças veladas à sustentabilidade: como enfrentar. Disponível em: <http://wwiuma.org.br/ESTADO_DO_MUNDO_2015.pdf>. Acesso em: 4 dez. 2017.

_____. *Estado do mundo*. Transformando culturas: do consumismo à sustentabilidade. Disponível em: <http://wwiuma.org.br/estado_2010.pdf>. Acesso em: 4 dez. 2017.

ZAMPIERI, Gilmar. A encíclica *Laudato si'* e os animais. *Cadernos Teologia Pública*, São Leopoldo, ano XII, v. 13, n. 110, 2016.

Documentários

A carne é fraca. Dir. Denise Gonçalves. Prod. Instituto Nina Rosa, 2004. 54 min. Disponível em: <https://www.youtube.com/watch?v=euvdedl-qso&feature=emb_title>.

A engrenagem. Prod. Instituto Nina Rosa, 2012. 16 min. Disponível em: <https://www.youtube.com/watch?v=KmIprNpcd94&feature=emb_title>.

Blackfish. Dir. Gabriela Cowperthwaite. Prod. Gabriela Cowperthwaite e Manny Oteyza, 2013. 1h23.

Especismo: O Filme. Dir. e prod. Mark Devries, 2013. Título original: *Speciesism*: The Movie. 1h34. Disponível em: <https://www.youtube.com/watch?v=w8FEl3wrQGY>.

Terráqueos. Dir. e prod. Shaun Monson, 2005. Título original: *Earthlings*. 1h35. Disponível em: <https://www.youtube.com/watch?v=wSMI-KLnUGk>.

Posfácio

Quando pensamos em direitos humanos, geralmente essa expressão nos remete a elementos que, de certa forma, estão relacionados, como cárcere, prisões, violência, tortura, violência etc. Na sociedade contemporânea, a expressão "direitos humanos" transformou-se em clichê, dentre os leigos, significando "direito de proteger bandidos".

Nos dias atuais, os tipos de violência mais comuns, como a social, a ambiental, a violência de gênero, o preconceito, a discriminação de todas as formas, aliados à ineficiência do Estado na prevenção e repressão no enfrentamento a essas formas de violência, estão levando o indivíduo a uma intolerância extrema, à autotutela, à apologia à violência para combater a violência, ao uso da arma.

Norberto Bobbio, em sua obra *A era dos direitos*, mais especificamente no capítulo homônimo ao livro, de maneira bastante otimista defende a tese de que a humanidade se encontra num constante "progresso moral". Aqui, o autor utiliza o termo "progresso" no sentido estrito, significando uma "transformação para melhor" dos valores éticos e morais do ser humano. O pensador italiano, entretanto, reconhece a dificuldade de se mensurar esse suposto "avanço moral". Afirma que os progressos científico e tecnológico, por exemplo, possuem critérios objetivos que possibilitam mensurar seu avanço, enquanto os progressos ético e moral, que ele defende estarem ocorrendo, não possuem instrumentos ou critérios técnicos que possibilitem qualificá-los e quantificá-los. Para defender seu ponto de vista, Bobbio cita alguns acontecimentos, como a Revolução Francesa, a Abolição da Escravatura, a decadência da pena de morte, que veem ocorrendo ao longo da história, enquanto argumentos desse suposto progresso moral.

Enveredando pelo mesmo percurso trilhado por Bobbio, poderíamos acrescentar a preocupação com a natureza, com o meio ambiente e a criação de instituições, como a ONU e a Unesco, fundadas para garantir, efetivamente, a preservação e consolidação dos direitos dos humanos pelos Estados e a paz universal. Paradoxalmente, parafraseando Platão, reconheço que estamos muito aquém de uma "realidade ideal", mas, se olharmos para o passado, percebemos a construção – lenta e morosa, é verdade – dos direitos humanos, direitos esses que visam tutelar qualquer pessoa, independentemente de etnia, religião, gênero, cultura, classe social. Para que seja protegido por esses direitos, basta apenas que tenha a condição de ser humano, não importando a infração por ele cometida.

Se Norberto Bobbio acredita num "progresso moral" da humanidade, então é possível falarmos também, em contrapartida, num "retrocesso moral". Se o pensador italiano ainda estivesse vivo e, portanto, presenciado pelo menos alguns dos acontecimentos dos últimos anos, diante de alguns fatos ele teria, provavelmente, abandonado sua tese de avanço moral, defendida em *A era dos direitos*, e possivelmente os taxaria como "retrocesso moral". A construção de muros fronteiriços, a imigração em massa de seres humanos, a intolerância que se manifesta em suas mais primitivas facetas, como o racismo, a homofobia e a violência contra as mulheres, massacres em escolas, o discurso da violência para combater a violência com o armamento da sociedade, são apenas alguns exemplos de fatos que denotam essa ideia de retrocesso ético e moral da humanidade.

É inconcebível o fato de termos que positivar normas para a proteção de nós, seres humanos, contra abusos cometidos por nós mesmos. Tal como é demonstrado na narrativa de *Vidas secas*, do escritor alagoano Graciliano Ramos, a relação entre pessoas e animais e entre pessoas representa um paradoxo nessa inversão de valores socioculturais. Ficamos atordoados com as notícias a que assistimos nos telejornais sobre baleias encalhadas nas praias, ou sobre a extinção das tartarugas-marinhas, enquanto recepcionamos, com indiferença, notícias de violência cometidas contra mendigos, de pessoas morrendo de fome em seus países ou de presos convivendo com ratos e baratas, alimentando-se de comidas estragadas e amontoados num ambiente totalmente insalubre, que são as masmorras modernas que o Estado denomina de penitenciárias. Nas redes sociais, estamos assistindo à recepção prazerosa de vídeos de pessoas praticando violência, num gesto de incitação e apologia à violência contra o outro, mas, ao mesmo tempo, há outras repudiando a violência praticada contra os animais. O *boom* das lojas com artigos para pets, na sociedade contemporânea, revela o modo como as pessoas estão se relacionando com seus animais de estimação.

Temos presenciado, nos últimos tempos, alguns desastres ambientais provocados pela natureza e outros pela intervenção do ser humano, como queimadas e avalanche de lamas que dizimaram pessoas, a fauna e a flora, os rios e fizeram desaparecer cidades inteiras. Se há algo de positivo que podemos tirar de eventos catastróficos como esses, são os gestos de solidariedade para com o próximo, bem como a elaboração de normas que (jamais pensadas antes, devido à ausência de necessidade de sua elaboração) protejam a natureza e o homem de suas próprias ações. Catástrofes como essas, geralmente, nos induzem a repensar nossos valores, ações e objetivos.

A existência de um mundo para as próximas gerações está diretamente condicionada às nossas ações no presente. Pensarmos em direitos humanos é também pensarmos na proteção do meio ambiente, urbano ou rural; é pensarmos em tratar o semelhante com dignidade e respeito, independentemente de suas crenças, convicções, raízes, culturas e valores; é protegermos a fauna e a natureza. Não há vida sem meio ambiente. A convivência harmoniosa entre pessoas na sociedade extrapola o campo do direito; passa por outros campos do saber, como a moral, a religião, a ética. Assim, conhecimentos múltiplos e transversais, de diversas correntes e ramos científicos, como a filosofia, a sociologia, a psicologia e o direito, são necessários para regularmos o bom convívio entre as pessoas, estabelecendo condutas e repensando nossas ações.

Bobbio afirma que a melhor forma de estudarmos a história é sob uma perspectiva teleológica, ou seja, analisando cada evento histórico, não de forma saudosista, mas sim projetando-se sempre para o futuro.

Encerro este texto na certeza de que cada artigo presente neste livro cumpre sua função social, com suas temáticas peculiares, retratadas pelas diferentes perspectivas inerentes a cada autor-pensador que os elaborou objetivando a construção de um pilar mais sólido neste longo trajeto do avanço moral da sociedade em que acreditamos.

Prof. Dr. Enio Luiz de Carvalho Biaggi
Escola Superior Dom Helder Camara

Índice onomástico

A

Adão, Francys Silvestrini 167, 177
Afonso, Germano Bruno 294
Ambos, Kai 264, 266
Amin, Aleph 262, 267
Aristóteles 12, 19
Ayres, Jennifer 166, 177

B

Baltimore, David 216, 217, 218, 223
Bannan-Watts, Margaret Elizabeth 147, 149
Barbosa, Marco Antônio 258, 267
Barrangou, Rodolphe 205, 223
Barratt, Barbara 237, 244, 245
Beck, Ulrich 90, 96
Beielefeldt, Heiner 103, 104, 110, 111, 113, 115, 122, 126
Bertoldi, Marcia Rodrigues 267
Blank, Renhold J 82

Blank, Renhold J. 96
Blondel, Maurice 142, 148, 149
Bobbio, Norberto 253, 299, 300, 302
Boff, Leonardo 95, 274, 277, 293
Bosch, R. van den 231, 245
Bourgeois, Daniel 166
Brouns, Stan 206, 223
Brown, Lester 159
Bulzico, Bettina 252, 253, 268

C

Capra, Fritjof 96
Carson, Rachel 179, 245
Cestari, Vanice 279, 294
Charlton, Anna 283, 284
Charpentier, Emmanuelle 207, 208
Christou, Paul 238, 239, 245
Claro, Carolina de Abreu 263, 267
Cloutier, Sheila Watt 256, 257, 260, 267
Collinge, David 238, 245
Comparato, Fábio Konder 102, 103, 104, 107, 111, 112, 121, 125

D

Darwin, Charles 231
Descartes, René 31, 32, 35, 36, 94, 273
DESMOND, William 44
Dong, Xinnian 238, 239, 244, 246
Doudna, Jennifer 206, 207, 208, 209, 210, 213, 214, 215, 223, 226
Doutt, R. L. 230, 246

E

Edwards, Denis 145, 149

F

Facchi, Alessandra 101, 112, 113, 127
Felipe, Sônia T. 273, 278, 279, 281, 294
Fox, Matthew 45, 142, 150
Francione, Gary 283, 284

G

Gabellieri, Enmanuel 148, 149
Garcia, Vinícius Gaspar 187
Godinho, Fabiana 258, 259, 263, 268
Gomes, Eduardo 268
Gordilho, Heron José de Santana 264, 268
Gregersen, Niels Henrik 132, 150
Grooters, Amy 243, 246
Guerra, Sidney 252, 268
Guimarães, Verônica 257, 268

H

Hagen, K. S. 230, 246
Hang, Luciano 194
Heschel, Abraham 80
Hobbes, Thomas 102
Horta, Reginaldo 275, 295
Hoy, M. A. 240, 244, 246
Hume, David 19

I

Ishino, Yoshizumi 204, 224

J

Jesus Cristo 83, 88, 133, 167, 169, 170, 173
Jiankui, He 211, 212
Jinek, Martin 208
Johnson, Elizabeth 132, 142, 150
Juras, Ilidia da Ascenção 255, 268

K

Kant, Immanuel 74, 94, 118
Kerwin, J.L. 242, 245, 246, 247
Klein, H. 237, 240, 244, 247
Kolata, Gina 212, 224
Koyré, Alexandre 31

L

Lacan, Jacques 27, 29
Lamphier, Edward 213, 214, 224
Ledford, Heid 210, 224
Lenteren, Joop 235, 240, 241, 247
Lima Vaz, Henrique Cláudio de 120, 123
Linzey, Andrew 272

M

Machado, João Paulo 270, 271
Maciel, Débora Alves 262, 268

Maffettone, Sebastiano 18, 26
Makarova, Kira 204, 225
Marchione, Marilynn 211, 225
Marques da Silva, Oto 188
Martins, Natália Luiza 273, 295
Marx, Karl 106, 269
Mello, Anahi Guedes 186
Mendes, Frederico Ribeiro 264, 269
Méndez-Montoya, Angel Francisco 165
Mendoza, L. 243, 244, 247, 248
Michaud, J.P. 242, 244, 247
Mitalipov, Shoukhrat 210
Mojica, Francisco 225
Moltmann, Jürgen 92, 97
Morin, Edgar 93

P

Papa Francisco 5, 17, 23, 26, 47, 132, 136, 137, 138, 139, 141, 144, 145, 146, 147, 148, 150, 155, 157, 159, 178, 192, 196, 201, 274, 277, 287, 293, 296
Parra, José Roberto 233, 234, 235, 240, 241, 247
Pedrosa-Macedo, José Henrique 234, 248
Pelaez, Victor 158, 179
Pennisi, Elizabeth 208, 225
Pinto, João Batista Moreira 253, 261, 269
Piovesan, Flávia 259, 267, 269
Platão 12, 19, 300
Powers, Ann 249, 255, 269

R

Ramos, Érika Pires 262, 269
Ramzy, Austin 212, 225
Rawls, John 18, 26
Reaumur, René-Antoine 230
Reese, Thomas 144, 150
Riechmann, Jorge 282, 284, 292
Rivas, Eugenio 15, 129, 315
Rodrigues, Viviane 262, 269
Rohr, Richard 132, 133, 148, 150
Rosa, Rogério 257, 270
Rowland, Michael Pellman 272, 296

S

Salles, Alvaro Angelo 280, 296
Sassaki, Romeu 183, 190, 197
Savulescu, Julian 218
Scheers, Peter 38, 39, 45
Scola, Jorge 273, 296
Silva, José Afonso da 270
Smith, Dennis Edwin 167, 179
Sófocles 87, 88
Souza, José Carlos Aguiar de 15, 27, 31, 33, 34, 37, 41, 46
Staffen, Márcio Ricardo 182
Steinfeld, Edward 197, 201
Sternberg, Samuel 206, 207, 208, 209, 210, 213, 214, 215, 223, 226
Susin, Luiz Carlos 275, 287, 296

T

Tamayo-Acosta, Juan Jose 76, 97
Tavares, Sinivado 73, 82, 97, 318
Taylor, Charles 18, 26
Togni, P.H.B. 240
Tomás de Aquino, Santo 11, 15, 18, 19, 313, 314
Torres Queiruga, Andrés 75, 97
Tucker, Trileigh 135, 150

V

Valadier, Paul 84, 87, 97
Valle, Jan 183, 187, 189, 201
Van Erp, Paul 205, 209, 226
Van Leeuwenhoek, Anton 230
Vaughan-Lee, Llewellyn 142, 150
Veca, Salvatore 18, 26
Vilela, Raquel 227, 243, 317

W

Wackenheim, Charles 83, 97
Wang, Huiqun 210
Wee, Sui-Lee 212, 224, 225
Werneck, Cláudia 198, 201
Whitehead, Alfred North 34
Wiedenheft, Blake 207
Wirzba, Norman 153, 160, 165, 170, 179
Wright, Catherine 132, 151

Z

Zampieri, Gilmar 275, 277, 287, 296, 297
Zizek, Slavoj 28, 29, 46

Sobre os autores

Afonso Tadeu Murad

Graduado em Pedagogia pela Universidade Estadual de Montes Claros (1981), em Filosofia pela Pontifícia Universidade Católica de Minas Gerais (1984). Doutor em Teologia pela Pontifícia Universitas Gregoriana (1992). Concluiu especialização em Gestão e Marketing pela Fundação Dom Cabral (2006) e Comunicação Social na Universidade São Francisco. MBA em Gestão e Tecnologias Ambientais na USP (2010). Pós-doutor em Teologia pela PUC-RS (2016). É professor de Teologia na Faculdade Jesuíta (FAJE) e no Instituto Santo Tomás de Aquino (ISTA), em Belo Horizonte. Membro da equipe interdisciplinar da Conferência dos Religiosos do Brasil (CRB). Líder do grupo de pesquisa interinstitucional "Vida religiosa, problemática atual e teologia". Coordenador da linha de pesquisa "Ecoteologia, religião e consciência planetária", do Grupo de Pesquisa "Fé e contemporaneidade: os impactos da sociedade moderna e pós-moderna sobre a fé cristã", da FAJE.

Anderson Silva Barroso

Membro do Instituto dos Irmãos de São Gabriel, é bacharel em Nutrição pela Faculdade Pitágoras, de Belo Horizonte, e em Teologia pelo Instituto Santo Tomás de Aquino. Pós-graduado em Metodologia e Didática do Ensino Superior pela Universidade Estadual de Minas Gerais (UEMG). Mestrando em Teologia pela Faculdade Jesuíta de Filosofia e Teologia. Participante da linha de pesquisa "Ecoteologia, religião e consciência planetária", do Grupo de Pesquisa "Fé e contemporaneidade: os impactos da sociedade moderna e pós-moderna sobre a fé cristã", da FAJE.

Cláudia Maria Rocha de Oliveira

Doutora em Filosofia pela Pontifícia Universidade Gregoriana, em Roma. Professora adjunta e pesquisadora da Faculdade Jesuíta de Filosofia e Teologia. Coordenadora do Programa de Pós-graduação em Filosofia da Faculdade Jesuíta de Filosofia e Teologia (FAJE). Líder do Grupo de Pesquisa "Estudos vazianos" e membro do Grupo de Pesquisa "Desafios para uma ética contemporânea", da FAJE.

Elton Vitoriano Ribeiro, sj

Professor de Filosofia (graduação e pós-graduação) na Faculdade Jesuíta de Filosofia e Teologia (FAJE), em Belo Horizonte. Possui graduação em Filosofia (2000) e Teologia (2005) pela Faculdade Jesuíta, mestrado em Filosofia pela PUCRIO (2003) e doutorado em Filosofia pela Pontifícia Universidade Gregoriana, em Roma, Itália (2010). Possui pesquisas na área de ética filosófica (justiça, virtudes e reconhecimento) e hermenêutica filosófica. É membro da Equipe Jesuita Latinoamericano de Reflexión Filosófica. Coordenador do Grupo de Pesquisa "Desafios para uma ética contemporânea".

Émilien Vilas Boas Reis

Pós-doutor em Filosofia pela Faculdade de Letras da Universidade do Porto, em Portugal (FLUP/Portugal); doutor e mestre em Filosofia pela PUCRS; graduado em Filosofia pela UFMG; professor de Filosofia e Filosofia do Direito da Graduação, do mestrado e do doutorado em Direito Ambiental e Desenvolvimento Sustentável da Escola Superior Dom Helder Camara, em Belo Horizonte (MG). Líder do Grupo de Pesquisa (cadastrado no CNPQ) "Por uma justiça ambiental: estudos de Filosofia do ambiente e de ética ambiental para um novo Direito Ambiental".

Eugenio Rivas, sj

Jesuíta da República Dominicana, é doutor em Teologia pela Pontifícia Universidade Gregoriana, Roma. Professor do Programa de Graduação e Pós-graduação em Teologia, da Faculdade Jesuíta de Filosofia e Teologia (FAJE), em Belo Horizonte (MG). É líder do Grupo de Pesquisa "Fé e contemporaneidade: os impactos da sociedade moderna e pós-moderna sobre a fé cristã". Pesquisador visitante (Visiting Scholar) em Heythop College, London University (2016), e em Saint Thomas University, Fredericton, NB, Canadá (2017-2018).

José Carlos Aguiar de Souza

Possui graduação em Filosofia pela Pontifícia Universidade Católica do Rio de Janeiro (1981), mestrado em Ciências da Religião pela Katholieke Universitet Leuven (1988), mestrado em Filosofia pela Katholieke Universiteit Leuven (1994), e doutorado em Filosofia pela Universidade Federal de Minas Gerais (2000). Foi reitor do

Centro de Ensino Superior de Juiz de Fora (CES-JF) e atualmente é professor adjunto da Pontifícia Universidade Católica de Minas Gerais (PUC-Minas), do Instituto Santo Tomás de Aquino e professor visitante da Eastern Michigan University (Estados Unidos) – McAndless Chair. Desenvolve pesquisa nas áreas de metafísica, modernidade, filosofia da religião, psicologia da religião e ecofilosofia. Autor do livro *O projeto da modernidade*.

Marcelo Antônio Rocha

Bacharel, especialista e mestre em Filosofia pela Universidade Federal de Minas Gerais (UFMG). Bacharel em Direito pela Escola Superior Dom Helder Camara (ESDHC). Professor da graduação em Direito da ESDHC e membro do Grupo de Pesquisa "Por uma justiça ambiental: estudos de filosofia do ambiente e de ética ambiental para um novo Direito Ambiental".

Marco Túlio Brandão Sampaio Procópio

Possui graduação em Ciências da Religião pela Universidade Estadual de Montes Claros (2014), e mestrado em Teologia pela Faculdade Jesuíta de Filosofia e Teologia (2018). Doutorando em Ciências da Religião pela PUC-MG. Integrante do Grupo de Pesquisa "Religião, Educação, Ecologia, Libertação e Diálogo" – REDECLID, da PUC-MG. Atua como Assistente de Pastoral e Professor de Ensino Religioso no Colégio Sagrado Coração de Maria, em Belo Horizonte.

Maria Carolina Ferreira Reis

Mestre e doutora em Estudos Linguísticos pela Faculdade de Letras da UFMG. Graduada em Letras, com habilitação em português/inglês, pela Faculdade de Letras da Universidade Federal de Minas Gerais (UFMG). Professora da graduação em Direito da Escola Superior Dom Helder Camara.

Pedro Henrique Moreira da Silva

Bacharel em Direito pela Escola Superior Dom Helder Camara (ESDHC). Bacharelando em Letras pela Universidade Federal de Minas Gerais (UFMG). Mestre em Direito Ambiental e Desenvolvimento Sustentável pela Escola Superior Dom Helder Camara (ESDHC).

Raquel Virgínia Rocha Vilela

Graduada em Farmácia-Bioquímica pela Universidade Federal de Minas Gerais, mestre (2002) e doutora (2005) em Microbiologia com ênfase em micologia médica, pelo Instituto de Ciências Biológicas da Universidade Federal de Minas Gerais. Graduada em Medicina (2012) pela Universidade Vale do Rio Verde. Diretora e fundadora do Instituto Superior de Medicina (ISMD). Membro efetivo da Academia Feminina de Letras. Pós-doutoramento pelo laboratório de Ciências Biomédicas da Michigan State University (2006-2008). Professora efetiva (Adjunt professor) da Michigan State University no Departamento de Biomedical Laboratory Diagnostics (BLD) e da Faculty of Medical School Departament of Dermatology. Atualmente é também professora Adjunta do Departamento de Análises Clínicas e Toxicológicas da Faculdade de Farmácia da UFMG e pesquisadora associada à Michigan State University; Instituto Lauro de Souza Lima, Bauru (SP); professora da graduação em Medicina e também professora convidada da Pós-graduação da Faculdade de Ciências Médicas de Minas Gerais.

Sébastien Kiwonghi Bizawu

Graduado em Teologia pelo Institut de Théologie Eugène de Mazenod, ITEM, República Democrática do Congo (RDC)/ África. Graduado em Direito pela Faculdade de Ciências Jurídicas e Sociais Vianna Júnior, de Juiz de Fora (MG). Mestre e doutor em Direito Internacional pela Pontifícia Universidade Católica de Minas Gerais (PUC-Minas). Advogado, professor e pró-reitor do Programa de Pós-graduação em Direito da Escola Superior Dom Helder Camara (ESDHC).

Sinivaldo Silva Tavares

Frade franciscano, é doutor em Teologia Sistemática (1998) pela Pontificia Università Antonianum, em Roma, e pós-doutor em Teologia sistemática (2018) pela Pontifícia Universidade Católica do Rio Grande do Sul. Durante 13 anos, foi professor de Teologia Fundamental e de Teologia Sistemática na Faculdade de Teologia do Instituto Teológico Franciscano, em Petrópolis. Desde 2012, é professor de Teologia sistemática e pesquisador no Programa de Pós-graduação em Teologia da Faculdade Jesuíta de Filosofia e Teologia (FAJE), em Belo Horizonte.

Rua Dona Inácia Uchoa, 62
04110-020 – São Paulo – SP (Brasil)
Tel.: (11) 2125-3500
http://www.paulinas.com.br – editora@paulinas.com.br
Telemarketing e SAC: 0800-7010081